U0457750

检察为民的司法实践

——上海市金山区人民检察院优秀案例萃编

JIANCHAWEIMINDESIFASHIJIAN

SHANGHAISHIJINSHANQURENMINJIANCHAYUAN

YOUXIUANLI CUIBIAN

主　编◎谈　倩　胡玉鸿

副主编◎周子简　王海军

中国政法大学出版社

2025·北京

声　　明　　1. 版权所有，侵权必究。

2. 如有缺页、倒装问题，由出版社负责退换。

图书在版编目（CIP）数据

检察为民的司法实践：上海市金山区人民检察院优秀案例萃编 / 谈倩，胡玉鸿主编. -- 北京 : 中国政法大学出版社，2025. 1. -- ISBN 978-7-5764-1907-8

Ⅰ. D927.510.5

中国国家版本馆 CIP 数据核字第 2025XK6035 号

出 版 者	中国政法大学出版社
地　　址	北京市海淀区西土城路 25 号
邮寄地址	北京 100088 信箱 8034 分箱　邮编 100088
网　　址	http://www.cuplpress.com (网络实名：中国政法大学出版社)
电　　话	010-58908586(编辑部) 58908334(邮购部)
编辑邮箱	zhengfadch@126.com
承　　印	固安华明印业有限公司
开　　本	720mm×960mm　　1/16
印　　张	18
字　　数	300 千字
版　　次	2025 年 1 月第 1 版
印　　次	2025 年 1 月第 1 次印刷
定　　价	76.00 元

　　检察案例是检察机关为大局服务、为人民司法的重要成果展现。近年来，上海市金山区人民检察院深入学习贯彻习近平法治思想，忠实履行法律监督职权，落实检察为民理念，立足检察实践，形成了一大批具有典型意义的优秀案件。本案例汇编就是从中萃选出的案件精华。与以往相关案例汇编所不同的是，本书从关键词、办案要旨、基本案情、履职过程、典型意义上对案例的精神和要旨作了深度的阐发，并组织专家学者对此加以总结、点评，很好地介绍了上海市金山区人民检察院办案范围、法律程序、经验做法、法律适用等方面的工作，凸显了优秀案例萃编的重要价值和时代意义。

　　第一，深入学习贯彻习近平法治思想，坚持检察为民的基本理念。上海市金山区人民检察院优秀案例萃编体现了该院在检察工作中深入学习贯彻习近平法治思想的做法。一是坚持党对检察工作的绝对领导，全面履行检察职能，坚定捍卫"两个确立"、忠诚践行"两个维护"，凸显新时代新征程检察工作最大的政治、最大的大局、最大的责任，彰显了检察机关的鲜明政治底色。二是坚持以人民为中心。进入新时代，人民群众对民主、法治、公平、正义、安全、环境等方面有了内涵更丰富、程度更高标的需求。上海市金山区人民检察院通过具体的办案实践，集中体现了其适应新时代人民群众对法治的新需求，以及以更高质量履职保障人民安居乐业的使命担当。三是维护社会公平正义，捍卫司法公正。社会公平正义和司法公正的实现需要具体案例承载，优秀案例更是践行社会公平正义和司法公正的最好体现，在实例中落实了习近平总书记关于"努力让人民群众在每一个司法案件中感受到公平正义"的根本要求。

　　第二，积极落实新时代检察理念，推动新时代检察工作的创新发展。检察案件的办理过程和效果可以体现检察职能的特色，展现检察机关的履职情况，充分体现"在办案中监督、在监督中办案""全面协调充分发展""双赢多赢共赢"等新时代检察理念。上海市金山区人民检察院展示的相关案列，认真总结了检察领域业务工作的实践情况，体现了如何在办案过程中落实新时代检察理念的整体要求，以及如何基于新时代检察理念提供优质检察产品的过程。作为新时代检察理念的践行者，上海市金山区人民检察院的检察官们对于自己办理的案件进行了回顾总结，挖掘其中的内在价值，发挥了优秀案例在业务指导、提升办案质量方面的示范作用，再次赋能检察工作，成为检察工作高质量发展的新引擎。

第三，为推进社会治理贡献检察智慧和检察力量。社会治理与检察工作密切相关，既是检察机关必须承担的重要社会责任，也是检察机关服务大局、保障民生、切实提高检察工作质量和水平的重要契机，上海市金山人民检察院通过对刑事检察、民事检察、行政检察、公益诉讼检察、刑事执行检察、未成年人检察、控告申诉检察，以及检察综合工作等领域优秀案例的萃编，从多角度、全方面、宽领域反映其在办案过程中主动承担社会治理职能的责任担当，展现其履行检察职权回应社会热点问题的经验做法，为推动社会深度治理贡献了检察智慧和检察力量，彰显了检察机关在国家治理体系和治理能力现代化建设过程中所具有的重要价值。

第四，提升检察机关履职能力，传递公平正义和司法公信。检察案例不仅记载了检察办案人员的办案活动，而且反映了检察办案人员在办案中遇到的问题和困惑，以及由此产生的办案思路和对策等。不仅如此，上海市金山区人民检察院牢固树立案例意识，持续加强案例汇编、研究工作，加快推进检察案例库建设，为推进各项检察工作稳步创新发展奠定良好基础。这些案例不仅对检察工作中的经验进行了梳理和总结，而且有助于本院检察办案人员对案件规律进行深入思考，提升法律专业素养和检察履职能力，进一步规范司法行为，引导检察办案人员以求极致的精神不断提升办案质效，创造出更多的优质检察产品、法治产品。同时，汇编成册的优秀检察案例内容集中丰富，结合了案情描述和法律分析的方法，使人民群众更易于理解，有利于法治宣传教育工作，并以此传递着公平正义和司法公信。

上海市金山区人民检察院是华东政法大学习近平法治思想研究中心的检察实践基地，本案例汇编亦为两家通力合作的成果。感谢提供案例并书写心得的各位检察官，他们的"现身说法"不但展示了检察官办理案件的司法经验，也能够让读者了解办案过程中检察官的心路历程。当然，还要特别感谢华东政法大学、苏州大学、同济大学、上海大学、上海政法学院的章志远教授、张栋教授、焦艳鹏教授、王海军教授、虞浔教授、吴思远副教授、王俊教授、庄绪龙副教授、蒋莉副教授、曹薇薇教授、彭文华教授，他们不仅以极大的热情支持这一项工作，并通过精到的点评、理论的反思升华了案例的理论价值和实践意义。相信本书的出版，不仅能够为法学研究者提供来自检察一线的生动案例，也能为广大爱好法学的人士学习法律知识、了解法律运作增添鲜活的法律素材。

编者

2025 年 1 月

目　录

◇ 未成年人检察 ◇

◇ 控告申诉检察 ◇

◇ 检察综合工作 ◇

刑事检察

柯某侵犯公民个人信息案*

【关键词】

侵犯公民个人信息罪　倒卖房源信息　房主身份信息　房主授权

【办案要旨】

大数据时代，网络运营者对商业模式的探索必然触及公民个人信息数据的获取、利用问题，而依法保障公民信息安全是追求数据效益的基本前提。在房源信息包含非公开的房主身份信息时，网络运营者绕开房主的授权，直接向房产中介购买房源信息进行出售牟利的行为违反国家有关规定，情节严重的，应以侵犯公民个人信息罪追究刑事责任。

【基本案情】

被告人柯某，男，1980年生，原安徽某信息技术有限公司经营者，开发了本案"房利帮"网站。2016年1月起，柯某为主营业务人员。运营期间，柯某对网站会员上传真实房源实施现金激励，吸引掌握房源的房产中介人员注册并成为网站主要的信息提供者，有偿获取大量包含房产地址、价格及房主姓名、电话等内容组成的房源信息。"房利帮"网站获取上述房源信息后，安排员工冒充房产中介人员电话联系房主进行核实，将真实有效的房源信息以会员套餐形式提供给网站会员付费查询使用。

本案中，房产中介人员向"房利帮"网站上传房源信息均未事先取得房

---

* 本案例入选2022年2月最高人民检察院第三十四批指导性案例。

主的同意或授权；网站在自行联系核实过程中也没有如实告知房主获取、使用房源信息的方式。

至 2017 年 10 月案发，柯某运营的"房利帮"网站共非法获取有效房源信息 30 余万条，以会员套餐方式出售获利达 150 余万元人民币。

【检察机关履职情况】

（一）引导侦查

2017 年 10 月 16 日，上海市公安局金山分局以柯某涉嫌侵犯公民个人信息罪立案侦查，并于 2017 年 11 月 17 日向上海市金山区人民检察院（以下简称"金山区检察院"）提请批准逮捕；2017 年 11 月 24 日，金山区检察院作出批捕决定并引导公安机关从电子数据、言词证据两方面，针对信息性质和行为模式的认定问题继续取证。

金山区检察院开展了以下引导侦查工作：一是由于"房利帮"网站本身存在信息删改、管理数据不完整问题，引导公安机关从该网站使用的云服务器中调取完整的运营数据库进行鉴定，对同时包含房产地址、房主电话两项及以上内容，且具备对人识别性的数据进行筛选，并认定为有效信息。二是引导公安机关结合"房利帮"网站员工的证言，进一步向柯某确证网站有偿获取房源信息后验真出售等具体的运营模式。

（二）审查起诉

2018 年 1 月 19 日，公安机关将本案移送金山区检察院审查起诉。审查期间经两次退回补充侦查，夯实完善了证据，查清了案件事实。一是对提取的信息数据进一步甄别去重，将实际指向同一房源但记录重复的信息剔除，在此基础上，结合网站的资金支出数据和柯某本人供述，确认了网站购入有效房源信息的数量。二是对本案房源信息涉及的房主进行随机调查，印证了房产中介人员擅自向"房利帮"网站上传房源信息，均未经房主事先同意或授权以及房主在信息泄露后遭到持续滋扰等情况。2018 年 7 月 27 日，金山区检察院以柯某涉嫌侵犯公民个人信息罪向上海市金山区人民法院提起公诉。

（三）指控与证明犯罪

审理过程中，柯某及其辩护人对柯某的业务模式、涉案信息数量等事实问题基本无异议，但否认柯某的行为构成侵犯公民个人信息罪。

法庭辩论阶段，控辩双方主要围绕房源信息的性质、获取及使用三个焦点问题展开交锋。辩护人提出：第一，本案房源信息系用于房产交易的商业信息，没有房主实名，不属于刑法保护的公民个人信息。第二，"房利帮"网站获取的房源信息多由房产中介人员上传，而中介人员获取房产信息时已得到房主许可，房产信息系公开信息，上传网站属于合理使用，网站无须再次获得授权。第三，"房利帮"网站对用户上传的房源信息进行核实后，将真实房源信息整合为套餐，主要向房产中介人员出售，促进了房产交易，符合房主的意愿和利益。

公诉人认为：第一，本案房源信息的关键内容为房产地址及房主电话，以上地理定位与通信渠道的信息组合足以识别某特定自然人的身份，符合刑法对公民个人信息的定义要求。辩护意见强调房源信息的商用功能，并不能否认房源信息内容上属于公民个人信息的性质。第二，房主委托房产中介人员在房产交易领域挂牌公开的仅是地址、价格等招揽交易对象的房产信息；将房产信息以外的姓名、电话告知为其服务的房产中介人员，只为特定中介与其联系使用，是一种定向、有限范围的告知，并不意味着同意或授权中介对社会公开，对外提供须二次授权。"房利帮"网站绕开房主，直接向房产中介人员购买包含非公开内容的房源信息，违反了《网络安全法》[1]第41条及相关国家法规、标准关于"网络运营者收集个人信息需经被收集者同意"的规定，属于侵犯公民个人信息罪中的"非法获取"。第三，"房利帮"网站在冒充中介机构向房主核实过程中，仍未如实告知信息的获取途径及真实用途，该网站并不从事中介业务帮助房主寻找交易对象，更无法防范房源信息付费即售所产生的广泛传播风险，且经调查，相关房主均遭受不同程度的滋扰，网站在房主事先不知情、未授权的情况下将其个人信息用于倒卖牟利，违背房主意愿，同样违反了《网络安全法》第42条"未经被收集者同意，不得向他人提供个人信息"等国家相关规定，属于侵犯公民个人信息罪中的"非法出售"。

（四）处理结果

2019年12月31日，上海市金山区人民法院作出判决，支持金山区检察院的指控意见，以侵犯公民个人信息罪判处柯某有期徒刑3年，缓刑4年，并处罚金人民币160万元。一审宣判后，柯某未提出上诉，判决已生效。

---

〔1〕《网络安全法》，即《中华人民共和国网络安全法》。为表述方便，本书中涉及我国法律文件，均使用简称，省去"中华人民共和国"字样，全书统一，后不赘述。

【典型意义】

（1）认定房源信息是否属于刑法保护的公民个人信息，应以信息内容能否识别特定自然人为标准。作为保障法，我国《刑法》对公民个人信息的认定与民事法律法规保持着法秩序上的统一，均采用可识别性标准，按照最高人民法院、最高人民检察院《关于办理侵犯公民个人信息刑事案件适用法律若干问题的解释》的定义，姓名、联系方式、住址、财产状况等均属于信息范畴，但只有满足"能够单独或者与其他信息结合识别特定自然人身份或者反映特定自然人活动情况"的条件，才属于刑法保护的公民个人信息。单纯含有地址、面积、租售价格等内容的房产信息并不具备对人的识别性；但本案房源信息是房产信息和房主信息的有机组合，将房产地址作为定位、财产信息与房主电话这个通信渠道相结合，就足以识别特定房主的身份。现实中，大量房源信息非法流入公共领域存在着不可控的巨大风险，不仅房主会因信息泄露频繁遭受电话营销等滋扰生活安宁方面的侵害，更会导致一些犯罪分子进一步利用相关信息实施电信网络诈骗、敲诈勒索等犯罪活动，严重威胁公民人身财产安全和社会公共秩序，因此对此具有刑事保障的必要性。

（2）认定信息处理行为的刑事非法性，应以违反前置法，且未经信息权益人同意、授权为基本判断路径。侵犯公民个人信息罪的认定，以违反国家有关规定为前提，应根据涉案信息处理行为涉及的信息内容、行业领域，从相应的法律、行政法规或部门规章等国家层级的规范性文件中全面检索，落实至具体的条文依据。同时，在《民法典》将公民个人信息明确区分为私密和非私密信息的情况下，对私密个人信息与隐私权同等保护，实施任何信息处理行为均须得到信息权益人本人的明确同意、授权。对非私密个人信息，则应进一步区分公开程度，信息权益人通过网络发布等形式已自愿、主动向社会完全公开的信息，可推定同意他人获取并合法利用；但通过特定渠道、有限范围提供个人信息的，不能推定信息权益人同意，应综合信息的内容及提供范围、目的等因素考量，若信息处理方式明显违背信息权益人的意愿或约定条件，比如房产中介人员未经允许将房主电话等身份信息与房产信息打包出售，造成侵犯房主生活安宁等事实，且情节严重的，应以侵犯公民个人信息罪追究刑事责任。

（3）认定公民个人信息的数量，应在全面固定电子数据基础上，对信息数据进行有效甄别，确保信息的真实性。网络侵犯公民个人信息案件中，公民个人信息一般以电子数据的形式存储，并分散于多个介质或多处服务器，且数据内容因增删修改频繁存在多种版本，检察机关应引导公安机关尽可能全面固定全部现存数据，确保数据的完整性。同时，涉案信息数据往往种类庞杂、真伪交织、形式多样，更不乏内容、用途上的掩饰与规避。在信息的真实性方面，有关司法解释规定对批量信息条数可根据查获的数量直接认定，但允许对不实、重复情况进行反证。因此，检察机关应把握公民个人信息的可识别性标准，确定个案中有效信息的具体范式，准确简化、提炼出关键性识别要素，进而综合运用数据鉴定、数据碰撞、关键词搜索、抽样调查等方法，对在案信息数据进行有效甄别，筛除模糊、无效及重复信息，准确认定实际被侵犯的公民个人信息数量。

【专家点评】

根据《刑法》第 253 条之一的规定，侵犯公民个人信息罪是指违反国家有关规定，向他人出售或者提供公民个人信息，情节严重的行为。"违反国家有关规定"这一构成要件，揭示了构成侵犯公民个人信息罪是以违反相关前置法为基础的。理论上一般认为，《个人信息保护法》是决定侵犯公民个人信息构成犯罪的前置法。因此，该案中判断行为人是否构成犯罪，需立足于《个人信息保护法》的相关规定，同时结合侵犯公民个人信息罪的相关司法解释来加以具体判断。本案中，控辩双方的分歧主要有三：一是刑法保护的公民个人信息范畴；二是如何理解公民个人信息的合理使用；三是如何理解侵犯公民个人信息罪保护的法益。

关于第一个问题，辩方以本案房源信息系用于房产交易的商业信息以及没有房主实名为由，否定其属于刑法保护的公民个人信息。那么，这一理由是否成立呢？这里有必要厘清刑法保护的公民个人信息范畴。《个人信息保护法》第 4 条第 1 款规定："个人信息是以电子或者其他方式记录的与已识别或者可识别的自然人有关的各种信息，不包括匿名化处理后的信息。"最高人民法院、最高人民检察院《关于办理侵犯公民个人信息刑事案件适用法律若干问题的解释》第 1 条进一步规定："刑法第二百五十三条之一规定的'公民个人信息'，是指以电子或者其他方式记录的能够单独或者与其他信息结合识别特定自然人身份或者反映特定自然人活动情况的各种信息，包括姓名、身份证件号码、通信通讯联系方式、住址、账号密码、财产状况、行踪轨迹等。"可见，识别性是刑法保护的公民个人信息的基本特征之一。在类型上，"识别"包括已识别和可识别；在方式上，"识别"包括独立识别和结合识别。可识别也包括如果个人信息经过匿名化处理等导致不具有可识别性，则不属于刑法保护的公民个人信息。本案中，就算房源信息属于商业信息，且缺乏房主实名，也不代表房产不具有识别性，因而也就不能将房源信息排除在刑法保护的公民个人信息范畴之外。如是看来，辩方否定房源信息属于刑法保护的公民个人信息的理由并不成立。根据公诉人的指控，本案房源信息的内容包含房产地址及房主电话。显然，房产地址具有地理上的固定性与不可转移性，实名登记的电话具有身份性与专属性，两者组合完全可以与特定的自然人联系起来，进而能够确定相应关系人或者房东的身份。因此，本案房源信息具有识别性，应当认定为刑法保护的公民个人信息。

第二个问题涉及公民个人信息的合理使用权限问题。《个人信息保护法》第13条第1款规定，具有"取得个人的同意"等七种情形的，个人信息处理者方可处理个人信息。第14条第1款规定："基于个人同意处理个人信息的，该同意应当由个人在充分知情的前提下自愿、明确作出。法律、行政法规规定处理个人信息应当取得个人单独同意或者书面同意的，从其规定。"本案中，"房利帮"网站获取的房源信息不存在《个人信息保护法》第13条规定的情形。同时，也不符合《个人信息保护法》第14条规定的同意处理信息的情况。尽管"房利帮"网站所获取的房源信息来源于房产中介人员，而房产中介人员获取房源信息是得到房主许可的。但是，房产中介人员获取房源信息得到房主许可，并不等于"房利帮"网站获取房源信息也得到了房主许可。一方面，个人意愿表达是具有针对性的，不能由此及彼；另一方面，根据《个人信息保护法》第14条的规定，同意应当由个人在充分知情的前提下自愿、明确作出，而房主对"房利帮"网站所获取的房源信息显然是不知情的，也不存在自愿、明确作出同意的表示。至于房主委托房产中介人员在房产交易领域的挂牌公开，也只是限于地址、价格等不可识别信息。房产信息以外的姓名、电话等，属于房产中介人员个别掌握、便于联系的限制性信息，不具有推定同意或授权对外公开的特征，这在现实生活中是具有惯常性、通识性的。因此，不能认定"房利帮"网站所获取的房源信息属于公开信息。总而言之，"房利帮"网站获取的房源信息不属于可合理使用的公民个人信息。

第三个问题涉及侵犯公民个人信息罪保护的法益。如果仅从促进房产交易的角度来看，将真实房源信息整合为套餐并通过网络向他人出售，确实会在一定程度上便于房产交易和符合部分房主的利益。但是，"本罪具体保护的个人法益，不是以隐私权为代表的传统个人权利，而是在网络信息时代作为新型权利的个人信息权"。〔1〕换句话说，网络立法加强对公民个人信息的保护，绝不能单纯着眼于交易便利的提升及中间环节的减少等有利于个体经济、财产利益的面向上，更应看到公民个人信息被不当公开、传播乃至遭受不必要的干扰，甚至被用于违法犯罪的风险。可见，侵犯公民个人信息罪保护的法益是公民的传统权益与新型权益的结合体，不能以便于房产交易和符合部分房主的利益而姑息之。实际情况也确实如此，经调查，相关房主均遭受到了不同程度的滋扰。因此，"房利帮"网站将真实房源信息整合为套餐并通过网络向他人出售，即使便于房产交易和符合部分房主的利益，也不能以此否定其没有侵犯法益或认为该行为不具有社会危害性。

综上所述，上海市金山区检察院指控柯某构成侵犯公民个人信息罪，应当说结论正确、论证严密、说理透彻、逻辑推理强，符合刑法及相关法律的规定，而金山区人民法院认定柯某侵犯公民个人信息罪，也可谓定性准确、科学、合理。

（彭文华，上海政法学院刑事司法学院院长、教授，博士生导师）

---

〔1〕 刘艳红：《侵犯公民个人信息罪法益：个人法益及新型权利之确证——以〈个人信息保护法（草案）〉为视角之分析》，载《中国刑事法杂志》2019年第5期，第19页。

李某某妨害传染病防治案*

【关键词】

妨害传染病防治罪　居家隔离观察　新型冠状病毒

【办案要旨】

违反《传染病防治法》的规定，拒绝执行卫生防疫机构依照《传染病防治法》提出的预防、控制措施，引起新型冠状病毒传播或者有传播严重危险，不符合《刑法》第114条、第115条第1款规定的，依照《刑法》第330条的规定，以妨害传染病防治罪定罪处罚。

新型冠状病毒具有传染性强、传播速度快、防控难度大的特点，加上春节期间人员流动性大的实际情况，给疫情防控工作带来极大挑战。为有效阻断病毒传播，防止疫情蔓延，各级政府依据相关法律法规制定了疫情防控的措施，包括加强对重点疫情发生地区返回人员排查、登记、随访、重点追踪、督促来自疫情发生地区人员的健康状况监测，发现异常情况及时报告并采取相应的防控措施；对社区（村）、楼栋（自然村）、家庭进行全覆盖落实防控措施，要求从疫情发生地区返回的人员到村党支部或社区进行登记，并进行体检、主动隔离等。因此，相关组织和个人依法负有配合各级地方政府和相关部门疫情防控工作的责任和义务。对于不遵守相关防控规定，妨害传染病防治，引起新型冠状病毒传播或者有传播严重危险的，应当依法惩治。

---

* 本案例入选2020年2月最高人民检察院"第三批全国检察机关依法办理妨害新冠肺炎疫情防控犯罪典型案例"。

实践中，要注意区分以危险方法危害公共安全罪和妨害传染病防治罪的界限。根据最高人民法院、最高人民检察院、公安部、司法部《关于依法惩治妨害新型冠状病毒感染肺炎疫情防控违法犯罪的意见》的规定，除以下两种情形外，一般应当认定妨害传染病防治罪：一是已经确诊的新型冠状病毒感染肺炎病人、病原携带者，拒绝隔离治疗或者隔离期未满擅自脱离隔离治疗，并进入公共场所或者公共交通工具的；二是新型冠状病毒感染肺炎疑似病人拒绝隔离治疗或者隔离期未满擅自脱离隔离治疗，并进入公共场所或者公共交通工具，造成新型冠状病毒传播的。此外，对于明知自身已经确诊为新型冠状病毒感染肺炎患者或者疑似病人，出于报复社会等主观故意，恶意散播病毒、感染他人，后果严重、情节恶劣的，也应当以以危险方法危害公共安全罪定罪处罚。

【基本案情】

李某某系湖北广水人，在上海有住所。2020年1月23日，已在武汉居住三日的李某某得知武汉市于当日10时施行"封城"管理措施后，改签车票经南昌返回上海，24日抵沪。1月24日起，上海市启动重大突发卫生公共事件Ⅰ级响应，要求对重点地区来沪人员实行居家或者集中隔离观察14天。李某某回沪后未按要求居家隔离，因担心自己感染新型冠状病毒、传染家人，隐瞒武汉旅行史入住上海市松江区某酒店，次日独居在其金山区家中，并于1月25日至30日多次出入超市、水果店、便利店等公共场所。1月26日至30日李某某出现了咳嗽、胃口差、乏力、胸闷等症状后，搭乘公交车、出租车至上海市第六人民医院金山分院看诊，在历次看诊期间违反疫情防控措施有关规定，未如实陈述，隐瞒武汉旅行史，在普通门诊看诊，并在输液室密切接触多人。1月30日，经民警、居委会工作人员上门核查，李某某方承认有武汉旅行史，并签署《居家隔离观察承诺书》，承诺不擅自外出。1月31日，李某某未经报告外出，搭乘公交车至医院就诊、出入药店，并在就诊时继续隐瞒武汉旅行史。2月2日，其在医院就诊时在医护人员追问下承认途经武汉，后被隔离。2月4日，其被确诊为新型冠状病毒感染的肺炎病例。确诊后，和李某某密切接触的55人被隔离观察，其中医护人员11名，医院就诊人员36名，出租车司机5名，超市、便利店工作人员2名，酒店工作人员1名。

2月10日，因涉嫌犯罪，上海市公安局金山分局对李某某立案侦查，当日上海市金山区人民检察院派员提前介入，建议公安机关补强相关证据并提出对李某某以涉嫌妨害传染病防治罪开展侦查。公安机关于2月13日对李某某以妨害传染病防治罪采取取保候审强制措施。

【专家点评】

根据《刑法》第330条的规定，妨害传染病防治罪是指违反《传染病防治法》的规定，引起甲类传染病以及依法确定采取甲类传染病预防、控制措施的传染病传播或者有传播严重危险的行为。《刑法》对该罪规定了"供水单位供应的饮用水不符合国家规定的卫生标准"等五种法定情形。最高人民法院、最高人民检察院、公安部、司法部《关于依法惩治妨害新型冠状病毒感染肺炎疫情防控违法犯罪的意见》（以下简称《意见》）规定："故意传播新型冠状病毒感染肺炎病原体，具有下列情形之一，危害公共安全的，依照刑法第一百一十四条、第一百一十五条第一款的规定，以以危险方法危害公共安全罪定罪处罚：1. 已经确诊的新型冠状病毒感染肺炎病人、病原携带者，拒绝隔离治疗或者隔离期未满擅自脱离隔离治疗，并进入公共场所或者公共交通工具的；2. 新型冠状病毒感染肺炎疑似病人拒绝隔离治疗或者隔离期未满擅自脱离隔离治疗，并进入公共场所或者公共交通工具，造成新型冠状病毒传播的。"从《刑法》和司法解释的规定来看，本案的关键问题在于对李某某的定性，究竟应认定为妨害传染病防治罪，还是认定为以危险方法危害公共安全罪。

就《意见》认定为以危险方法危害公共安全罪的上述两种情形，李某某显然不符合第一种情形，因为其当时并未被确诊为新型冠状病毒感染肺炎病人或病原携带者。第二种情形则需要具备四个条件：一是主体为新型冠状病毒感染肺炎疑似病人；二是拒绝隔离治疗或者隔离期未满擅自脱离隔离治疗；三是进入公共场所或者公共交通工具；四是造成新型冠状病毒传播。从案发的具体情形来看，李某某属于新型冠状病毒感染肺炎疑似病人是确定无疑的，因为他当时在武汉曾居住三日，是在得知武汉会施行"封城"管理措施后，才改签车票经南昌返回上海的。在当时的条件下，对于新型冠状病毒这种传染性强、传播速度快的病毒，只要是在武汉待过的人都有可能被传染而成为新型冠状病毒感染肺炎疑似病人，李某某也不例外。另外，李某某来上海后频繁进入公共场所，也造成了新型冠状病毒传播的后果。那么，李某某有无"拒绝隔离治疗或者隔离期未满擅自脱离隔离治疗"呢？答案是否定的。

从《意见》的规定来看，对于以危险方法危害公共安全罪的论处，立法者还是持谨慎态度的。即使符合其他三个条件，仍然需要"拒绝隔离治疗或者隔离期未满擅自脱离隔离治疗"。而该条件的成就，是以行为人被依法要求隔离治疗或者正在隔离期内为前提的。自 2020 年 1 月 24 日上海市启动重大突发卫生公共事件 I 级响应，并要求对重点地区来沪人员实行居家或者集中隔离观察 14 天后，李某某于 1 月 25 日至 30 日多次出入超市、水果店、便利店等公共场所。但是，在此期间李某某并未被要求隔离治疗。1 月 30 日，经民警、居委会工作人员上门核查，李某某方承认有武汉旅行史，并签署《居家隔离观察承诺书》，承诺不擅自外出。需要注意的是，这里的"居家隔离观察"是不同于"隔离治疗"的。居家隔离观察又称居家隔离医学观察，是指对密切接触者和密切接触中的特殊人群等所实施的医学健康管理。隔离治疗是指为了避免病人与他人接触造成疾病传播，对病人实施的住院或居家隔离治疗措施。因此，尽管李某某签署《居家隔离观察承诺书》后，于 1 月 31 日未经报告外出进入公共场所，依旧不能认定其为"被依法要求隔离治疗"。

综上所述，公安机关对李某某以妨害传染病防治罪采取取保候审强制措施，可谓定性科学、合理，符合《刑法》以及司法解释规定。在司法实践中，准确理解和适用《刑法》以及司法解释规定，让人民群众在每一个司法案件当中感受到公平正义，是司法机关和司法人员义不容辞的使命。需要注意的是，在对案件处理以及定性时，切记不得基于惩罚主义或者重刑主义的理念，先入为主或者拔高认定标准，甚至在定罪量刑上从重、从严处理。本案没有对李某某以"以危险方法危害公共安全罪"论处，无疑是非常客观、理性的。

（彭文华，上海政法学院刑事司法学院院长、教授，博士生导师）

三某海公司合同诈骗撤案监督案*
——提前介入，依法履行立案监督职责

【关键词】

民营企业　提前介入　刑民交织　撤案监督

【办案要旨】

检察机关在办理涉民营企业经济犯罪案件中，认真研判刑民交织问题，正确区分经济纠纷与经济犯罪界限。坚持"在办案中监督，在监督中办案"理念，通过提前介入及时发现问题、及时监督纠正不当立案。坚持将化解矛盾贯穿于执法办案始终，在依法监督的同时，加强释法说理，化解矛盾，切实做到"案结事了"。

【基本案情】

何某某，男，系三某海文化传播（北京）有限公司（以下简称"三某海公司"）负责人。2020年2月21日，某卓公司法定代表人刘某某与三某海公司法定代表人何某某签订《协助采购合同》，某卓公司委托三某海公司采购5000支品牌为suomita的医用额温仪，合同总价为150万元。三某海公司收到货款后向有suomita医用额温仪生产资质的深圳某波科技有限公司（以下简称"某波公司"）采购，并支付120余万元货款，约定由某波公司生产并发货给

---

　　* 本案例入选2020年10月最高人民检察院"第二届民营经济法治建设峰会检察机关服务民营经济典型案例"，入选2021年6月最高人民检察院《检察机关涉民营企业司法保护典型案例选编（第三辑）》。

某卓公司 5000 支额温仪。因疫情影响，某波公司无法采购到部分零部件，导致生产延期，未能在合同约定时间向某卓公司交货。后某波公司陆续向某卓公司发货，但此时额温仪市场价格已大幅度下降，某卓公司以质量问题拒绝收货，要求三某海公司解除合同返还货款。三某海公司拒绝退款，某卓公司遂向公安机关报案。

2020 年 4 月 3 日，上海市公安局金山分局（以下简称"金山公安分局"）以三某海公司涉嫌合同诈骗罪立案侦查。同年 4 月 4 日，上海市金山区人民检察院（以下简称"金山区检察院"）对该案提前介入，同步引导侦查。

【检察机关履职情况】

本案系涉民营企业犯罪案件，金山区检察院重点开展以下工作：

（一）线索发现

金山区检察院与金山公安分局建立经济类涉企案件提前介入工作机制，该案立案后金山公安分局即通报金山区检察院，次日金山区检察院派员提前介入，与公安机关共同研判。听取案情后，金山区检察院发现该案系疫情防控期间企业开展经济活动引发的案件，刑民交织，案件定性需慎重把握，遂对该案开展核查。

（二）调查核实

金山区检察院提前介入后，对该案全面深入调查核实，引导公安机关围绕涉案钱款去向、货物未交付的真实原因、涉案公司在以往同类交易中的履约情况等关键问题侦查取证，以准确把握案件定性。经引导侦查后，查明三某海公司在签订合同并收到货款后确实在积极履行合同，联系额温仪的生产公司，组织货源，迟延交货的确系疫情影响；另查明，该公司在疫情防控期间曾有多笔类似交易，协助多个单位成功购买额温仪等涉疫物资，且合同均已履行。被害单位某卓公司系因收货时市面对额温仪的需求明显降低、价格大幅下跌，如继续履约其将遭受较大损失，才报的案。

（三）监督意见

金山区检察院在全面调查核实基础上，根据收集的证据，认定三某海公司系疫情影响的客观原因无法按期履约，该案系合同纠纷，不应认定其为合同诈骗罪，公安机关立案不当。金山区检察院就案件定性与公安机关交换意见，得到公安机关认同。

（四）监督结果

2020年4月24日，金山区检察院向金山公安分局制发《要求说明立案理由通知书》。2020年4月27日，金山公安分局对本案作出撤销案件决定。撤案后，金山区检察院与案件双方公司取得联系，并上门走访报案公司，通报了案件审查情况、监督结果，就案件定性、法律适用等问题释法说理，详细阐述三某海公司不构成犯罪的理由，同时建议某卓公司通过民事诉讼等途径解决纠纷、挽回损失，某卓公司表示认可。

【典型意义】

（1）严格区分经济纠纷与经济犯罪界限，依法保障民营企业合法权益。随着市场经济不断发展，企业主体经济活动形式愈加灵活多变，在办理经济类涉企案件中，要准确把握犯罪构成要件，严格区分经济纠纷与经济犯罪界限。加强证据审查，深入调查核实。注意围绕涉案企业经济活动内容、涉案资金流向、合同履约情况、以往交易履约情况等，全面深入调查核实，认真研判涉案行为是可能引发经济犯罪的诈骗行为，还是单纯的经济纠纷，坚决防止将经济纠纷当作刑事犯罪处理，坚决防止将民事责任变为刑事责任。

（2）增强检察监督的及时性，更好体现服务保障民营企业的力度和效果。坚持"在办案中监督，在监督中办案"理念，充分发挥检察机关捕诉一体优势，加强与公安机关的工作配合衔接，建立健全案件信息通报机制，对重大、疑难复杂、有争议的经济犯罪案件第一时间介入侦查、引导取证，及时发现监督线索。树立全程监督理念，通过提前介入，将监督触角向前延伸，一发现立案监督线索就快速启动撤案监督程序，及时纠正公安机关不当立案，以主动积极的检察监督在最短时间终结诉讼，尽可能减少刑事诉讼对涉案企业的不利影响。本案中，金山区检察院经引导侦查取证、查清事实后，立即启动撤案监督程序，并建议公安机关对三某海公司的账户解除冻结，从提前介入到监督撤案仅20余天，使刑事诉讼对企业的不利影响明显降低。

（3）坚持将化解矛盾贯穿于执法办案全过程，实现"三个效果"有机统一。涉企案件往往涉及企业损失赔偿、误工停产、物损货损等经济纠纷，在办案中要注重听取当事人诉求，针对双方争议焦点释法说理，提出解决争议的建议，积极化解矛盾，维护经济秩序、促进社会稳定。金山区检察院在监督撤案后，主动听取、及时回应双方当事人的诉求，上门通报案件审查情况，分析解释法律适用和证据，用充足的法律依据和充分的证据使当事人认同检察机关意见，并引导双方通过法律途径依法解决纠纷，做到罢访止诉、案结事了。

【专家点评】

根据《刑法》第224条的规定，合同诈骗罪是指以非法占有为目的，在签订、履行合同过程中，采取以虚构的单位或者冒用他人名义签订合同等方法，骗取对方当事人财物，数额较大的行为。根据该规定，以非法占有为目的属于合同诈骗罪的构成要件，对判断是否构成合同诈骗罪具有重要的现实意义。何谓非法占有目的？根据最高人民法院《关于审理诈骗案件具体应用法律的若干问题的解释》第2条的规定，行为人具有下列情形之一的，应认定其行为属于以非法占有为目的，利用经济合同进行诈骗：（1）明知没有履行合同的能力或者有效的担保，采取虚构主体等欺骗手段与他人签订合同，骗取财物数额较大并造成较大损失的；（2）合同签订后携带对方当事人交付的货物、货款、预付款或者定金、保证金等担保合同履行的财产逃跑的；（3）挥霍对方当事人交付的货物、货款、预付款或者定金、保证金等担保合同履行的财产，致使上述款物无法返还的；（4）使用对方当事人交付的货物、货款、预付款或者定金、保证金等担保合同履行的财产进行违法犯罪活动，致使上述款物无法返还的；（5）隐匿合同货物、货款、预付款或者定金、保证金等担保合同履行的财产，拒不返还的；（6）合同签订后，以支付部分货款，开始履行合同为诱饵，骗取全部货物后，在合同规定的期限内或者双方另行约定的付款期限内，无正当理由拒不支付其余货款的。

本案中，某卓公司刘某某与三某海公司何某某签订《协助采购合同》，委托三某海公司采购5000支医用额温仪，合同总价为150万元。合同签订后，三某海公司积极履行合约，向某波公司支付120余万元货款，约定由某波公司生产并发货给某卓公司5000支额温仪。后因疫情影响，某波公司无法采购到部分零部件导致生产延期，未能在合同约定时间向某卓公司交货。因疫情影响导致延期生产和延期交货，本应属于不可抗力，与合同诈骗无任何关系。因此，三某海公司主观上并无非法占有目的，客观上也没有实施以虚构的单位或者冒用他人名义签订合同等方法骗取财物的行为，不能认定构成合同诈骗罪。然而，由于交货时额温仪的市场价格已大幅下降，某卓公司以质量问题为由拒收货物，并要求三某海公司解除合同返还货款，在遭受拒绝后遂向公安机关报案。不难看出，某卓公司具有明显的以刑事手段替代民事手段之意图，以期逼迫三某海公司解除合同返还货款，其目的在于减少因客观事由导致的损失，将意外原因造成的风险转嫁给三某海公司。

司法实践中，司法机关在办理经济犯罪案件中，要特别注意合同诈骗与民事欺诈、经济纠纷的界限。民事欺诈是使用欺诈手段诱使对方陷入认识错误并签订合同，行为人不具有非法占有公私财物的目的，而是希望通过实施欺诈行为获得合约机会，谋取一定的经济利益。其与合同诈骗以签订经济合同为名行骗取财物之实完全不同。本案中，三某海公司的行为连民事欺诈也谈不上，其性质应属于由某卓公司蓄意发动的经济纠纷。上海市公安局金山分局以三某海公司涉嫌合同诈骗罪立案侦查，无论在事实还是法律上，均有所不妥，上海市金山区人民检察院对该案提前介入并同步引导侦查，有力地保障了民营企业的利益，取得了良好的政治效果、法律效果与社会效果，值得赞许。

（彭文华，上海政法学院刑事司法学院院长、教授，博士生导师）

詹某跃等人非法出售增值税专用发票、非法出售用于抵扣税款发票、虚开发票案*

——利用空壳公司申领空白发票进行非法出售或虚开的，依法追究刑事责任

【关键词】

非法出售增值税专用发票罪　非法出售用于抵扣税款发票罪　虚开发票罪

【基本案情】

詹某跃、詹某明，系上海 A 信息科技公司（以下简称"A 公司"）、B 企业管理公司（以下简称"B 公司"）共同负责人。

2016 年至 2019 年 4 月，詹某跃、詹某明为通过非法出售、虚开发票牟利，先后成立 A 公司、B 公司。这两个公司的主要活动是利用他人身份注册或从他人处变更公司，向税务机关申领空白发票后进行非法出售或虚开。注册或变更的公司由詹某跃、詹某明控制，均无实际经营。

詹某跃、詹某明将通过上述途径领取的增值税专用发票、机动车销售统一发票，与相关公司工商材料、税控盘等一并出售给他人。经查，二人共计非法出售增值税专用发票 2826 份、票面额累计 2.83 亿余元；非法出售机动车统一销售发票 1102 份、票面额累计 3.54 亿余元。另，詹某跃、詹某明还

---

* 本案例入选 2021 年 6 月最高人民检察院"依法惩治利用空壳公司实施犯罪典型案例"。

将通过上述途径获取的增值税普通发票，用于指使、伙同他人对外虚开。经查，二人共计向本市（上海市）及外省市受票单位虚开增值税普通发票41 150份，虚开金额累计31亿余元。

案发后，公安机关扣押相关公司资料、增值税普通发票270余份、手机70余部、身份证300余张及多枚公司公章等。

【检察机关履职情况】

公安机关经审查认为，税务机关提供的购票记录和部分发票已被用于虚开、抵扣的情况，能够证明詹某跃、詹某明利用注册、变更的公司申领大量空白发票后大肆对外虚开，涉嫌虚开增值税专用发票、用于抵扣税款发票罪和虚开发票罪，遂于2019年10月29日移送检察机关审查起诉。

检察机关在审查起诉过程中，两次将案件退回公安机关补充侦查，要求公安机关进一步核实詹某跃、詹某明是否具有虚开增值税专用发票、机动车销售统一发票行为。经补充、复核证据，检察机关认为在案证据虽能证明二人申领了大量空白增值税专用发票和机动车销售统一发票并非法出售，且其中部分发票确已用于虚开和抵扣税款，但没有充分证据证明该虚开行为系由詹某跃、詹某明实施。2020年5月15日，上海市金山区人民检察院以詹某跃、詹某明犯非法出售增值税专用发票罪、非法出售用于抵扣税款发票罪、虚开发票罪，向上海市金山区人民法院提起公诉。

2020年8月13日，上海市金山区人民法院作出〔2020〕沪0116刑初482号刑事判决，以非法出售增值税专用发票罪、非法出售用于抵扣税款发票罪、虚开发票罪，数罪并罚，分别判处詹某跃、詹某明有期徒刑17年、有期徒刑16年6个月。二人不服，提出上诉，辩解应以单位犯罪论处。2020年12月24日，上海市第一中级人民法院作出〔2020〕沪01刑终1272号刑事裁定，认定A公司、B公司系詹某跃、詹某明为进行违法犯罪活动而设立，没有正常公司业务，以实施犯罪为主要活动，不能作为单位犯罪论处，最后裁定驳回上诉，维持原判。

【典型意义】

（1）严厉打击利用空壳公司领购发票，并进行非法出售或虚开的违法犯罪行为。发票是在市场经营活动中开具、收取的收付款凭证，领购和使用均应与实际经营业务情况相符，禁止非法转借、转让、虚开。实践中，一些不法分子利用并无实际经营的空壳公司实施发票类犯罪，造成国家税款大量流失，有的甚至还为财物侵占、贪污贿赂、洗钱等其他违法犯罪行为提供条件，严重扰乱市场经济秩序和社会管理秩序，应予严惩。行为人为进行违法犯罪活动而设立的公司实施上述犯罪的，不以单位犯罪论处，应认定为个人犯罪。

（2）严格把握证据标准，准确区分有关增值税专用发票、用于抵扣税款发票的非法出售和虚开行为。"非法出售"是指行为人非法将上述发票提供给他人，并收取一定价款的行为。发票来源是否合法不影响犯罪成立，但必须是国家统一印制的真发票，出售伪造的上述发票另有罪名规制。"虚开"是指为他人、为自己开具、让他人为自己开具、介绍他人开具与实际经营业务情况不符的上述发票。如何区分这两种行为，实践中可通过公司运作模式和员工工作内容、买受人所得发票是空白还是已开具、行为人有无自己虚开或与发票买受人通谋虚开、现场提取物证中有无已虚开的发票、双方关于发票的交易对价等，综合分析判断。在交易对价上，从司法实践看，非法出售发票的交易价格一般相对固定，而虚开此类发票的则一般会按照票面金额的一定比例确定交易对价。双方交易对价，可根据银行凭证、第三方支付平台交易记录、相关言词证据等认定。

【专家点评】

上海市金山区人民法院认定詹某跃、詹某明构成非法出售增值税专用发票罪、非法出售用于抵扣税款发票罪与虚开发票罪，实行数罪并罚。由于虚开发票罪的认定相对简单，下面以詹某跃、詹某明构成非法出售增值税专用发票罪、非法出售用于抵扣税款发票罪为例，加以简要点评。

根据《刑法》第205条的规定，虚开增值税专用发票、用于骗取出口退税、抵扣税款发票罪是指虚开增值税专用发票或者虚开用于骗取出口退税、抵扣税款的其他发票的行为。关于虚开的方式，具体包括为他人虚开、为自己虚开、让他人为自己虚开、介绍他人虚开四种不同的行为方式。虚开的本质，是开票人在没有货物销售或没有提供应税劳务的情况下，为了取得非法所得或者牟取其他私利而开具专用发票，或者即使有货物销售或者提供了应税劳务，但开具内容不实的专用发票直接给受票方，用以骗取抵扣税款或出口退税。因此，虚开增值税专用发票、用于骗取出口退税、抵扣税款发票的行为具体包括：一是没有货物购销或者没有提供或接受应税劳务，而为他人、为自己、让他人为自己、介绍他人开具增值税专用发票、用于骗取出口退税、抵扣税款发票；二是有货物购销或者提供或接受了应税劳务，却为他人、为自己、让他人为自己、介绍他人开具数量或者金额不实的增值税专用发票、用于骗取出口退税、抵扣税款发票；三是进行了实际经营活动，让他人为自己代开增值税专用发票、用于骗取出口退税、抵扣税款发票。

本案中，詹某跃、詹某明系上海 A 信息科技公司、B 企业管理公司共同负责人，通过由非法途径领取的增值税专用发票、机动车销售统一发票，与相关公司工商材料、税控盘等一并出售给他人的方式，非法出售增值税专用发票、机动车销售统一发票数千份，票面额累计数亿元。不仅如此，詹某跃、詹某明还将通过非法途径获取的增值税普通发票，用于指使、伙同他人对外虚开，虚开金额累计 31 亿余元。虚开行为与非法出售行为最大的区别，在于从无到有与从有到非之差异。换句话说，虚开发票具体表现为开具与实际经营业务情况不符的发票，包括发票的金额、数量、客户名称等关键信息与实际不符，属于无中生"有"；非法出售发票是指未经许可或违反规定，将发票出售给不具有合法购票资格的单位或个人，即有合法发票却出售给非法购票人，属于有中生"非"。从本案情况来看，詹某跃、詹某明成立 A、B 两公司后压根就没有进行合法经营活动，也就不存在领取合法发票的资格。两人假借 A、B 两公司的名义，利用他人身份注册或从他人处变更公司，进而向税务机关申领空白发票，属于典型的虚开发票行为。至于其后将非法的发票进行非法出售的行为，则属于不可罚的事后行为，不符合非法出售发票罪的构成特征。

需要注意的是，辩护人提出本案的主体属于单位犯罪，是不符合法律规定的。根据最高人民法院《关于审理单位犯罪案件具体应用法律有关问题的解释》第 2 条的规定，"个人为进行违法犯罪活动而设立的公司、企业、事业单位实施犯罪的，或者公司、企业、事业单位设立后，以实施犯罪为主要活动的，不以单位犯罪论处"。本案中，詹某跃、詹某明成立 A、B 两公司后并未进行合法经营活动，而是向税务机关申领空白发票后进行非法出售或虚开，符合公司设立后以实施犯罪为主要活动的特征，因而不能以单位犯罪论处。

需要指出的是，2024 年 3 月 15 日，最高人民法院、最高人民检察院发布的《关于办理危害税收征管刑事案件适用法律若干问题的解释》第 10 条第 1

款规定："具有下列情形之一的，应当认定为刑法第二百零五条第一款规定的'虚开增值税专用发票或者虚开用于骗取出口退税、抵扣税款的其他发票'：（一）没有实际业务，开具增值税专用发票、用于骗取出口退税、抵扣税款的其他发票的；（二）有实际应抵扣业务，但开具超过实际应抵扣业务对应税款的增值税专用发票、用于骗取出口退税、抵扣税款的其他发票的；（三）对依法不能抵扣税款的业务，通过虚构交易主体开具增值税专用发票、用于骗取出口退税、抵扣税款的其他发票的；（四）非法篡改增值税专用发票或者用于骗取出口退税、抵扣税款的其他发票相关电子信息的；（五）违反规定以其他手段虚开的。"詹某跃、詹某明成立 A、B 两公司的行为，完全符合该解释第 10 条第 1 款第 1 项的规定，应当以非法出售增值税专用发票罪、非法出售用于抵扣税款发票罪论处。

（彭文华，上海政法学院刑事司法学院院长、教授，博士生导师）

陈某美、陈某英、孙某玉诈骗、掩饰、隐瞒犯罪所得案[*]

—— "药贩子"非法倒卖利用医保骗保购买的药品

【关键词】

医保卡骗取医保基金　掩饰、隐瞒犯罪所得　非法倒卖药品

【基本案情】

2020 年至 2021 年间，被告人陈某美在医院门口等地摆放收药牌子或在街头收购药品时，结识吴某强、赵某才等人。陈某美告知上述人员到医院使用医保卡开药，或指定收购药品种类，指使、授意上述人员到多家医院使用医保卡多开、虚开药品，收购药品后出售给被告人陈某英，并转寄给被告人孙某玉出售给其他药店，导致医保基金损失 40 万余元。

2020 年至 2021 年间，被告人陈某英在路边等处摆放收药牌子时，结识潘某芳、李某华等人，后指定收购药品种类，指使、授意上述人员利用本人医保卡到多家医院多开、虚开药品，收购后寄给被告人孙某玉出售，造成医保基金损失 3 万余元。陈某英的家属退缴违法所得 1 万元。

2020 年至案发，被告人孙某玉明知被告人陈某美收购的药品系他人通过医保卡骗取医保基金所得，仍安排被告人陈某英从陈某美处收购。陈某英将收购的药品寄给孙某玉，孙某玉出售给其他药店非法获利。药品售出价格共

---

* 本案例入选 2024 年 3 月最高人民法院、最高人民检察院"依法惩治医保骗保犯罪典型案例"。

190 万余元。

【检察机关履职情况】

上海市金山区人民检察院以陈某美犯诈骗罪，陈某英犯诈骗罪、掩饰、隐瞒犯罪所得罪，孙某玉犯掩饰、隐瞒犯罪所得罪提起公诉。上海市金山区人民法院经审理认为，陈某美、陈某英以非法占有为目的，骗取医保基金，其行为均已构成诈骗罪。陈某英、孙某玉明知是犯罪所得而予以收购并出售，情节严重，其行为均已构成掩饰、隐瞒犯罪所得罪。陈某英一人犯数罪，应予数罪并罚。陈某英、孙某玉共同犯罪中，孙某玉系主犯，陈某英系从犯。陈某英、孙某玉如实供述所犯罪行，有退赃情节。据此，依法认定陈某美犯诈骗罪，判处有期徒刑 8 年，并处罚金人民币 6 万元；陈某英犯诈骗罪，判处有期徒刑 1 年 2 个月，并处罚金人民币 1 万元，犯掩饰、隐瞒犯罪所得罪，判处有期徒刑 1 年 5 个月，并处罚金人民币 2 万元，决定执行有期徒刑 2 年 5 个月，并处罚金人民币 3 万元；孙某玉犯掩饰、隐瞒犯罪所得罪，判处有期徒刑 3 年 5 个月，并处罚金人民币 3 万元。判决已生效。

【典型意义】

当前，非法倒卖医保骗保药品犯罪已经形成了利益网和黑灰产业链，套刷药品、回收药品、物流寄药、转手卖药等环环相扣，职业"药贩子"、参保人员和医药机构等多个利益主体参与其中。一批以倒卖利用医保骗保购买的药品为业的犯罪分子，从参保人员处收购医保骗保购买的药品或指使、教唆、授意参保人员利用医保报销虚开、多开药品，既是犯罪链条的源头，也是犯罪链的重要一环，依法严惩"药贩子"有利于斩断黑灰产业链。

最高人民法院、最高人民检察院《关于办理危害药品安全刑事案件适用法律若干问题的解释》第 13 条第 1 款规定："明知系利用医保骗保购买的药品而非法收购、销售，金额五万元以上的，应当依照刑法第三百一十二条的规定，以掩饰、隐瞒犯罪所得罪定罪处罚；指使、教唆、授意他人利用医保骗保购买药品，进而非法收购、销售，符合刑法第二百六十六条规定的，以诈骗罪定罪处罚。"本案中，陈某美、陈某英指使、教唆、授意参保人利用医保骗保购买药品，进而非法收购、销售，其行为构成诈骗罪；陈某英、孙某玉明知系利用医保骗保购买的药品而非法收购、销售，其行为构成掩饰、隐瞒犯罪所得罪，均应依法惩处。

【专家点评】

本案系"药贩子"非法倒卖利用医保骗保购买的药品非法牟利的典型案例。根据最高人民法院、最高人民检察院《关于办理危害药品安全刑事案件适用法律若干问题的解释》的规定，对于明知系利用医保骗保购买的药品而非法收购、销售，金额在5万元以上的，应以掩饰、隐瞒犯罪所得罪定罪处罚；指使、教唆、授意他人利用医保骗保购买药品，进而非法收购、销售，应以诈骗罪定罪处罚。该司法解释的出台，对于维护我国的医保制度，保护人民群众的生命和健康具有重要意义。

众所周知，医疗保险是为了补偿劳动者因疾病风险造成的经济损失而建立的一项社会保险制度。在运行机制上，主要是通过用人单位与个人缴费，建立医保基金，参保人员患病就诊发生医疗费用后，由医保机构对其给予一定的经济补偿。医保制度的建立和实施，集聚了单位和社会成员以及国家的经济力量，可以使患病的社会成员从社会获得必要的物资帮助，减轻医疗费用负担，防止患病的社会成员"因病致贫"。从医保制度的运行机制，尤其是医疗费用承担和支付的来源角度看，在当前我国医疗资源还比较紧张的国情背景下，医保制度是国家负责承担的一种社会公益性制度。由此，对于医疗资源的利用，必须坚持严谨、节约的理念，使得"好钢用在刀刃上"。

但在司法实践中，不少犯罪分子通过套刷、倒卖、转手等非法方式，对原本稀缺的医疗资源进行恶意抢占并谋取非法巨额利益，严重危及医保制度的稳健运行，应当从严打击。另外，还需要注意的是，社会生活中从事非法倒卖医保药品的人员往往分工明确，角色多样，有的专门张贴回收广告，有的自己直接指使、教唆、"指导"参保人员恶意购买药品，还有的专门负责回收，形成了全链条式、职业化的黑灰产业链，严重侵蚀了我国医保制度，严重侵占了原本紧缺的医疗资源，危及人民群众的生命、健康，必须严厉打击。

坚持以人民为中心，是习近平法治思想的重要内容。利用刑罚手段正确、及时打击"职业药贩子"的违法犯罪行为，是切实保障我国医保制度顺畅运行，维护人民群众合法利益的必要手段，也是习近平法治思想中"以人民为中心"内容的具体体现。本案中，陈某美、陈某英指使、教唆、授意参保人利用医保骗保购买药品，进而非法收购、销售，按照刑法理论和司法解释的规定，构成诈骗罪；陈某英、孙某玉明知系利用医保骗保购买的药品而非法收购、销售，构成掩饰、隐瞒犯罪所得罪。本案的处理，犯罪性质定性准确，量刑恰当，充分体现了司法机关对于药品安全和药品管理秩序的重视，对于维系我国医保制度的健康运行具有现实意义。

（庄绪龙，苏州大学王健法学院院长助理、副教授，硕士生导师）

发挥检察办案职能作用 严惩"套路贷"犯罪集团*
——戴某某等敲诈勒索、虚假诉讼、非法拘禁、诈骗案

【关键词】

"套路贷"恶势力犯罪　扫黑除恶　暴力催收贷款

【基本案情】

2017 年 2 月，上海市金山区人民检察院受理了戴某某等"套路贷"案件，后经审查，以敲诈勒索罪、诈骗罪、虚假诉讼罪、非法拘禁罪提起公诉。2017 年 12 月，上海市金山区人民法院作出一审判决，对戴某某等 14 人依法认定为犯罪集团，其中认定被告人戴某某为犯罪集团首要分子，判处有期徒刑 17 年，并处罚金人民币 27 万元；其余各被告人分别被判处有期徒刑 1 年 9 个月至 11 年不等。该案系上海市第一起以犯罪集团认定的"套路贷"案件，并作为上海市检察机关"聚焦上海检察·2017"集体采访会的典型案例予以发布，承办检察官接受了媒体采访。在办理该案过程中，金山区人民检察院通过成立专案组，细致审查证据，准确把握定性，强化庭审指控，取得了良好的办案效果。

2014 年 9 月，张某晨（另案处理）为非法牟利，成立上海某鹏投资咨询有限公司（以下简称"某鹏公司"），伙同唐某奇（另案处理）、被告人戴某某、高某、任某等人以借贷为名，通过各种途径向社会招揽客户，当有被害人向该公司借款时，以双倍甚至更高的金额写借条，并以虚高的金额刻意制

---

* 本案例入选 2019 年 11 月全国扫黑办"全国扫黑除恶专项斗争法律政策文件适用指导案例"。

造银行资金走账记录，迫使被害人在虚高后的借条、收条上签字，并以手续费、服务费、保证金等名义再从被害人处收取费用。

在被害人没有按要求还款后，被告人戴某某等人持虚高的借条纠集或者指使王某（另案处理）、被告人蒋某恒、姚某峰、刘某鹏、沈某等人上门索债，或将被害人强行带至某鹏公司或该公司附近进行非法拘禁，其间对被害人进行威胁、恐吓、殴打逼迫其筹款交钱，直至其本人或家属交钱后才将其释放。

被告人戴某某等人还以虚假借条、银行转账记录等证据，捏造事实，对部分被害人向人民法院提起民事诉讼，妨害司法秩序。

某鹏公司在经营过程中形成了以张某晨、唐某奇（均另案处理）以及被告人戴某某为首的犯罪集团，长期在本市（上海市）以上述手段实施敲诈勒索等犯罪活动。

案件的主要特点和难点：

（1）犯罪组织集团化。本案被告人以公司的形式实施有计划、有预谋的"套路贷"犯罪，并在长时间的犯罪活动中形成了较为固定的犯罪组织，进而发展成组织严密、人员分工明确、社会影响恶劣的犯罪集团，而本市以往在"套路贷"案件中从未认定过犯罪集团，给本案的定性带来了难度。

（2）犯罪手段流程化。本案被告人在实施相关犯罪过程中，通过坑、蒙、骗等方式，使被害人写下金额虚高的借条、收据，并制造资金走账记录，借款到期后安排人员通过电话、上门等方式催债，并以被害人"违约"为由，利用言语、暴力威胁、非法拘禁、提起虚假诉讼等手段索要、占有被害人财物。犯罪各环节层层相扣，但流水线式的犯罪手法具有一定的隐蔽性，增加了主观故意及犯罪数额认定的难度。

（3）涉及罪名多样化。本案犯罪手段多样。在制造债务、讨要债务过程中，本案被告人既运用了非法拘禁、言语和暴力威胁等传统犯罪手段，还运用了通过故意制造虚假借款合同、转账记录等捏造的事实来提起虚假民事诉讼，将非法债务变成合法债务的新型犯罪手段。本案涉及的十余项犯罪事实中的作案过程和参与人员并不完全相同，增加了对犯罪事实认定和被告人行为定性的难度。

（4）社会影响恶劣。"套路贷"案件群众反映强烈，在上海市委政法委统一部署下，全市开展了专项打击行动，上海市委政法委主要领导高度关注该类案件，并作了重要批示。本案属于典型案件。案件中多名被害人在案发初期报警未得到有效救济。被告人则是通过伪造证据骗取法院判决书等方式对抗被害人，因此被害人要求司法机关严惩被告人的诉求强烈。与此同时，舆情应对和社会稳控是案件能否得以妥善处置所必须面对的问题。

【检察机关履职情况】

（一）启动专案机制，加强协调沟通

该案涉及人数多、犯罪次数多、罪名多，金山区人民检察院及时启动专案办理机制，加强内外沟通协调。一是加强内部各业务部门协作，组建专案组。本案案发后，及时成立以分管副检察长为领导的专案组，组织院侦监部门、公诉部门资深检察干警成立专案组，形成打击"套路贷"的犯罪合力，从组织上保障了本案的顺利办理。二是提前介入，引导侦查机关收集固定证据。在本案侦查过程中，多次召开公检联席会议，专案组认真分析本案中的新型犯罪手法、犯罪目的，判断出本案犯罪组织以"合法"形式掩盖非法目的的犯罪事实，引导侦查人员注重收集该犯罪组织集团化、流程化、分工化等方面的证据，并对相关的书证、物证、证人证言、被害人陈述以及犯罪嫌疑人供述及时固定，确保证据确实充分。三是加强法检及与政法委的沟通。本案犯罪手法新颖，属于刑民交叉类疑难复杂案件，在犯罪性质、打击重点上存在难度。如针对本案被害人在被告人的各种"套路"中"自愿"书写借条、收据等问题定性及补侦方向上，专案组积极向上海市人民检察院公诉一处、第一分院请示，并与金山区人民法院在该类犯罪手法的定性和证据采信方面达成共识，办案过程中及时向金山区委政法委汇报案件进展情况。

（二）细化审查方案，准确把握定性

本案具有长期性、流程化、分工化、组织化的特点，犯罪手法隐蔽。金山区人民检察院借助内外合力，细化审查方案，分析事实证据，准确把握案件定性。一是借助"蓝页案例"平台进行"套路贷"犯罪专题研讨。承办检察官对该案案情进行了仔细梳理、归纳，并以该案作为背景案例召开了"蓝页案例"研讨会，对"套路贷"新型犯罪案件定性、犯罪组织的性质等问题进行了充分探讨，听取了包括法律专家、资深检察官、金融监管部门人士等在内的多方意见，为本案准确定性提供了参考。二是对公安机关移送起诉的犯罪事实逐一审查甄别。本案移送起诉的犯罪事实达 26 项，承办人对案件卷宗的证据材料与查明的犯罪事实进行充分的论证、分析，剔除其中 7 项证据不足的犯罪事实，最终认定 19 项犯罪事实，并就认定的 19 项犯罪事实涉嫌的罪名进行反复论证，对同一犯罪行为涉嫌触犯不同罪名的，从整体上把握全案事实、证据，避免犯罪流程割裂，最后按照想象竞合犯的理论，择一重认定犯罪行为性质。三是总结犯罪手段，依法从严认定犯罪组织性质。用扎实的证据固定犯罪集团的犯罪模式和"套路"。总结出被告人通过各种"套路"虚高借款金额，制造资金走账记录，威逼被害人写下虚高的借条、收据，后肆意认定违约，非法索取钱财的犯罪手法；在整个证据链的细节中，把握各犯罪阶段之间的内在联系，确定以敲诈勒索罪为主，认定犯罪行为性质；在犯罪组织性质认定上，参照上海市高级人民法院、上海市人民检察院、上海市公安局《关于本市办理"套路贷"刑事案件的工作意见》对本案中长期有计划、有预谋实施"套路贷"犯罪活动的戴某某等人认定为犯罪集团，其中被告人戴某某被认定为犯罪集团首要分子。

（三）优化出庭方案，保障庭审质效

公诉人利用庭前会议总结控辩焦点，充分利用相关的刑事政策，从内部分化犯罪集团，利用可视化软件举证，展示全案证据材料，揭露本案犯罪集团的社会危害性，阐释犯罪分子行为的刑事违法性和可罚性。一是出席庭前会议，厘清控辩矛盾焦点。开庭前，在金山区人民法院承办法官的主持下，召开庭前会议，听取辩护律师意见，就律师对本案中提出的相关犯罪事实、犯罪数额、涉嫌罪名以及证据效力等问题，公诉人利用证据充分说理回应律师提出的共性辩护意见，进一步明晰案件问题焦点，为庭审顺利进行打下基础。二是阐明宽严相济刑事政策，分化犯罪集团。本案中有明显的首要分子，且多名被告人有前科劣迹，反侦查意识较强，受首要分子戴某某的影响，均不认罪，企图合力对抗司法机关。针对这一特点，公诉人在听取辩护律师意见时，向其阐明宽严相济刑事政策以及不认罪对抗司法可能导致的不利法律后果，进一步分化犯罪集团内部关系。开庭前，再次会见各被告人，了解其心理活动和认罪态度，进行法律教育，阐明宽严相济刑事政策和对抗司法的不利后果，根据掌握的最新信息设计庭审方案，制定庭审预案，灵活应对庭审变化。三是利用可视化软件举证质证，实现庭审实质化。面对本案犯罪人数多、犯罪次数多、被害人数多、侦查卷宗多的特点，为保障被告人的辩护权，展示本案犯罪集团化、流水化、分工化和社会危害性的特征，承办检察官对统一办案系统中的电子卷宗等证据进行分类分析，利用多媒体平台，在庭审过程中集中分类举证，并充分利用各证据之间的相互印证关系进行质证，实现了举证质证的可视化。2017 年 10 月 24 日、25 日历时两天两夜的庭审过程获得了合议庭的充分认可及旁听群众的充分肯定，多名被告人当庭认罪，取得了较好的庭审效果。

（四）全面履行公诉职能，扩大办案效果

依法保障被害方和辩护方的合法权利，注重延伸办案效果，提高办理大案要案的社会影响力。一是及时回应被害人需求。在审查起诉过程中，针对多名被害人及家属通过来电、来访等形式反映的诉求，承办人通过释法说理、主动及时通报案件审查进展情况等方式有效安抚被害人情绪，依法解决其合理诉求，并普及相关法律知识，充分表明了检察机关依法严惩犯罪分子的态度和决心，保障涉诉信访人员的合法权益。二是全面听取辩护律师和被告人家属的意见，做好化解工作。严格遵循《刑事诉讼法》的规定，确保辩护律师的会见、阅卷等诉讼权利，防止辩护律师的"维权"炒作；认真阅看律师提交的书面意见材料和接待辩护律师交换意见，并做好记录和答复工作。认真接待被告人家属来电来访，重点做好释法说理工作，努力消除被告人家属内心的困惑和误解。三是加强宣传报道，把握舆论导向。办案的同时通过多种媒介同步向社会权威发布案件情况，宣传普及"套路贷"犯罪手法、危害以及应对方法，努力提升群众防范意识，形成抵制、打击"套路贷"的社会合力。在"金山检察"微信公众号上发布主题图文 3 篇，转发及阅读量超过 6000 人次，在正义网、《上海法制报》、上海检察网等平面及网络媒体上发布新闻报道 4 篇，本案承办检察官还参加了本市检察机关"聚焦上海检察·2017"集体采访会，向与会媒体介绍了办理案件的相关情况，引起了社会的广泛关注和良好反应。

【专家点评】

本案是一起涉及"套路贷"性质的恶势力犯罪案件。关于该类性质的案件，首先需要把握其特点。经济性、组织性、暴力性，是黑恶势力犯罪组织的基本特点。在"套路贷"性质的黑恶势力犯罪中，犯罪组织集团化、犯罪手段流程化、涉及罪名多样化以及社会性质影响恶劣，是其主要特征。

本案中，被告人以公司的形式实施有计划、有预谋的"套路贷"犯罪，逼迫被害人在其各种"套路"中以双倍甚至更高的金额"自愿"书写借条、收据，并以手续费、服务费、保证金等名义再从被害人处收取费用。在被害人没有按要求还款后，又以殴打、恐吓、上门索债、非法拘禁、提起虚假诉讼等手段索要、占有被害人财物。该类行为严重败坏社会风气，危害社会治安秩序，属于典型的组织黑恶势力从事"套路贷"的行为。本案将以公司形式长期从事非法放贷又暴力催收贷款的犯罪组织认定为犯罪集团，将长期称霸一方、暴力欺压百姓认定为黑恶势力犯罪，罪名定性准确，量刑确当。

本案的处理效果和机制，值得肯定。一方面，在办案力量投入上，由于涉及人数多、犯罪次数多、罪名多，办案机关及时启动专案办理机制，加强内外沟通协调，及时成立以分管副检察长为领导的专案组，组织院侦监部门、公诉部门资深检察干警成立专案组，形成打击"套路贷"的犯罪合力，从组织上保障了本案的顺利办理。另一方面，在证据收集和事实认定方面，认真分析本案中的新型犯罪手法、犯罪目的，判断出本案犯罪组织以"合法"形式掩盖非法目的的犯罪事实，引导侦查人员注重收集该犯罪组织集团化、流程化、分工化等方面的证据，并对相关的书证、物证、证人证言、被害人陈述以及犯罪嫌疑人供述及时固定，确保证据确实充分。

常态化开展扫黑除恶斗争是以习近平同志为核心的党中央作出的重大决策部署。黑恶势力是社会的"毒瘤"，严重危害社会稳定、损害人民群众合法权益。扫黑除恶必须坚持不懈、常抓不懈。面对"套路贷"引发的黑恶势力犯罪，本案坚持以人民为中心的司法理念，始终瞄准人民群众深恶痛绝的黑恶势力犯罪。以"套路贷"为载体的黑恶势力犯罪，既进行非法放贷，又采用暴力讨债、非法拘禁、敲诈勒索等方式恶意催债，严重扰乱了社会秩序，必须依法严惩。本案的正确处理，为扫黑除恶斗争提供了经验，也展现了司法机关扫黑除恶工作法治化、规范化、专业化的办案水准。本案中，犯罪事实比较复杂，司法机关经过认真研判，坚持实事求是、严格依法办案，以事实为根据、以法律为准绳，既不降格，也不拔高，做到了"是黑恶一个不漏，不是黑恶一个不凑"，体现了司法的专业化水平。

（庄绪龙，苏州大学王健法学院院长助理、副教授，硕士生导师）

陈某山、严某凡等人假冒注册商标案*

【关键词】

假冒注册商标　涉外侵犯知识产权犯罪　民营经济保护

【基本案情】

2017 年下半年，被告人严某凡与陈某山经商议，在未取得上海利拉食品有限公司授权许可的情况下，由被告人陈某锦与陈某山生产印有"利拉"注册商标标识的压缩饼干，再由被告人严某凡销往越南。2017 年 12 月起，被告人陈某锦与陈某山委托被告人蔡某某印制印有"利拉"注册商标标识的压缩饼干真空包装袋，被告人蔡某某在被告人陈某锦与陈某山未提供任何授权委托等证明的情况下，擅自生产真空包装袋 200 余万个，价值人民币 43 807 元。随后被告人陈某锦与陈某山从外购得制作压缩饼干的原料，生产印有"利拉"注册商标标识的压缩饼干，并销售给被告人严某凡，共计 7876 件，价值人民币 669 460 元。被告人严某凡将上述假冒"利拉"品牌的压缩饼干销往越南，共计销售 7639 件，价值人民币 756 261 元。经鉴定，上述涉案"利拉"牌压缩饼干非上海利拉食品有限公司授权生产，系假冒注册商标的产品。

2019 年 4 月 19 日，被告人严某凡因销售假冒注册商标的商品罪被上海市第三中级人民法院判处有期徒刑 3 年，并处罚金人民币 20 万元。被告人蔡某某因非法制造、销售非法制造的注册商标标识罪被上海市第三中级人民法院判处有期徒刑 3 年，并处罚金人民币 5 万元。被告人陈某锦因假冒注册商标

---

* 本案例入选 2021 年 1 月上海检察机关落实食品药品安全"四个最严"专项行动典型案例。

罪，被上海市第三中级人民法院判处有期徒刑 2 年，并处罚金人民币 15 万元。

2019 年 9 月 24 日，上海市徐汇区人民法院判处陈某山有期徒刑 2 年，并处罚金人民币 15 万元。上海市金山区人民检察院于同年 10 月 8 日提出抗诉。12 月 25 日，上海市第三中级人民法院撤销上述判决，并发回上海市徐汇区人民法院重新审判。2020 年 4 月 9 日，被告人陈某山因假冒注册商标罪被上海市徐汇区人民法院判处有期徒刑 2 年 6 个月，并处罚金人民币 15 万元。

【检察机关履职情况】

（一）审查起诉

2018 年 10 月 11 日、2019 年 6 月 18 日，上海市公安局金山分局以犯罪嫌疑人严某凡、陈某锦涉嫌销售假冒注册商标的商品罪，犯罪嫌疑人蔡某某涉嫌非法制造、销售非法制造的注册商标标识罪，犯罪嫌疑人陈某山涉嫌假冒注册商标罪移送上海市金山区人民检察院（以下简称"金山区检察院"）审查起诉。检察机关重点开展以下工作：

（1）精准确定犯罪数额。本案系链条化侵犯知识产权犯罪，应按各犯罪嫌疑人具体实施的行为分别确定犯罪数额。公安机关扣押的犯罪嫌疑人陈某山、陈某锦实施假冒商标行为时的纸质出货单、原材料进货单、工厂生产情况、提取的电脑数据、手机内聊天记录均能印证犯罪数额情况。检察机关经过审查认为，犯罪嫌疑人陈某锦在电脑中整理的出货情况在数量上最为充分，同时结合其他纸质材料，印证了出货中涉及的商品数量及单价情况，同时结合犯罪嫌疑人本人的供述，能够准确得出犯罪嫌疑人陈某山、陈某锦的销售金额应当为 669 460 元。

其间，犯罪嫌疑人严某凡将上述假冒注册商标的商品销售至越南，但本人及辩护律师均提出其中有部分货物的销售事实上未取得货款，不应将其计入销售金额中。检察机关经审查后认定，该批货物已流入市场，虽未取得货款，但犯罪已既遂，应将其认定为销售金额。故根据相关书证，最终认定其销售金额为 756 261 元。

（2）确定犯罪嫌疑人的地位和作用，综合考量量刑情节，提出量刑建议，并适用认罪认罚程序。对犯罪嫌疑人陈某山与其子陈某锦应认定为共同犯罪，其中被告人陈某山负责确定销售渠道、销售金额及联系制作假冒注册商标的标识等，陈某锦负责在陈某山的安排下与下家进行联系，并登记账目。虽不分主从犯，但显然在共同犯罪中被告人陈某山的地位和作用更为重要。检察机关就各名犯罪嫌疑人的事实认定情况，建议判处陈某山、陈某锦等人3年以上5年以下有期徒刑并处罚金。

（3）充分运用检察建议帮助民营企业做好知识产权保护工作。检察机关在及时告知被侵害单位权利义务的同时，就本案的案发情况加强与企业的沟通，并对企业的经营情况、品牌的公认度进行了充分了解，也就本案涉及的假冒产品的鉴定进行了细致交流。针对企业在自有品牌保护方面存在的风险点，通过检察建议书的形式提出防范对策，建议企业加大品牌宣传力度、提升员工维权意识、加强与各执法部门的联动，从而降低维权风险。随后，检察机关就检察建议落实情况对被侵害单位进行了回访，企业负责人表示已制定相应制度从多方面提升公司在识假、打假方面的意识，并加强与执法部门的联动。

2018年11月19日，2019年8月2日金山区检察院先后分别以被告人陈某锦等人构成假冒注册商标罪、销售假冒注册商标的商品罪，以被告人陈某山构成假冒注册商标罪向上海市金山区人民法院（以下简称"金山区法院"）提起公诉，并建议适用认罪认罚程序。金山区法院依据集中管辖将案件移送上海市徐汇区人民法院（以下简称"徐汇区法院"）审理。

陈某锦、蔡某某、严某凡三人在判决后均提出上诉，最终上海市第三中级人民法院于2019年4月19日判决维持一审判决，被告人严某凡犯销售假冒注册商标的商品罪，判处有期徒刑3年，并处罚金人民币20万元；被告人蔡某某犯非法制造、销售非法制造的注册商标标识罪，判处有期徒刑3年，并处罚金人民币5万元；上诉人陈某锦犯假冒注册商标罪，判处有期徒刑2年，并处罚金人民币15万元。认定陈某锦的立功情节。

（二）提起抗诉

2019年9月24日，徐汇区法院公开开庭审理本案，并当庭宣判，判处陈某山有期徒刑2年，并处罚金人民币15万元。金山区检察院在收到上述判决书后于10月8日提出抗诉，认为徐汇区法院在本案审理过程中未适用认罪认罚程序，判决适用刑罚明显不当：因检察机关的量刑建议已充分考量了被告人陈某山的犯罪事实、情节，且涉案商品又系食品，应适当提升基准刑期。同时前案已生效判决认定被告人陈某锦、陈某山系共同犯罪，且后者在犯罪中的地位作用更为重要。被告人陈某锦因具有立功情节而减轻处罚，被判处有期徒刑 2 年。而本案一审判决对被告人陈某山亦判处有期徒刑 2 年，属量刑不均衡。另本案在庭审过程中未适用认罪认罚程序，徐汇区法院未经检察机关调整量刑建议，径直判决不当。

2019 年 12 月 16 日，上海市检察院第三分院支持抗诉。同年 12 月 25 日，上海市第三中级人民法院撤销上述判决，并将案件发回徐汇区法院重新审判。2020 年 4 月 9 日，徐汇区法院判决被告人陈某山犯假冒注册商标罪，判处有期徒刑 2 年 6 个月，并处罚金人民币 15 万元。

【典型意义】

本案系一起涉案金额巨大，链条式、产业化的涉外侵犯知识产权犯罪，严重损害了公司的品牌形象和经济利益，打击了民营企业自有品牌的信心及创新，侵害了金山区民营经济的发展。

（1）整体评价犯罪嫌疑人的地位和作用，并对比同案犯的刑期情况提出量刑建议。假冒注册商标犯罪是指在同一种商品上未经许可使用他人已注册商标，相对于销售假冒注册商标的商品犯罪而言，其处在犯罪上游环节，应结合犯罪嫌疑人的行为性质和涉案金额综合进行量刑，而犯罪嫌疑人的行为性质还包括其在共同犯罪中的作用地位。相较于简单的贴牌犯罪，本案完整包含了生产、销售环节，具体包括引进原料、产品生产安排、销售渠道的确定、假冒商标及包装的印刷、日常生产销售等。如果是在其中负责原料源头、销售渠道总体把关的人员，应认定其作用相较于其他人员更大。并且，在同案犯已经判决的情况下，基于同一事实，结合相互的地位作用更能精准地均衡量刑。另外，应当注意到本案涉及的假冒注册商标商品系食品，影响人身安全，可以适当增加基准刑。

（2）庭审未经认罪认罚程序造成量刑失衡的，应予以纠正。审查起诉阶段被告人自愿签署认罪认罚具结书，并经庭审查明，该具结书内容真实、合法、有效，庭审中也未发现《刑事诉讼法》第 201 条第 1 款规定的五种除外情况，故人民法院应当采纳检察院的量刑建议。

另外，根据《刑事诉讼法》第 201 条第 2 款之规定，人民法院经审理认为量刑建议明显不当，或者被告人、辩护人对量刑建议提出异议的，人民检察院可以调整量刑建议。人民检察院不调整量刑建议或者调整量刑建议后仍然明显不当的，人民法院应当依法作出判决。本案一审法院在庭审时未适用认罪认罚程序，导致对被告人陈某山的量刑失衡，应予以纠正。

（3）提升民营企业品牌意识，帮助企业建章立制。涉案金额巨大，链条式、产业化的侵犯知识产权犯罪，严重损害了公司的品牌形象和经济利益，打击了民营企业自有品牌的信心，侵害了民营经济的发展。检察机关在审查案件的同时，也应在企业维权意识、与执法部门联动、品牌宣传等方面帮助企业做好品牌维护工作。为切实保护民营经济的合法权益，提升维护自身合法权益的意识和能力，向被害单位上海利拉食品有限公司开展检察建议公开宣告，针对企业在自有品牌保护方面存在的风险点，通过检察建议的形式提出防范对策，建议企业加大品牌宣传力度、提升员工维权意识、加强与各执法部门的联动，从而降低维权风险。企业代表表示将根据建议内容认真研究并制定具体整改措施，提升公司在识假、打假方面的意识，完善工作制度。

【专家点评】

根据我国《刑法》第213条的规定，假冒注册商标罪，是指未经注册商标所有人许可，在同一种商品、服务上使用与其注册商标相同的商标，情节严重的行为。在当今社会，品牌意识逐渐成为商业模式的重要理念，"相信品牌的力量"已经成为企业发展的重要渠道。随着人们对注册商标价值的认同与企业品牌意识的增强，在强大的经济利益驱动下，假冒他人注册商标的"搭便车"牟利行为也相伴而生。面对日益严重、复杂的假冒注册商标违法犯罪，刑法作为商标法律保护的重要组成部分，应当依法予以打击侵犯注册商标犯罪，从而维护消费者的合法权益，维持正常的市场经济秩序。

本罪客观方面的认定，是司法实践中的普遍难题。在客观上，本罪要求"未经注册商标所有人许可，在同一种商品、服务上使用与其注册商标相同的商标"。通俗地讲，就是通过假冒他人商标，误导消费者的选择。从本质上讲，刑法设置假冒注册商标罪的逻辑基础，就是打击行为人通过假冒他人商标的"木马"方式，使得消费者产生认识错误，以为行为人提供的低品质产品属于被冒充的他人的高品质产品。显然，这种假冒行为，无疑侵犯了商标权人的合法品牌利益，挤占了商标权人（名牌产品）的市场占有率。假冒注册商标罪的刑法意义，就是要禁止这种完全侵害权利人市场占有率的不正当竞争行为。具体而言，本罪设置的规范保护目的是，行为人不得将自己的商品、服务伪装成他人的商品、服务进行牟利，亦即行为人不得通过"暗度陈仓""穿马甲"的方式（即假冒他人注册商标），侵占原商标权人的市场竞争利益。反之，如果行为人没有将自己的商品、服务伪装成他人的商品、服务，仅仅是在自己的商品、服务上加印证明商标，还是属于自己的商品、服务，在本质上是一种虚假宣传，但不是取代他人。从本质上讲，假冒注册商标罪的规范保护目的，是惩罚通过假冒他人商标的手段混淆、挤占甚至取代他人的竞争地位。

本案中，相较于简单的贴牌犯罪，被告人实施了完整的造假行为，涉及生产、销售环节，具体包括引进原料、产品生产安排、销售渠道的确定、假冒商标及包装的印刷、日常生产销售等，属于性质比较恶劣的"一条龙"犯罪行为。这种链条式、产业化、整体性的侵犯知识产权犯罪，实践中比较少见，严重损害了被害公司的品牌形象和经济利益，侵害了民营经济的发展，有必要通过刑法手段予以打击。本案认定犯罪事实全面，犯罪数额正确，定罪量刑准确合理。不仅如此，检察机关在案件处理完毕后，通过检察建议的方式，指出了企业经营和品牌保护的风险问题，对于全面提升企业的抗风险意识和能力具有重要意义。另外，本案的销赃地在国外，司法机关进行依法查处打击，不仅有利于保护国内企业的合法权利，也是我国不断推进涉外法治建设的重要体现。

（庄绪龙，苏州大学王健法学院院长助理、副教授，硕士生导师）

吴某润等人假冒注册商标案[*]

【关键词】

假冒注册商标　追赃挽损　认罪认罚　精确量刑

【办案要旨】

检察机关在办理侵犯知识产权犯罪案件，尤其是涉及翻新电子设备类案件时，应注重实质审查，把握翻新程度对定性的影响，即是否达到了与被翻新机有显著差别的程度，以此准确认定罪名。同时结合认罪认罚程序，积极开展追赃挽损工作，促使被告人积极退赔，尽可能弥补被侵权人损失，并在提出精准量刑建议时充分考虑退赔损失在量刑中的作用，确保被告人自愿认罪认罚，实现"三个效果"的统一。

【基本案情】

被告人吴某润，男，1990 年生，个体经营。被告人吴某鹏，男，1993 年生，个体经营。被告人林某燕，女，1998 年生，无业。2018 年 8 月至 2020 年 7 月间，被告人吴某润伙同吴某鹏、林某燕共同在上海市静安区宝通路 425 弄 1 号 404 室购进各型号翻新手机以及充电器、充电线等相关配件，经过擦机、贴膜、重新包装后，假冒正品华为全新手机对外销售，非法经营额达人民币 160 余万元。其中吴某润负责购进翻新机及相关配件、外包装等；吴某鹏负责对翻新机进行外观检查、功能测试等；林某燕负责将翻新机包装为原装全新

＊ 本案例系 2021 年上海检察机关知识产权检察优秀案例推荐案例。

手机，并作为网店客服对外销售。2020 年 7 月 27 日，被告人吴某鹏、吴某润、林某燕被公安机关抓获归案，三人到案后均如实供述上述犯罪事实。2020 年 11 月，被告人吴某鹏、吴某润退赔被侵权企业华为公司损失 90 万元，华为公司向其出具谅解书。

【诉讼及检察机关履职过程】

2020 年 8 月 25 日，公安机关以吴某润、吴某鹏涉嫌销售假冒注册商标的商品罪移送上海市金山区人民检察院（以下简称"金山区检察院"）审查逮捕。经金山区检察院审查后，于同年 9 月 1 日批准逮捕。2020 年 10 月 30 日，公安机关以吴某鹏、吴某润、林某燕三人涉嫌销售假冒注册商标的商品罪移送金山区检察院审查起诉。2020 年 11 月 30 日，金山区检察院以假冒注册商标罪对三人提起公诉。2021 年 3 月 5 日，上海市徐汇区人民法院对吴某鹏、吴某润、林某燕分别以假冒注册商标罪判处有期徒刑 3 年，缓刑 4 年；有期徒刑 3 年，缓刑 3 年；有期徒刑 1 年 6 个月，缓刑 2 年。本案涉及知识产权保护，金山区检察院受理后，主要开展以下工作：

（一）全面审查证据，准确认定本案罪名

本案三名被告人替换了原华为手机部分零部件，将其包装成全新的华为手机，并对外销售。检察机关审查后认为本案在定性方面存在争议，即三名被告人的行为构成销售假冒注册商标的商品罪还是构成假冒注册商标罪，区分的关键在于在翻新手机的过程中是否存在"在同一商品未经授权使用同一商标"的行为，是否达到了与被翻新机有显著差别的程度。故检察机关仔细分析权利人华为公司向司法机关提交的鉴定结论，与权利人进行沟通核实，证实公安机关扣押的手机有明显拆机痕迹且电池 SN 码与整机 SN 码以及屏幕 SN 码均不匹配，即主要零部件均已进行更换。故检察机关针对翻新机的问题，统一定性标准，认为对翻新机的主要零部件进行更换的情况下，属于拼接各种手机配件，翻新机不能被认定为华为手机。本案中，吴某鹏、林某燕对该类手机进行擦机，消除其使用记录、维修记录，并未经授权而使用华为商标对其进行包装，使其在外观上足以与正品华为手机混淆，由于吴某鹏、林某燕的擦机、包装行为，对于翻新机转变为"正品华为手机"起到了关键作用，完成了假冒注册商标的商品从无到有的过程，故应当认定其擦机、包装行为属于在同一商品未经授权使用同一商标，构成假冒注册商标罪。

（二）注重释法说理，积极开展追赃挽损工作

检察机关在审查过程中发现本案被告人在实施假冒注册商标的行为时，已认识到自己的行为涉嫌犯罪，但均没有意识到自己行为对于被侵权企业华为公司造成的损失，故检察机关在案件办理过程中，注重对于侵犯知识产权犯罪的释法说理工作。本案中，检察机关向被告人及其家属说明其行为不仅给华为公司造成了经济上的损失，也给华为公司的品牌影响力造成了伤害，同时结合被侵权企业华为公司追赃挽损的诉求，向被告人及其家属阐明了向被侵权企业退赔损失的必要性。被告人及其家属在充分理解其行为的危害性的情况下，主动要求退赔违法所得和华为公司损失，于 2020 年 11 月积极退赔华为公司损失共计 90 万元。华为公司在获悉犯罪嫌疑人退赔的情况后，出具谅解书，对三人的行为表示谅解，并希望司法机关从轻处罚。在案件办理过程中，检察机关及时了解权利人的诉求，在释法说理过程中有的放矢，积极推进追赃挽损工作，获得了华为公司赠送的锦旗，取得了良好的社会效果。

（三）结合追赃挽损，全力推进认罪认罚程序

检察机关在量刑过程中，充分听取华为公司的意见，核实华为公司请求司法机关从轻处罚的情况，着重考虑被告人积极弥补权利人损失的行为。同时在确定刑期及罚金时，综合各被告人的犯罪情节、地位、作用、数额等情况，根据金山区检察院量刑的"五三三"规则，提出量刑建议，并适用认罪认罚程序。经审查，被告人吴某润负责购进翻新机及相关配件、外包装等，吴某鹏负责对翻新机进行外观检查、功能测试等，林某燕负责将翻新机包装为原装全新手机，并作为网店客服对外销售，认定吴某润及吴某鹏为主犯，林某燕为从犯。综合上述情况，检察机关对上述三人分别提出有期徒刑 3 年，缓刑 4 年；有期徒刑 3 年，缓刑 3 年；有期徒刑 1 年 6 个月，缓刑 2 年的量刑建议。在认罪认罚程序中，检察机关与被告人进行量刑协商，充分听取被告人的意见，并向被告人阐明检察机关的量刑依据及其追赃挽损的行为在量刑中的作用。各被告人均对检察建议表示认可，自愿认罪认罚。现本案判决已生效，各被告人均未上诉。

【典型意义】

（1）针对通过翻新侵犯知识产权案件，综合全案实质审查，把握翻新程度对定性的影响。目前较易出现的翻新电子设备类案件的模式通常为：行为人将被侵权品牌的各个零部件重新组装，进行重新包装，冒充新的电子设备

进行出售。上述行为没有生产具有被侵权品牌的零部件，而仅仅只是组装，故该行为能否构成假冒注册商标罪有一定争议。检察机关认为在定性时需综合全案进行实质审查，重点审查电子设备的翻新程度，如果该电子设备的重要零部件均进行了替换和重组，那么不应认定该电子设备为被侵权品牌的电子设备，相当于重新生产了一部假冒的电子设备，后行为人又进行了重新包装对外出售，属于在同一商品未经授权使用同一商标，应当认定为假冒注册商标罪。

（2）针对侵犯知识产权造成的损失，积极开展追赃挽损工作，充分保障被侵权企业权利。虽然知识产权侵权犯罪中被侵权的大多为较有实力的大企业，但不可否认的，这些侵权犯罪行为给被侵权企业造成了经济以及名誉上的双重损失。在办理此类案件时，检察机关应注重被侵权企业的权利保护，除了及时告知权利人的各项权利义务，更要保障其权利的实施，无论权利人是否有挽回损失的诉求，检察机关均应积极推进追赃挽损工作，在案件办理中有的放矢，督促被告人尽可能地退赔违法所得，弥补权利人的损失，充分保障被侵权企业的权利，为企业建立良好的营商环境。

（3）对于侵犯知识产权犯罪案件，结合认罪认罚工作，突出弥补损失情节在量刑中的重要性。对于侵犯知识产权犯罪案件，除了要严厉打击此类犯罪，也要注重追赃挽损工作的开展，体现"三个效果"的统一。因此，检察机关在提出量刑建议时，更应体现退赔违法所得及被侵权人损失在量刑中的重要地位。在开展认罪认罚工作，与被告人进行量刑协商时，也可向被告人着重阐明弥补被侵权人损失在量刑上的重要性，提高被告人退赔的积极性，以进一步确保被告人认罪认罚的自愿性，降低上诉率，节约司法资源，提升办案质效。

【专家点评】

按照《商标法》的一般原理，注册商标是区分此种商品、服务与他种商品、服务的唯一标志。换言之，商标的基本功能就是引导消费者识别、区分不同生产者与销售者提供的商品、服务，这也是《商标法》第8条"任何能够将自然人、法人或者其他组织的商品与他人的商品区别开的标志"的基本内涵。故而，注册商标具有财产属性，将侵犯他人注册商标的违法犯罪行为纳入刑事打击范畴，具有正当性。

《刑法》第 213 条规定的假冒注册商标罪，在客观上要求"未经注册商标所有人许可，在同一种商品、服务上使用与其注册商标相同的商标"。实践中，"同一种商品、服务"的认定是比较关键的问题。2011 年 1 月 10 日，最高人民法院、最高人民检察院、公安部颁布实施的《关于办理侵犯知识产权刑事案件适用法律若干问题的意见》第 5 条规定了"同一种商品"的认定标准，即名称相同的商品以及名称不同但指向同一事物的商品，可以认定为"同一种商品"。具体而言，关于"同一商品"的认定，根据《商标法》的规定，应按照商品的原料、形状、性能、用途等因素以及习惯来判断，同一种商品一般指名称相同的商品，或名称虽不相同但所指的商品是相同的商品。有些商品的原料、外观不相同，但从消费者的角度考虑，其在本质上有同一性，应视为同一种商品。比如，收音机、录音机、电唱机的用途结构不同，但在组合音响这一概念上属于同一商品。又如，自行车用的车架、车条、车轮、车圈的用途不同，但在自行车零部件这一概念上也属于同一商品。因此，同一种商品的概念并不是指完全一样的相同商品。当然，认定是否属于"同一种商品"，应当对权利人注册商标核定使用的商品和行为人实际生产销售的商品进行比较。

本案中，被告人吴某润伙同吴某鹏、林某燕购进各型号翻新手机以及充电器、充电线等相关配件，经过擦机、贴膜、重新包装后，假冒正品华为全新手机对外销售，是否属于本罪中的"同一种商品"值得研究。换言之，本案中的行为人构成销售假冒注册商标的商品罪还是构成假冒注册商标罪？检察机关认为，区分的关键在于翻新手机的过程中是否存在"在同一商品未经授权使用同一商标"的行为，是否达到了与被翻新机有显著差别的程度。应该认为，行为人制造翻新机的过程中，将其中主要的零部件进行了更换，翻新机与华为手机在配件和性能上存在本质差异，不能被认定为华为手机。故而，将三人的行为认定为假冒注册商标罪更为合适。通过本案的处理，在涉及翻新电子设备类案件的行为性质认定时，办案机关注重实质审查，准确把握翻新程度、配件使用等情形，进而科学认定罪名，具有合理性，展现了司法的专业化水准。

（庄绪龙，苏州大学王健法学院院长助理、副教授，硕士生导师）

李某某等人恶势力犯罪集团案*

【关键词】

扫黑除恶　恶势力犯罪集团　套路贷　打财断血　源头治理

【办案要旨】

对于多人为共同实施"套路贷"诈骗等相关犯罪而组成的形式较为固定、符合恶势力认定条件的犯罪组织，应认定为恶势力犯罪集团，予以依法打击。办理该类案件时，检察机关应当注重打财断血，铲除恶势力经济基础，同时在办案中监督、在监督中办案，积极发挥检察职能，督促堵漏建制，有效促进完善社会治理。

【基本案情】

被告人李某某等27人诈骗、敲诈勒索、寻衅滋事等案，犯罪集团人员较多，层级明晰，分工明确，存续时间为2011年起至2019年近十年。李某某等人以上海市金山区某根雕馆为据点，在金山区以酒吧、饭店、汽修厂等产业相扶持，以放高利贷、非法索债等为手段，在本市金山区、松江区、浦东新区等地通过暴力、威胁或者其他手段多次从事违法犯罪活动，涉案事实三十起，被害人人数众多，犯罪金额特别巨大，引起较大社会影响。

---

　　* 本案例入选2021年9月上海市女检察官协会"典亮初心——女检察官为民办实事"十大精品案（事）例。

【诉讼及检察机关履职过程】

上海市公安局金山分局于 2019 年 6 月 24 日将李某某等人提请金山区人民检察院审查逮捕，于 2019 年 10 月 25 日以李某某、毛某某等 25 人涉嫌诈骗罪、敲诈勒索罪、寻衅滋事罪等移送金山区人民检察院审查起诉；后又于 2020 年 2 月 5 日以朱某、万某涉嫌非法拘禁罪、寻衅滋事罪、非法处置查封的财产罪移送金山区人民检察院审查起诉。2020 年 4 月 20 日，金山区人民检察院对本案提起公诉。金山区人民法院于 2020 年 9 月 23 日作出一审宣判，认定李某某等人属于恶势力犯罪集团，其中，对首要分子李某某判处有期徒刑 21 年，并处罚金人民币 103 万元。二审维持原判。

（一）彰显检察作为，依法打击恶势力犯罪

金山区人民检察院强化捕后续侦，积极引导侦查，先后提出逮捕案件继续侦查取证意见、补充侦查意见 68 条；在审查起诉阶段，自行补充侦查 32 次，收集、固定相关证据，确保案件证据确实、充分。在夯实证据的基础上，精准打击，不枉不纵、不错不漏，深挖遗罪漏犯，追捕犯罪嫌疑人 2 人，追诉犯罪嫌疑人 4 人，犯罪嫌疑人后全部到案并被依法定罪。积极推进适用认罪认罚从宽制度，对自愿如实认罪、真诚悔罪，愿意接受处罚的初犯、偶犯、从犯，充分进行释法说理、适用认罪认罚程序，促进瓦解黑恶势力，有力落实宽严相济刑事政策。

（二）推动打财断血，斩断恶势力利益链条

金山区人民检察院在案件办理过程中，全面清查涉案财产，紧盯铲除黑恶势力经济基础，针对公安机关对于本案涉案财产未及时鉴定、未全面查封、扣押及未及时追赃挽损的情况，向公安机关制发检察公函，对采取措施的涉案财产提出处理意见建议，对未采取措施的涉案财产补充开展查询、查封、扣押、冻结等工作，要求公安机关对未扣押的多张涉案银行卡予以扣押并冻结账户，对未查封的涉案被告人的房产予以及时查封，并对已流失的涉案财产开展追赃挽损工作。在对案件提起公诉时，认真甄别随案移送的涉案财产，依法提出处理意见，主动对接法院，做到财产刑执行信息共享，跟踪监督财产刑执行落实，合力推进"黑财清底"，大力铲除恶势力滋生的土壤。

（三）加强源头治理，助力净化社会环境

加大运用检察建议推动源头治理力度，坚持"打击"与"治理"并举，通过办理一案，推动治理一片。针对在办案中发现的某银行金山支行存在审核不严、监管滞后问题，制发社会治理检察建议督促积极整改，并以检察建议为抓手，积极联络相关行业主管部门，推动本区银行领域全面开展自查自纠，净化市场环境。针对案件中暴露的金山区涉案村集体在土地管理方面存在的问题制发社会治理检察建议，促进完善制度机制，规范农村土地正常有序流转，确保土地合理使用，有效助力社会治理现代化。

【典型意义】

本案系上海市一起具有较大社会影响的恶势力犯罪集团案件，涉案事实多、犯罪嫌疑人多、被害人多，检察机关依法认定恶势力犯罪集团，将该犯罪集团绳之以法，为平安建设保驾护航，为人民群众营造出一个更加安定和谐的生活环境。对于黑恶势力往往需要"打财断血"，针对涉黑涉恶的财产处置问题，检察机关应坚持依法全面查清恶势力财产、加强对涉案财产的甄别，积极开展追赃挽损工作，加大对涉黑恶财产的审查、处置力度，彻底摧毁黑恶势力的经济基础。同时，还要强化法律监督，就办案中发现的行业管理、行政执法规范等问题制发检察建议，督促相关单位堵漏建制，有效推动社会治理建设，有力服务保障经济社会发展大局。

【专家点评】

本案系"套路贷"领域的恶势力犯罪典型案例。黑恶势力犯罪追求非法利益最大化，日趋向新行业、新领域扩张，实施诸如"套路贷"、高利贷、暴力讨债等违法犯罪活动。根据最高人民法院、最高人民检察院、公安部、司法部印发的《关于办理"套路贷"刑事案件若干问题的意见》之规定，"套路贷"是对以非法占有为目的，假借民间借贷之名，诱使或迫使被害人签订"借贷"或变相"借贷""抵押""担保"等相关协议，通过虚增借贷金额、恶意制造违约、肆意认定违约、毁匿还款证据等方式形成虚假债权债务，并借助诉讼、仲裁、公证或者采用暴力、威胁以及其他手段非法占有被害人财物的相关违法犯罪活动的概括性称谓。然而，"套路贷"更多为学理意义上对某一类犯罪现象的概括性称谓，并非刑法上的独立罪名，既不可将"套路贷"行为简单认定为有罪，也不可将"套路贷"行为等同于某一类犯罪。在认定"套路贷"案件时，仍应遵循罪刑法定原则，以《刑法》分则所规定的个罪的犯罪构成为法律适用的依据，综合分析全案事实，判断案件所涉行为构成何种犯罪。本案中，办案机关对于"套路贷"恶势力犯罪的涉嫌罪名作了准确认定，量刑合理，办案质效良好。

正确处置黑恶组织的涉案财产，是扫黑除恶工作的重要组成部分。这是因为，经济性特征是黑恶势力组织存在的基础，通过打财断血的手段，彻底摧毁其经济基础，防止其死灰复燃，是扫黑除恶工作的内在要求。本案中，检察机关针对公安机关对于本案涉案财产未及时鉴定、未全面查封、扣押及未及时追赃挽损的情况，及时向公安机关制发检察公函，对采取措施的涉案财产提出处理意见，对未采取措施的涉案财产补充开展查询、查封、扣押、冻结等工作，对于涉案财产的正确处置提供了保障。在提起公诉时，检察机关认真甄别随案移送的涉案财产，依法提出处理意见，主动对接法院，做到财产刑执行信息共享，跟踪监督财产刑执行落实，合力推进"黑财清底"，处置手段合理，质效良好。

黑恶犯罪是社会的毒瘤，严重危及人民群众的生命、财产安全。2018年以来，我国通过三年的专项斗争坚持对黑恶犯罪严厉打击，取得了良好成效。当前，对于黑恶犯罪的打击，我们仍然毫不放松，常态化地开展扫黑除恶斗争，在某种意义上而言，扫黑除恶工作，不仅是社会治理现代化的重要举措，也是一种民之所向的"民生工程"。在本案处置后，办案机关就办案中发现的行业管理、行政执法规范等问题制发检察建议，督促相关单位堵漏建制，这既彰显出对社会治理和服务保障经济社会发展大局鲜明的时代价值，也是司法工作服务社会治理现代化的有力体现。

（庄绪龙，苏州大学王健法学院院长助理、副教授，硕士生导师）

陈某某羁押必要性审查听证案[*]

【关键词】

羁押必要性审查　检察听证　专家听证员　廉政风险防控

【办案要旨】

开展羁押必要性审查活动能够将无须继续羁押的犯罪嫌疑人、被告人予以释放或者变更强制措施，切实维护其合法权益，能够让刑事诉讼更加人性化，实现政治效果、社会效果、法律效果的统一。检察机关开展羁押必要性审查应当贯穿侦查至审判阶段的全过程，注重对涉案人员的实质审查，同时通过召开检察听证的形式，完善廉政风险防控机制，对案情复杂尤其是涉及专业问题的案件邀请相关领域专家参与听证，将专家听证员的意见作为依法处理案件的重要参考，确保羁押必要性审查的公正性和专业性，让人民群众在每一起案件中感受到公平正义。

【基本案情】

2020 年 9 月 11 日，被告人陈某某因涉嫌开设赌场罪被上海市金山区人民检察院（以下简称"金山区检察院"）批准逮捕。2020 年 9 月 28 日，因患有冠心病、高血压，陈某某被评定为大部分丧失劳动能力者。经开展羁押必要性审查，检察机关建议公安机关对其变更强制措施为取保候审。2021 年 4 月 23 日，被告人陈某某因犯开设赌场罪被上海市金山区人民法院判处有期徒

＊ 本案例系 2021 年上海检察机关落实刑事司法政策优秀案例推荐案例。

刑2年3个月，并处罚金人民币5万元，同日由上海市公安局金山分局执行逮捕并羁押于上海市金山区看守所。

2021年4月27日，金山区看守所向金山区检察院驻监检察室致函建议办案部门对被告人陈某某变更强制措施，理由是：陈某某患冠心病病情严重，极易发生猝死，有非常大的安全隐患。鉴于本案同案犯已上诉，判决尚未生效，陈某某不符合暂予监外执行条件，故金山区检察院在充分审查证据材料后，根据《刑事诉讼法》《人民检察院办理羁押必要性审查案件规定（试行）》（当时有效），于2021年5月6日决定对陈某某进行羁押必要性立案审查，并依据《人民检察院审查案件听证工作规定》于2021年5月7日依法启动了陈某某羁押必要性审查检察听证程序。

【诉讼及检察机关履职情况】

（一）审查是否符合羁押必要性审查的形式条件

根据《刑事诉讼法》第95条、《人民检察院刑事诉讼规则》第575条的规定，犯罪嫌疑人、被告人被逮捕后，人民检察院负责捕诉的部门依法对侦查和审判阶段的羁押必要性进行审查。根据上述规定，在案件的侦查阶段、审查起诉阶段、审判阶段，也就是从犯罪嫌疑人、被告人被逮捕后直至判决生效前，检察机关均可以开展羁押必要性审查。本案看守所提出变更强制措施建议时尚处于审判阶段，由于同案犯上诉，一审判决未生效且上诉期未满，一审法院尚未将案件移送上一级法院，办案机关仍是一审法院，金山区检察院有权开展羁押必要性审查工作。

（二）初步评查被告人病情和社会危险性

根据《人民检察院刑事诉讼规则》第580条的规定，人民检察院发现犯罪嫌疑人、被告人患有严重疾病、生活不能自理，且具有悔罪表现，不予羁押不致发生社会危险性的，可以向办案机关提出释放或者变更强制措施的建议。金山区检察院在接到看守所申请后按照本院《被羁押人员社会危险性评估机制》的要求，第一时间会见被告人陈某某、走访看守所管教民警及医生、查阅陈某某病历，经初步评查，被告人陈某某患冠心病、高血压病情严重，极易发生猝死等严重后果，存在较大监管安全隐患，同时陈某某始终认罪认罚，社会危险性较低，有必要对其开展羁押必要性审查。

（三）制定听证方案，邀请专家参与

本案因涉及被判处实刑的被告人是否实际羁押，为保证办案的公开透明，防止出现"纸面服刑"的现象，金山区检察院决定通过召开听证会的形式开展羁押必要性审查工作。鉴于陈某某能否被取保候审的主要因素，是其所患冠心病、高血压等病情是否符合严重疾病的标准，因此，本案的焦点是医学问题，只有先进行精准的医学判断，才能考虑法律适用，金山区检察院在召开听证会前制定了详细的听证方案，针对其既往病史从"专家听证员库"中邀请复旦大学附属金山医院心血管内科副主任医生和黄浦区妇幼保健所副主任医生等两名医学专家和一名市人民监督员参与听证，确保听证会的专业性、广泛性和公正性。

（四）召开听证会，充分听取听证员意见

2021年5月7日，陈某某羁押必要性审查听证会在金山区检察院公开听证室举行，由金山区检察院副检察长主持，在听证会正式开始前，由主持人召集听证员在听证评议室内召开预备会议，向听证员介绍案件情况，解读相关法律规定，说明本次听证会需要关注的重点是目前被告人陈某某的病灶指征是否危及生命，其身体健康状况与强制措施是否匹配。

听证会上，看守所民警、承办法官、陈某某家属及律师等人依次对陈某某目前的身体健康状况、原案件审理情况、陈某某认罪悔罪表现等发表意见、出示证据。听证员认真查阅了在押人员陈某某的病史资料、向看守所民警、家属提问核实陈某某的身体状况和日常表现，进行了充分的讨论和评议。经过评议，复旦大学附属金山医院心血管内科专家代表三名听证员发表意见：被告人陈某某患有心脏病，曾两次出现急性心肌梗死，平素有高血压、糖尿病等基础疾病，有冠心病家族史，规律服药后仍控制不好，2020年10月心冠造影仍提示有病变。陈某某患严重疾病，再发心肌梗死的概率很大，有危及生命的可能，建议对其变更强制措施。

（五）及时提出变更强制措施建议

金山区检察院充分听取包括听证员在内的各方意见后，根据已经查明的事实、证据和《人民检察院审查案件听证工作规定》等有关法律规定，当场作出决定，建议审判机关对被告人陈某某变更强制措施为取保候审，并由金山区检察院副检察长当场宣布决定并说明理由，审判机关在接到检察机关发出的变更强制措施建议书后于当日为被告人陈某某办理了取保候审手续，实现了办案质量和办案效率的统一。

【典型意义】

（1）羁押必要性审查应当贯穿侦查至审判阶段的始终。羁押必要性审查主要是针对被逮捕的犯罪嫌疑人、被告人是否需要继续羁押进行审查，开展羁押必要性审查的责任主体是人民检察院，在案件的侦查阶段、审查起诉阶段、审判阶段，也就是从犯罪嫌疑人、被告人被逮捕后直至判决生效前，犯罪嫌疑人、被告人均处于逮捕状态，检察机关可依职权、依申请以及看守所的建议开展羁押必要性审查，更好地落实宽严相济的刑事司法政策，节约司法成本、传递检察温度、彰显检察担当。

（2）注重对被审查人进行实质审查。对于犯罪嫌疑人、被告人是否需要继续羁押，应当根据《人民检察院刑事诉讼规则》第579条、第580条的规定，通过讯问犯罪嫌疑人、被告人、询问其他共同羁押人员、实地走访监管场所和监管人员、驻监所医生、查阅病历材料等工作进行严格的实质审查，在此基础上通过举行听证会等形式充分听取专家、人民监督员等听证员的意见，根据犯罪嫌疑人、被告人涉嫌犯罪事实、主观恶性、认罪认罚情况及悔罪表现、身体状况和有无再危害社会的危险因素，综合评估有无必要继续羁押犯罪嫌疑人、被告人。

（3）通过开展听证活动，同时根据具体案情充分借助"外脑"，确保羁押必要性审查公正性和专业性相统一。通过开展听证会等形式让人民监督员充分参与到羁押必要性审查活动中，不断建立健全廉政风险防控机制，确保羁押必要性审查的公正性，杜绝"纸面服刑""保而不医"等现象的发生，维护司法公信力。同时，充分发挥检察听证的作用要求精准选择听证员，尤其是在面临疑难复杂的专业性问题时，对涉及的专业知识通过邀请相关领域专家作为听证员进行分析、评议，并充分听取其意见，将其意见作为依法处理案件的重要参考，有效增强检察听证的说服力。

【专家点评】

习近平法治思想的根本立足点是坚持以人民为中心，坚持法治为人民服务。这就要求把体现人民利益、反映人民愿望、维护人民权益、增进人民福祉落实到科学立法、严格执法、公正司法和全民守法的各领域全过程，保证人民依法享有广泛权利和自由、承担应尽的义务。因此,我们要依法公正对待人民群众的诉求,努力让人民群众在每一个司法案件中感受到公平正义。在刑事案件的办理过程中,羁押必要性审查是实现保障人权的一个重要环节。唯有合法开展羁押必要性审查,才能依法保障犯罪嫌疑人、被告人的合法权益,才能真正实现公正司法,弘扬程序正义。

在本案中,以金山区检察院为首的各机关通力合作,配合无间,及时合法地开展了羁押必要性审查工作,在不妨碍正常司法工作的前提下,有效地兼顾了保障犯罪嫌疑人、被告人的合法权益与节约司法资源,提升了司法效率,值得肯定。本案的特色在于:

第一,存在先后两次羁押必要性审查。第一次羁押必要性审查较为常见,发生在案件侦查阶段。对于符合条件的犯罪嫌疑人,金山区检察院依法批准了对其的逮捕,履行了其职权;第二次羁押必要性审查较为特殊,发生在审判阶段,并且是一审判决作出之后、生效之前。《人民检察院刑事诉讼规则》(以下简称《诉讼规则》)第575条规定,负责捕诉的部门依法对侦查和审判阶段的羁押必要性进行审查。在这里,问题的关键就在于如何理解该条中的"审判阶段"一词。如果错误地认为一审判决作出后审判阶段就结束了的话,恐怕就会得出检察院无权进行羁押必要性审查的结论,这很显然存在问题,并且也不利于对被告人的人权保障。因此,将这里的审判阶段理解为判决生效而非作出之前是合理的,本案中金山区检察院的做法并没有违反相关的法律规定,不属于越权行为。可以说,金山区检察院的行为不仅在现实中切实地保障了被告人的合法权益,还以实际行动对相关法条中的模糊之处进行了合理的解释与明确,对今后的羁押必要性审查工作的开展具有重要的指导意义。

第二,本案中的羁押必要性审查是一种实质性的羁押必要性审查。《诉讼规则》第580条为羁押必要性审查提供了较为明确的判断标准,但由于依旧是概括性的规定,因而对于检察机关来说还是存在较大的自由裁量空间,这就需要检察机关针对不同的情况进行具体、实质性的细致审查,在本案中,对被告人是否适合继续羁押的审查的焦点就在于被告人的身体状况是否属于《诉讼规则》第580条所规定的患有严重疾病的情况。在开展羁押必要性审查工作的过程中,金山区检察院既没有简单地以冠心病在常人看来并不算重病为由直接武断地认为被告人可以继续羁押,也没有因为怕承担被告人在羁押过程中突然去世的责任而直接作出变更强制措施的建议，而是通过召集专家开展听证会，科学地对被告人的病情的实际严重程度以及其身体状况是否适合继续羁押作出判断，此举既保障了审判工作的依法正常进行，又很好地实现了对被告人生命和身体健康的保护。

由于处于羁押状态的犯罪嫌疑人、被告人被剥夺了人身自由，因而必须对羁押的必要性作出精确、严格的审查，否则就会严重地侵害公民的合法权益，进而从根本上动摇司法公信力。作为羁押必要性审查负责机关的检察机关，应当充分发挥其主导地位，积极、合法地开展羁押必要性审查工作，上述金山区检察院就很好地作出了表率。一方面，其正确地发挥了主观能动性，在合理的范围内行使了自由裁量权，对相关法律规定中的空白之处进行了填补，并实现了羁押必要性审查的实质化、精确化；另一方面，其坚持程序法定，通过开展听证会等形式让人民监督员充分参与到羁押必要性审查活动中，得以确保羁押必要性审查的公正性，有效地实现了程序正义，维护了司法公信力。该案例启示我们，为了让人民群众在司法的全过程中感受到公平正义，司法机关必须以人民为中心，做到公正司法，依法办事；必须不断健全廉政风险防控机制，扩大人民群众对司法监督的途径，促进检察办案司法活动更加公开、透明、规范，用群众看得见的方式彰显司法公正，进一步提升司法公信力。

（王俊，苏州大学王健法学院副教授，硕士生导师）

江某贵等 7 人假冒注册商标案[*]

【关键词】

假冒注册商标　　知名医美品牌　　新旧跨法　　全链条打击

【办案要旨】

医美行业市场潜力大，消费需求旺盛，检察机关从维护医美市场健康秩序和保护消费者合法权益的大局出发，加大对涉知名医美品牌的假冒侵权犯罪活动的精准打击力度。同时，切实贯彻落实刑事司法政策，对全链条上的各犯罪嫌疑人通过综合考虑其犯罪地位、涉案金额、认罪态度等予以分层处理。

【基本案情】

2020 年起，苏某彬（另案处理）在实际经营广州蓓蕾电子科技有限公司期间，在未取得索塔（上海）健康管理有限公司授权的情况下，通过自行生产和外包加工等形式生产、销售假冒"Thermage"品牌的仪器及配件并通过微信进行销售。其中江某贵任研发部主管，负责产品整体研发设计；梁某强任生产部主管，负责统筹整机及手柄、探头等配件的生产和售后维修；陈某秋任采购部主管，负责采购生产、销售所需各类材料，非法经营数额达人民币 500 余万元；朱某娟任生产部电子组组长，负责加工生产仪器主机、手柄的电路板；李某任生产部手柄组组长，负责加工生产仪器手柄；任某凤任生产部质检组组长，负责检测生产的仪器整机、手柄等配件，经检测合格的入

---

* 本案例入选 2023 年上海检察机关服务营商环境知识产权保护十大案例。

库供后续对外销售，非法经营数额达人民币 300 余万元；张某强任生产部装配组组长，负责组装整机，非法经营数额达人民币 170 余万元。

【检察机关履职情况】

2021 年 7 月 27 日，上海市公安局金山分局（以下简称"金山公安分局"）在工作中发现有犯罪团伙在广东省广州市生产销售假冒"Thermage"品牌美容仪器的犯罪线索并于同日立案侦查。上海市金山区人民检察院（以下简称"金山区检察院"）及时介入侦查，从涉案仪器质量鉴定、上下游犯罪链条追踪、犯罪数额认定等方面引导取证，并划定羁押措施适用标准。2021 年 10 月 21 日，金山公安分局在上海市公安局经侦总队的统一部署下，在广州市捣毁了以苏某彬为首的翻新制造假冒第 5 代"Thermage"仪器的生产窝点，查获仪器、配件、包装材料等，对主管江某贵、梁某强等人进行刑事拘留。

2022 年 2 月 25 日，金山公安分局对江某贵等 7 人以假冒注册商标罪移送金山区检察院审查起诉。审查起诉期间，检察机关引导公安机关补强相关证据，形成完整证据链。一是依据销售清单、微信聊天记录等客观证据精准认定各犯罪嫌疑人的犯罪行为是否跨越《刑法修正案（十一）》，准确适用新旧刑法；二是对部分未附着商标的打格纸、电解液等配件，依据产品说明书等书证及下家供述，确认均需依附主机、探头配套使用，且主机、探头上均附着被侵权注册商标标识，故上述配件的价值也应被计入非法经营数额；三是对犯罪嫌疑人提出关于主观明知的辩解，重点关注各犯罪嫌疑人的任职时长及职务职责、在公司内部工作微信群与客户对接微信群内的聊天记录，公司采购的商标标识及探头外包装等材料的存放位置是否易被员工知悉并取得、生产、检测、装箱过程中附着涉案商标标识的具体阶段及方法，以客观证据夯实主观认定；四是依据罪行轻重对系列案件作出分层处理决定。对本案中江某贵等工作时间长、所起作用大的主管人员，以及关联到案的下游销假团伙负责人，依法批准逮捕并建议判处实刑；对本案及关联下家中未担任领导职务、仅领取固定工资的一般员工，建议公安机关直接取保候审，并对其中犯罪情节轻微的犯罪嫌疑人依法作出不起诉决定。

2022 年 5 月 20 日，金山区检察院依法对江某贵等 7 人假冒注册商标案提起公诉。2022 年 11 月 21 日，上海市普陀区人民法院对江某贵、梁某强等人以假冒注册商标罪判处有期徒刑 1 年 2 个月至 2 年 7 个月不等，并处罚金人民币 3 万元到 20 万元不等，各被告人未上诉，现判决已生效。2022 年 12 月 14 日，金山区检察院对关联下家案件中参与犯罪活动的普通员工汪某某、王某某等人作出不起诉决定。

【典型意义】

（1）依法打击侵犯知名医美品牌商标犯罪，彰显知识产权司法保护决心。随着社会经济生活不断发展，人民群众对美的追求日益高涨，医美行业的兴盛容易引发不法分子假冒知名医美品牌实施制假销假违法犯罪活动，牟取暴利，严重侵害权利人和广大消费者合法权益。检察机关积极开展全链条打击，通过分析资金流、运输流、信息流，重点围堵上游制假犯罪团伙，循线打击下游销假犯罪团伙，一举捣毁以苏某彬为首的 5 个制假售假窝点，切实整肃医美市场乱象，助力行业健康发展。

（2）加强客观证据审查精准认定案件关键事实，明确类案常见争议问题审查方法。对于部分未附着被侵权注册商标标识的"光板"配件的价值能否计入犯罪数额，检察机关在审查过程中，能够确认相应配件不可独立使用，必须依附于侵权机器配套使用的，相关配件仍属于侵犯知识产权产品的一部分，应当计入犯罪数额。对于上述事实的确认，应当依托上下家的微信聊天记录、产品说明书等客观证据进行审查。

（3）贯彻落实刑事司法政策，分层处理强化司法办案质效。知识产权犯罪多呈现团伙化、公司化运营特征，涉案人数众多，组织结构复杂，检察机关在办案过程中应当进行全局把握，结合不同犯罪嫌疑人的层级职责，综合考虑入职时间、工作内容、涉案金额、违法所得等关键要素区分处理。对于主犯以及共同犯罪中所起作用较大、地位突出的从犯，在体现量刑层次的基础上予以坚决打击；对于共同犯罪中情节较轻，所处地位、作用一般的，积极发挥政策引导作用，鼓励、督促犯罪嫌疑人积极认罪认罚、退缴违法所得，取得权利人谅解以争取不起诉等从轻处理结果。

【专家点评】

假冒注册商标罪的修改是《刑法修正案（十一）》的重要修改内容之一。修改后的 2020 年《刑法》第 213 条规定："未经注册商标所有人许可，在同一种商品、服务上使用与其注册商标相同的商标，情节严重的，处三年以下有期徒刑，并处或者单处罚金；情节特别严重的，处三年以上十年以下有期徒刑，并处罚金。"就本罪的量刑方面，《刑法修正案（十一）》删除了该条文中基本刑幅度中"拘役"这一轻度刑种，并将加重刑幅度中的最高刑由7年上调至10年，借此实现了对此罪的加重处罚。对于该罪而言，由于其属于经济犯罪，因而具体的量刑必然与此罪的犯罪所得数额挂钩，因此必须精确地认定该罪的犯罪数额，否则就将违背罪责刑相适应原则的基本要求。在本案中，金山区检察院通过加强客观证据审查精准地认定了案件的关键事实，进而得出了正确的结论，严格地贯彻了罪责刑相适应原则。

本案的特殊之处在于：第一，由于该案的时间跨度较大，贯穿《刑法修正案（十一）》颁布前后，并且涉案人员众多，其犯罪的时间先后有所不同，根据从旧兼从轻的原则，必须准确地认定每个被告人具体的犯罪时间，从而实现正确的法律适用。在本案中，金山区检察院能够注意到这一点，并通过销售清单、微信聊天记录等客观证据精准地认定各犯罪嫌疑人的犯罪行为是否跨越了《刑法修正案（十一）》，这一点值得称道。

第二，本案的另一个争议点在于，对于某些未附着商标且要与主要产品配套使用的附件的价值是否也应当计入犯罪数额。对于这个问题，金山区检察院并未简单地以这些附件上没有商标为由将其予以排除，也没有直接以凡是在现场查获的物品均应属于赃物为由径直认定其价值也应属于犯罪数额的一部分，而是依据产品说明书等书证及下家供述，在确认了上述配件均需依附主机、探头配套使用，且主机、探头上均附着被侵权注册商标标识的事实之后，作出了对于上述配件的价值也应计入非法经营数额的判断。由于犯罪数额直接影响着该案犯罪嫌疑人最终的定罪量刑结果，因此为了贯彻罪责刑相适应原则，实现对犯罪嫌疑人合法权益的保护，必须对此作出精确、合理的认定。

第三，由于本案系集团作案，涉案人数较多，因此必须对每个参与者在整个犯罪中的地位与作用作出精确的认定，以贯彻落实宽严相济的刑事政策。贯彻宽严相济的刑事政策，就是要根据犯罪的具体情况，实行区别对待，做到该宽则宽，当严则严，宽严相济，罚当其罪，打击和孤立极少数，教育、感化和挽救大多数，最大限度地减少社会对立面，促进社会和谐稳定，维护国家长治久安。由于本案侵犯的是知名医美品牌商标，因而犯罪的社会危害性较大，并严重侵害了权利人和广大消费者的合法权益。职是之故，必须对集团中的首要分子以及属于主犯的重要人员从严处罚，而对于剩下的大多数作用不大、犯罪情节轻微的次要分子以及从犯则应当该宽则宽，积极帮助其悔过自新、早日回归社会。在本案中，金山区检察院对犯罪嫌疑人作出了正确的分层处理，通过积极发挥政策引导作用，鼓励、督促犯罪嫌疑人积极认罪认罚、退缴违法所得、取得权利人谅解，最终为其争取到了不起诉等从轻处理。

习近平总书记在主持中央政治局第二十五次集体学习时指出："保护知识产权就是保护创新。"唯有依靠高质量文化创新保障高质量文化供给，才能满足人民群众日益增长的高品质精神文化需求。我们必须坚持以习近平新时代中国特色社会主义思想为指导，深入学习贯彻习近平文化思想和习近平法治思想，加强文化法治建设，不断健全知识产权法律保护机制。刑法作为社会治理的重要手段，在知识产权的保护中也扮演着举足轻重的角色。《刑法修正案（十一）》普遍提高侵犯知识产权系列犯罪的法定刑，就是为了回应对知识产权进行更好保护的需求。但是我们也需要注意，在通过《刑法》积极参与知识产权保护的同时，司法机关也必须坚持宽严相济的刑事政策，以防止违背罪责刑相适应的基本原则，落入以罚代管的窠臼之中。

（王俊，苏州大学王健法学院副教授，硕士生导师）

徐某等人贩卖毒品、洗钱二审抗诉案*

【关键词】

贩卖毒品　自洗钱　引导侦查　二审抗诉　一体履职

【办案要旨】

检察机关在办理毒品犯罪案件时，要认真全面审查证据，以毒资去向为线索发现自洗钱犯罪行为，及时引导公安机关继续侦查取证。对于利用他人第三方支付账户收取毒资后转移至他人银行卡的行为，从主客观方面综合审查认为属于自洗钱行为的，应依法认定为洗钱犯罪。依法全面、准确履行刑事审判监督职责，综合运用抗诉、检察建议等监督手段，发挥检察一体化优势，及时纠正定罪量刑确有错误等情况。

【基本案情】

被告人徐某，男，无业，曾因犯贩卖毒品罪于 2018 年 10 月被判处拘役 4 个月，并处罚金。被告人潘某某，男，无业。被告人梁某某，男，无业。

2020 年 6 月，被告人徐某利用其外祖母身份信息分别办理银行卡和手机卡各一张，并将该银行卡及手机号绑定微信和支付宝账户供自己使用。2021 年 7 月 5 日至同月 22 日，徐某在明知合成大麻素类物质已被国家列为毒品进行管制的情况下，为牟取非法利益，先后 10 次向他人贩卖含合成大麻素成分

---

　　* 本案例入选 2023 年 8 月上海检察机关《重大犯罪检察工作情况》审判监督典型案例，入选 2024 年 5 月上海检察机关依法惩治洗钱犯罪参考性案例。

烟油的电子烟，并通过上述微信及支付宝账户与被告人梁某某、潘某某等下家联系交易，以转账方式收取毒资合计人民币 14 200 元，后将部分款项转至其外祖母名下银行卡中，其余转至自己名下其他手机号绑定的支付宝账户中，均用于个人消费。

【检察机关履职情况】

（一）全面审查，有效引导侦查

2021 年 8 月 20 日，上海市公安局金山分局（以下简称"金山公安分局"）以徐某、梁某某、潘某某涉嫌贩卖毒品罪提请批准逮捕。上海市金山区人民检察院（以下简称"金山区检察院"）全面审查证据，依法提讯犯罪嫌疑人，认为徐某涉嫌贩卖毒品罪，同时发现徐某使用他人名下支付宝、微信账户收取毒资并转移至他人银行账户，涉嫌洗钱犯罪的线索，遂依法作出逮捕决定并向金山公安分局提出补充侦查建议。金山区检察院引导公安机关重点围绕毒资去向开展侦查，追查徐某作案手机下落并调取毒品买卖上下家之间的支付宝、微信交易记录及银行转账流水，进一步核查涉毒资金往来、流转情况，查明徐某为掩饰、隐瞒毒品犯罪所得及收益，以其外祖母名义办理银行卡、手机卡及支付宝、微信第三方支付账户，利用其外祖母名下支付宝、微信账户收取毒资后转移至外祖母名下银行账户的洗钱犯罪事实。

（二）研判会商，加强联动指导

2021 年 9 月 27 日，金山公安分局以徐某、梁某某、潘某某涉嫌贩卖毒品罪、洗钱罪向金山区检察院移送起诉。审查起诉阶段，金山区检察院重点围绕徐某的行为是否构成洗钱罪的法律适用争议开展重点审查，并充分发挥检察一体化优势，请示上海市人民检察院第一分院（以下简称"一分院"）对案件进行研判指导。两级检察机关对徐某利用支付宝收款后毒资的流向归属做了全面梳理，分析全案证据后认为，徐某在利用以其外祖母身份开立的第三方支付账户取得并控制毒资后，进一步将毒资转移至其外祖母名下银行卡的行为符合洗钱罪的客观方面，且徐某实施上述行为主观上系为掩饰、隐瞒毒品犯罪所得的来源和性质，符合我国《刑法》第 191 条第 1 款第 3 项之规定。一分院认为，对徐某拟以贩卖毒品罪、洗钱罪提起公诉的意见是准确的，并建议金山区检察院就自洗钱行为取证要点尤其是徐某账户资金去向等方面补充证据，并在庭审预案中加强对本案自洗钱主观意图的论证及自洗钱客观行为法律适用的说理。

2021年10月27日，金山区检察院以徐某涉嫌贩卖毒品罪、洗钱罪，潘某某、梁某某涉嫌贩卖毒品罪向上海市金山区人民法院（以下简称"金山区法院"）提起公诉。金山区法院经审理认为，徐某利用他人名下支付宝收款后，部分资金转至徐某本人的支付宝账户，部分资金转至他人名下的银行账户，上述行为均系一般的获取犯罪所得后的支配资金行为，不具有掩饰、隐瞒相关资金系贩卖毒品所得的特征，亦未产生"漂白"毒资的后果，因此不是洗钱行为。因此，对公诉机关指控徐某犯洗钱罪不予支持，遂于2022年1月28日对被告人徐某、潘某某、梁某某以贩卖毒品罪分别判刑，其中判处徐某有期徒刑4年，并处罚金人民币8000元。

（三）支持抗诉，达成检法共识

一审判决后，被告人徐某不服，提出上诉，金山区检察院以一审判决未认定被告人徐某构成洗钱罪数罪并罚系定罪量刑确有错误为由，于2022年1月30日向上海市第一中级人民法院（以下简称"一中院"）提出抗诉。检察机关进一步强化上下联动，上海市人民检察院、一分院、金山区检察院三级联动，多次进行案件会商研判，一分院决定支持抗诉。鉴于《刑法修正案（十一）》生效后虽有自洗钱犯罪的认定，但对自洗钱行为该如何认定，尤其在法律适用上仍存在较大认识分歧，检察机关在审查案件过程中通过积极研判最高人民检察院、最高人民法院关于洗钱犯罪的典型案例，参照全国自洗钱犯罪的相关判决后认为，徐某为掩饰、隐瞒毒资的性质来源，在利用他人名下第三方支付账户取得毒资后，将钱款再次转移至他人名下银行卡的行为，达到了"漂白"之效果，符合洗钱罪的构成要件。

2023年2月15日，一分院派员出庭支持抗诉，认为徐某利用他人名下支付宝等第三方支付账户收款后，转移到他人名下银行账户使用，通过冒用账户及资金转移、混同的方式，切断了资金和毒品犯罪的联系，整体评价其转账行为，并非"一般的获取犯罪所得后的支配资金行为"，具有明显掩饰、隐瞒特征，产生了"漂白"毒资的后果，符合洗钱罪的犯罪构成要件。徐某在准备贩卖毒品之初就已经为毒资后续的"漂白"做好了准备，贩毒行为与洗钱行为相互关联又各自独立，上游犯罪与洗钱犯罪同时实施。相比用自己的银行卡或者支付宝账户收取毒资，徐某的行为导致查处收缴违法所得的难度更大，具有更高的隐蔽性和社会危害性，对此应当在刑罚后果上有所反映，依法认定徐某构成贩卖毒品罪与洗钱罪两罪。

2023 年 3 月 31 日，一中院作出二审判决，采纳金山区检察院抗诉意见，认定徐某的行为构成洗钱罪，判处有期徒刑 10 个月，并处罚金人民币 2000 元，与贩卖毒品罪数罪并罚，决定执行有期徒刑 4 年 6 个月，并处罚金人民币 1 万元。

（四）建章立制，深化检公协作

金山区检察院结合涉毒洗钱犯罪查办工作情况，及时总结经验，与金山公安分局联合会签《关于打击毒品犯罪同步推进反洗钱工作的十二条意见》，从共犯认定、取证重点、赃证处置、适时介入、介入方式、审查办理、补充侦查、罚金运用、综合治理等方面规范毒品案件查办中的反洗钱工作，为打击毒品犯罪、同步推进反洗钱案件的侦查和检察工作提供了行之有效的参考。

【典型意义】

（1）积极引导侦查，理清毒资漂洗链条。毒品犯罪自洗钱行为一般混杂于毒品交易的犯罪事实之中，公安机关在侦办毒品案件时，往往着重围绕上游毒品犯罪进行侦查取证，对毒资处理等洗钱行为的重视仍有待加强。检察机关在对此类案件依法提前介入或审查逮捕时，要注意审查行为人是否存在自洗钱犯罪行为，对公安机关遗漏自洗钱犯罪线索或查证不足的，应当提出继续侦查意见，以追踪毒资毒赃去向为线索积极引导公安机关侦查。严惩转移毒资、毒赃的自洗钱犯罪，及时拦截涉毒资金转移，有效固定证据，理清"漂洗"链条，为后续起诉、审判打下坚实基础。

（2）精准提抗支抗，准确把握自洗钱行为特征。对于冒用他人第三方支付账户收取毒资后又将其转移至冒用的他人名下银行账户的行为是否构成洗钱犯罪，应遵循主客观相一致的原则进行评判。要注意审查资金账户开立缘由、资金流向、与其他账户差别等客观证据，对于存在专门用于收取、转账毒资或账户资金流动明显与其他账户进行"隔离"等情况的，应认定为系"漂白"毒资行为。同时，要注意核实行为人的主观故意，严格审查被告人供述等证据，特别注意听取被告人的辩解，排除合理怀疑。对于行为人冒用他人账户进行毒资收取、转账但没有作出合理解释的，应认定为具有洗钱犯罪"掩饰、隐瞒"的主观故意。对于一审裁判以行为不具有掩饰、隐瞒特征为由不认定构成洗钱罪的案件，如检察机关认为被告人的行为足以"漂白"涉案毒资，洗钱特征明显的，应当提出抗诉。同时，应对自洗钱的行为特征、行为人的主观方面等进行补强论证，准确有力支持抗诉。

（3）加强办案指导，充分发挥检察一体履职优势。检察机关对于可能存在检法分歧的案件，应当充分发挥法律监督职能，将上下联动、三级联动贯穿诉讼过程的始终，充分发挥检察一体履职优势。下级院要及时汇报案件动态进展，敏锐判断可能存在的争议分歧，上级院要适时进行指导、把关、协调，加强研判会商、多方调研，共同推进形成检察机关工作合力。同时，检察机关还要积极延伸职能，针对反洗钱办案侦查取证等问题，加强开展检公协作，有效建章立制，促进公安机关强化打击洗钱犯罪特别是"自洗钱"犯罪的意识和能力。

【专家点评】

本案是一起非常能够体现检察机关在刑事案件办理过程中的地位和作用的典型案例，并且涉及实体和程序两个方面，而金山区检察院在这两方面都表现得非常突出，值得充分肯定。

首先，本案实体法方面的指导意义体现为对于自洗钱行为的正确认定。自洗钱行为入刑是《刑法修正案（十一）》的重要内容。《刑法修正案（十一）》通过删除之前《刑法》第191条中的"明知""协助"等用语，将理论和实践中一直存在争议的"自洗钱"行为纳入洗钱罪的规制范畴，使洗钱罪的犯罪主体不再仅限于第三人，还包括了实施特定上游犯罪的行为人。自洗钱行为入刑以后依旧存在许多问题，如自洗钱的罪数如何处理，自洗钱行为该如何认定，自洗钱行为与掩饰、隐瞒犯罪所得收益行为该如何区分等。

在本案中，争议的焦点就在于能否认为被告人在利用他人名下第三方支付账户取得毒资后，将钱款再次转移至他人名下银行卡的行为属于一种洗钱行为。在认为洗钱罪的保护法益包括国家金融管理秩序和司法机关正常活动的情况下，认定一个行为是否属于洗钱行为不仅要看其是否增加了司法机关的追诉难度，更主要的是，要看其是否对金融机构造成了负面的影响。因此认定洗钱行为，关键要看两点：一是要看其是否具有"洗"的性质，也就是要看该行为能否实现掩饰、隐瞒上游犯罪所得及其收益的来源和性质的目的，即是否能使上游犯罪所得及其收益被"清洗"、被"漂白"，使其从非法变得合法；二是要看此种"漂白"行为的实施是否要通过金融机构进行。在本案中，一方面，被告人通过冒用账户及资金转移、混同的方式，切断了资金和毒品犯罪的联系，实现了将毒资"漂白"的效果，在客观上增加了司法机关对其的追诉难度；另一方面，其收取毒资的账户系其外祖母的支付宝以及微信这类第三方支付账户，尔后其将其外祖母支付宝、微信账户中的余额提现至了其外祖母的银行卡。很显然，第三方支付账户与银行卡账户存在明显差异，将支付宝账户中的余额提现至银行卡，额外生成了对银行的债权，因而该行为当然侵害了我国的金融管理秩序。综上所述，行为人在客观上存在一个洗钱的行为。而就洗钱罪的主观要件而言，通常认为，成立洗钱罪的前提是行为人对所洗赃款的来源和性质具有主观认识，而在"自洗钱"情形下，由于上游犯罪系行为人自己实施，因此其必然了解自己的犯罪所得及其收益。因此，司法机关不需要单独证明行为人对上游犯罪所得及其收益的来源和性质具有"明知"，只要客观上行为人实施上游犯罪后继续实施洗钱行为，通常就可以合理认定其具备了对洗钱对象的"明知"。基于上述分析，可以认为被告人徐某的行为构成洗钱罪，因而金山区检察院的抗诉是有理有据的。

其次，本案程序法方面的指导意义体现为检察机关对于侦查和审判工作的积极监督。一是侦查监督。侦查监督是宪法和法律赋予检察机关的一项重要法律监督职责，是中国特色社会主义检察制度区别于其他检察制度的重要标志之一。《人民检察院组织法》第21条规定，检察机关行使法律监督职权，可以进行调查核实。但是在实践中，有的办案人员将精力主要放在犯罪事实认定、罪名界定及量刑上，这就容易忽视对侦查活动的审查。本案中，金山区检察院就很好地履行了侦查监督权，通过及时拦截涉毒资金转移，有效固定证据，理清"漂洗"链条，为后续起诉、审判打下了坚实基础。二是审判监督。审判监督程序对我们来说并不陌生，但是在实际的操作中，还是有非常多需要注意的地方。在本案中，金山区检察院充分发挥了法律监督职能，将上下联动、三级联动贯穿诉讼过程的始终，充分发挥检察一体履职的优势，最终成功抗诉，实现了法律的正确适用。

最高人民法院院长张军在全国法院学习贯彻全国两会精神讲话中指出："落实习近平总书记重要讲话和两会精神，关键在于能动履职，推动习近平法治思想在审判领域积极主动、创造性地实践，推动'公正与效率'这个司法审判工作的永恒主题落到实处。"事实上，不只是法院，在刑事案件办理的过程中，所有的司法机关、办案人员都应做到能动履职，推动习近平法治思想在刑事办案过程中积极主动、创造性地实践。对于身负法律监督重任的检察机关来说，必须充分发挥法律监督职能作用，为大局服务、为人民司法，必须全面提升法律监督质量和效果，维护司法公正。

（王俊，苏州大学王健法学院副教授，硕士生导师）

黄某某非法持有枪支案[*]

【关键词】

非法持有枪支罪　相对不起诉　公开听证　训诫教育　不起诉效果评估
公益服务

【办案要旨】

人民检察院在办理购买、组装枪支零配件类案件时，应着重审查购买枪
支零配件的用途、组装的难易程度等方面，准确界定制造、买卖、持有行为。
对于可以作相对不起诉处理的，检察机关可以组织公开听证，结合行为人的
主观动机、持有气枪的数量等方面的因素，充分听取听证员意见，并注重训
诫教育。检察机关应重视不起诉效果评估，对于直接不起诉效果不佳的，可
以将公益服务情况纳入不起诉处理的评价因素，完善不起诉效果评估体系。

【基本案情】

被不起诉人黄某某，男，上海某教学机构音乐教师。

2022 年期间，被不起诉人黄某某因兴趣爱好通过淘宝网店以每把五六百
元的价格购买枪支及枪支散件，组装、改装成气枪 2 把自用。经鉴定，送检
的检材中均是以压缩气体为动力的枪支，可以击发并具有致伤力。（其中，检
材 1 枪口比动能为 3.76 焦耳/平方厘米；检材 2 枪口比动能为 7.76 焦耳/平方
厘米）。

---

* 本案例系 2023 年上海检察机关轻罪治理优秀案例推荐案例。

上海市公安局金山分局（以下简称"金山公安分局"）通过从"核心制作所"淘宝店铺中调取买家信息，发现了黄某某购买枪支的嫌疑。2023年3月23日，金山公安分局民警在黄某某暂住地将其抓获，并在其卧室内桌上搜查并扣押疑似枪支2把。6月12日，金山公安分局以黄某某涉嫌非法买卖枪支罪向上海市金山区人民检察院（以下简称"金山区检察院"）移送审查起诉。金山区检察院经审查认定黄某某组装及简单改装枪支零配件的行为不属于"制造"行为，购买枪支零配件组装成枪支自用的行为不属于"买卖行为"，应当认定为非法持有行为。鉴于黄某某的犯罪情节轻微，经公开听证及公益服务，于2023年7月17日对其相对不起诉。

【检察机关组织公开听证过程】

枪支类犯罪嫌疑人严重影响社会安定和人民群众的生命财产安全。公安机关移送审查起诉的罪名是非法买卖枪支罪。但金山区检察院经审查认定，不具有技术含量的简单组装、改装，没有创造新功能或提升杀伤力的行为不属于制造行为；单纯以娱乐为目的的购买枪支的行为不具有流转所带来的不确定性，不宜认定为非法买卖枪支行为；本案中，黄某某因兴趣爱好而购买枪支及配件，进行简单组装、改装后自用的行为，社会危害性较低，为体现刑法的谦抑性及恪守罪责刑相适应的原则，应当以非法持有枪支罪进行定罪处罚。同时，黄某某非法持有以压缩气体为动力的枪支2把，涉案枪支比动能低、杀伤力弱，购买的目的是出于兴趣爱好自用，认罪悔罪态度较好，总体行为社会危害性较小，从犯罪情节及办案的社会效果来看，可以对黄某某相对不起诉。

为充分发扬司法民主，2023年6月28日，金山区检察院对黄某某非法持有枪支罪一案是否提起公诉进行了公开听证。公开听证时邀请3名听证员（其中1名听证员是人民监督员），黄某某与其辩护律师到场参加听证。会上，承办人介绍了案件基本事实、量刑情节、争议焦点。听证员对枪支犯罪的危害性表示了担忧，并围绕犯罪动机、枪支杀伤力、用途等方面进行了提问。黄某某及其辩护人则表明黄某某购买枪支的目的一方面出于兴趣爱好，另一方面也想通过自己练习考取相关枪支证书做兼职增加家庭收入。同时，其购买的枪支杀伤力较弱，平时使用的都是水弹、BB弹，另外也表达了其作为一名音乐教师，一旦获刑极有可能被公司开除的担忧。

经详细了解黄某某的家庭情况、犯罪动机、社会危害性，3 名听证员一致同意对黄某某相对不起诉，认为枪支被民警查获时是放在比较显眼的桌子上，没有刻意私藏的行为，枪支的数量刚达到入罪标准，杀伤力也不强，黄某某总体犯罪情节相对轻微。黄某某除了出于兴趣爱好也是为了拓宽就业渠道才购买枪支训练以作考证用，同时黄某某是家庭的经济支柱，年轻较轻，可以给其一次改过自新的机会，从轻处理也可以避免其因罪生恶，报复社会。但同时听证员也表示担忧，黄某某作为一名教师，言行举止可能会对孩子产生不良影响，希望对其后续行为进行跟踪。

听证会上，主持人特别对黄某某进行了训斥教育，个人的兴趣爱好必须在遵守国家法律法规的界限内，一旦越界，将面临法律的严厉制裁。黄某某表示接受训诫，将认真悔改。

虽然听证员一致同意对黄某某不起诉，但考虑到枪支犯罪的严重性，结合听证员的意见，检察机关综合评价认为听证后立即对黄某某不起诉的效果并不好。本案不能不诉了之，必须让社会大众充分感受到黄某某的认罪悔罪态度才能发挥出相对不起诉的良好社会效果。经过反复斟酌，金山区检察院认为让黄某某发挥音乐专长，通过公益服务在暑假期间教授音乐课程将是检验其社会危害性的有效途径。于是，承办检察官便联系金山区一小区居委会，事先带黄某某至该居委会面试，最终为其在该小区争取并安排了为期 5 日的乐理教学课程，为该小区的中小学生普及乐理知识。课程结束后，居委会工作人员在《自愿参与社会公益服务考察表》中给予黄某某"好"的评价，评语中亦对其授课内容给予了高度评价。后金山区检察院依法对黄某某作相对不起诉处理。经跟踪了解，黄某某参加完此次公益服务后，热爱上了公益事业，多次主动开展类似音乐教学公益活动，已经成为颇受少年儿童喜爱的公益志愿者，展现出了良好的社会效果。

【典型意义】

（1）严格区分制造、买卖、持有行为，准确界定枪支犯罪的性质。通过网络购买枪支配件，经简单组装、改装成枪支的行为较为普遍，司法实践中对于此类行为的定性并不统一。购买枪支零配件后没有再进入流转环节，对枪支零配件进行简单拼装、组装、改装的行为没有增强枪支的杀伤力或产生新的用途的，不宜认定为非法制造或买卖行为。行为人持有枪支的数量达到入罪标准的，应当以非法持有枪支罪定罪处罚。

（2）公开听证+训诫教育，探索听证新模式。检察机关常态化推进公开听证，尤其是对处理结果争议较大的案件应当做到"应听尽听"。通过借助听证员的"外脑"，对行为人的认罪悔罪态度、行为社会危害性进行再审视、再评估，保障不起诉制度的合理运用。听证会上的训诫教育，进一步促使行为人认识到自身行为的社会危害性，能够起到良好的震慑效果，进而防止再犯的可能性。

（3）引入社会公益服务，做好不起诉效果评估。通过灵活、多样的非刑罚处置措施，进行沉浸式法律教育，是检察机关提升治理质效的重要手段。结合行为人的专业特长，让行为人参与到社会公益服务中，是对行为人认罪悔罪态度的进一步确认，既保障了不起诉效果，也是检察机关参与社会治理的新举措，更是检察机关自身担当的体现。

【专家点评】

非法持有枪支罪一直以来都是适用争议较大的罪名，其中最著名的当数赵某华案，这一案件在理论与实务界曾掀起了不小的讨论热潮。在该案中对于"枪支"的具体认定上，法院参考的是 2007 年的《枪支致伤力的法庭科学鉴定判据》（GA/T 718—2007）和 2010 年的《公安机关涉案枪支弹药性能鉴定工作规定》的有关规定，认为只要枪口比动能大于等于 1.8 焦耳/平方厘米时，就应当认定其为枪支，但是这样过于简单粗暴的枪支判断标准一直以来受到不小的批判与质疑。一方面，该标准本身的合理性就存在一定的讨论空间，1.8 焦耳/平方厘米的数值是通过特定的实验得出的结果，但是此种数值在现实生活中对人的杀伤力是很小的，即使是玩具枪也往往会达到甚至超过此数值，因而与社会一般人的通常观念存在较大的出入；另一方面，由于上述规定的存在，实务中对于枪支的认定往往只依赖于这一条标准，而不考虑其他因素，这就造成对于枪支的认定过于宽泛，从而导致处罚范围的过度扩张。

对于上述问题，最高人民法院、最高人民检察院于 2018 年联合发布了《关于涉以压缩气体为动力的枪支、气枪铅弹刑事案件定罪量刑问题的批复》，其中指出："对于非法制造、买卖、运输、邮寄、储存、持有、私藏、走私以压缩气体为动力且枪口比动能较低的枪支的行为，在决定是否追究刑事责任以及如何裁量刑罚时，不仅应当考虑涉案枪支的数量，而且应当充分考虑涉案枪支的外观、材质、发射物、购买场所和渠道、价格、用途、致伤力大小、是否易于通过改制提升致伤力，以及行为人的主观认知、动机目的、一贯表现、违法所得、是否规避调查等情节，综合评估社会危害性，坚持主客观相统一，确保罪责刑相适应。"在本案中，金山区检察院就很好地贯彻落实了上述要求。

本案存在以下典型意义：第一，犯罪嫌疑人仅是出于兴趣爱好购买枪支及枪支散件，经过简单组装、改装后形成气枪并自用，因而不宜将其行为认定为买卖或制造行为。一方面，其是出于兴趣爱好以自用为目的，因而不具有转卖、使枪支流通的故意；另一方面，其是直接购买现成的零件并进行简单的组装，因而此种行为根本谈不上制造，因此将其行为认定为非法持有是完全正确的。第二，就本案中犯罪嫌疑人的情况是否符合相对不起诉条件的认定而言，金山区检察院并不只以其相关犯罪情节作为判断的依据，而是在此基础之上结合其认罪悔罪态度、总体行为的社会危害性、家庭情况以及办案的社会效果等各种因素进行综合判断，切实地保障了犯罪嫌疑人的合法权益，值得肯定。第三，在听证会结束得出可以对犯罪嫌疑人作出不起诉的决定后，金山区检察院认为本案不能不诉了之，必须让社会大众充分感受到其认罪悔罪态度才能发挥出相对不起诉的良好社会效果。经过反复斟酌，金山区检察院最终决定让犯罪嫌疑人开展教授音乐课程的公益服务，并且最终实现了良好的社会效果。金山区检察院的这一举措具有新意，令人眼前一亮，在不违背有关法律规定的前提下对行为人进行了宽大处理，又积极地让其参与了社会治理，对社会作出了不小的贡献。

公共安全事关人民安居乐业、社会安定有序、国家长治久安。党的二十大以来，以习近平同志为核心的党中央高度重视公共安全问题，把维护公共安全摆在更加突出的位置。因此，对于司法机关来说，必须坚定不移贯彻总体国家安全观，力求实现通过司法审判维护公共安全。但我们不能错误地认为只有通过积极地追究相关涉案人员的刑事责任才能实现对公共安全的维护，这实际上是舍本逐末。维护公共安全的根本目的本就在于保护人民群众的利益，但若司法机关在具体案件的办理过程中违背了宽严相济刑事政策和罪责刑相适应原则的基本要求，则反而会对人民群众的合法权益造成更大的损害。对于司法机关而言，必须做到以事实为根据，以法律为准绳。不过，这并非意味着僵化、教条地适用法律，只是对相关主体提出了更高的要求。

此外，社会治理是治理体系中的重要组成部分，社会治理现代化是国家治理体系现代化的应有之义。习近平总书记在党的二十大报告中首次用"坚持全面依法治国，推进法治中国建设"一个章节专门部署法治建设，对加强和创新社会治理做了更加系统的部署，将对社会治理的认识提升到了一个新高度。检察机关作为推进国家治理体系和治理能力现代化的重要参与者和保障力量，在提升社会治理效能中发挥着重要作用，因此更要优化治理路径、提升治理能力，金山区检察院就很好地做到了这一点。

（王俊，苏州大学王健法学院副教授，硕士生导师）

张某标危险驾驶罪二审抗诉案[*]

【关键词】

二审抗诉　数罪并罚　前罪没有执行的刑罚　起算时间

【办案要旨】

对于法律及司法解释没有明确规定，而检法部门认识分歧较大的案件，检察机关应从现有法律规定的梳理、刑法条文的解释、刑法适用的平等性、对被告人合法权益的保护等多角度进行分析论证，确保法律准确适用。数罪并罚时确定前罪尚未执行的刑期应当以犯新罪之日计算，以确保数罪并罚后不因诉讼进程等案外因素而加重被告人实际执行的刑期。检察机关在刑事审判监督工作中发现抗诉线索的，应及时分析研判，通过检察官联席会议与检委会审议，上下级院协作，发挥检察一体化优势，精准有效履行刑事抗诉职能。

【基本案情】

被告人张某标，男，1992年10月26日出生，个体经营，2016年7月因阻碍执行职务行为被行政拘留10日。

2023年3月24日20时许，被告人张某标酒后无证驾驶小型轿车行驶至上海市金山区沈浦泾路、亭枫公路东约1米处被执勤民警查获。经对被告人张某标的血液进行提取和鉴定，认定其血液中的乙醇含量为2.46毫克/毫升，属于醉酒驾驶机动车。同月25日被告人张某标因涉嫌危险驾驶罪被上海市公

＊　本案例系2023年上海检察机关刑事审判监督专项行动参考案例。

安局金山分局（以下简称"金山公安分局"）刑事拘留，同月 27 日延长刑事拘留期限至 7 天，同年 4 月 1 日羁押期限届满。

另查明，2022 年 8 月，被告人张某标曾因犯危险驾驶罪被上海市金山区人民法院（以下简称"金山区法院"）判处拘役 2 个月 15 日，并处罚金人民币 3000 元，截至本案案发前一直未交付执行。金山区法院于 2023 年 4 月 1 日开具执行通知书，对前判刑罚交付执行，刑期自 2023 年 4 月 1 日起至同年 6 月 15 日止。

2023 年 5 月 18 日，金山公安分局以被告人张某标涉嫌危险驾驶罪移送上海市金山区人民检察院（以下简称"金山区检察院"）审查起诉。金山区检察院于同月 26 日以被告人张某标犯危险驾驶罪向金山区法院提起公诉。同年 6 月 13 日，金山区法院公开开庭审理本案。金山区检察院当庭提出对被告人张某标以危险驾驶罪判处拘役 5 个月，处罚金人民币 5000 元，并数罪并罚的量刑建议。金山区法院于当日以 ［2023］ 沪 0116 刑初 494 号刑事判决书对被告人张某标危险驾驶案作出一审判决：被告人张某标犯危险驾驶罪，判处拘役 5 个月，并处罚金人民币 5000 元，连同前罪没有执行的刑罚，决定执行拘役 5 个月，并处罚金人民币 8000 元（刑期自 2023 年 6 月 13 日起至 11 月 5 日止）。

【检察机关履职过程】

（一）检委会审议

2023 年 6 月 13 日，承办检察官收到该案的一审刑事判决书时，没有因本案是一起简单的危险驾驶案就忽视对刑事审判监督线索的审查，通过仔细分析研判后敏锐发现，法院在引用《刑法》第 71 条对被告人张某标实行数罪并罚时，可能存在对条文中"前罪没有执行的刑罚"理解有误，适用该条法律规定错误，导致对被告人张某标数罪并罚后决定执行的刑期错误。本案的特殊性在于被告人张某标前后两次犯危险驾驶罪，犯后罪时前罪尚未交付执行，而相关法律及司法解释对"前罪没有执行的刑罚"（即余刑）的起算时间节点没有明确规定。一审判决认为余刑应当从一审判决之日起计算，表面看这并无不妥，但细究之下会发现余刑起算时间点的确定影响到被告人数罪并罚后实际执行刑期的长短，一审法院的做法侵犯了被告人的合法权益。后金山区检察院及时将相关情况向上海市人民检察院第一分院（以下简称"一分院”）汇报，并获得一分院支持指导。同时案件经金山区检察院检察官联席会议讨论，绝大多数检察官认为应当对本案提起抗诉，并进一步完善了抗诉理由与依据。2023 年 6 月 16 日，办案部门向金山区检察院检委会提交了《关于是否对被告人张某标危险驾驶一案提起抗诉的请示》。经审议，检委会委员一致认为，金山区法院从第二次判决之日起算数罪并罚的刑期，违反了《刑法》第 69 条明确规定的有期自由刑适用限制加重原则，侵害了被告人张某标的合法权益，本案中数罪并罚时余刑应从被告人张某标犯新罪之日起算，有必要通过抗诉手段对金山区法院的一审判决予以纠正。

（二）抗诉意见和理由

2023 年 6 月 16 日，金山区检察院向上海市第一中级人民法院（以下简称"一中院"）提起抗诉。2023 年 7 月 26 日，一分院支持抗诉。抗诉理由如下：

1. 从法律规定来看，前罪"余刑"从判决之日起算违反刑法规定

2001 年 6 月 15 日公布并施行的最高人民法院办公厅《关于实施〈法院刑事诉讼文书样式〉若干问题的解答》明确：适用数罪并罚"先减后并"的案件，前罪"余刑"的起算日期，可以从犯新罪之日起算。根据上述规定，被告人张某标犯新罪的日期为 2023 年 3 月 24 日，案发时前罪的刑罚尚未交付执行，因此前罪不存在已经执行的刑罚。应当将前罪的全部刑期与新罪判决的刑期进行数罪并罚，并根据《刑法》第 69 条、第 71 条的规定判处刑罚。

2. 从法理来看，法院判决违反限制加重原则

根据《刑法》第 69 条的规定，有期自由刑数罪并罚时应当遵循限制加重原则。据 [2023] 沪 0116 刑初 494 号判决书中载明的刑期，被告人张某标前后两罪实际被羁押的时间是从 2023 年 3 月 25 日至 2023 年 11 月 5 日，为 7 个月 12 日，两罪实际执行的刑期仅比两罪总和刑期少 3 日，按照金山区法院对本案的判决思路实际导致的效果是将前罪、后罪连续执行，数罪并罚时事实上适用了并科原则。

3. 从刑罚结果来看，侵犯被告人合法权益

2023 年 3 月 25 日，被告人张某标因新罪被刑事拘留，同年 4 月 1 日执行前判刑罚，后被持续羁押。根据《刑法》第 71 条的规定，按照先减后并的方式决定数罪并罚后执行的刑期，前罪未执行的刑罚（即余刑）越长对被告人越有利。前罪余刑起算时间节点确定的阶段不同，将导致被告人前后两罪实

际执行刑期的长短对新罪诉讼进程的依赖程度不同。因诉讼程序进程这一不能归咎于被告人的原因而使被告人承担不利后果，侵害了被告人的合法权益。

（三）二审判决

2023年9月25日，一中院公开开庭审理本案，一分院派员出庭支持抗诉。庭上，一分院支持金山区检察院提出的前罪尚未执行的刑期应当以犯新罪之日（2023年3月24日）起算，原审判决以判决之日（2023年6月13日）起算前罪尚未执行完毕的刑期适用法律确有错误的抗诉意见，并补充提出前罪剩余刑期2个月15日与后罪刑期5个月数罪并罚决定执行的刑期应当高于5个月的意见。一中院判决采纳抗诉及支抗意见，撤销一审判决，数罪并罚决定执行拘役7个月，并处罚金人民币8000元（羁押期限自2023年3月24日起至2023年10月23日止）。

【典型意义】

（1）明确"数罪并罚"时该类案件的适用规则，即《刑法》第71条中"前罪没有执行的刑罚"应从新罪犯罪之日起计算。判决宣告以后刑罚尚未执行期间又犯新罪的，属于判决宣告后刑罚执行完毕前又犯新罪的情形，应当按照《刑法》第71条的规定进行数罪并罚。"前罪没有执行的刑罚"即余刑应从新罪犯罪之日起计算。新罪犯罪之日至判决之日，被告人处于羁押状态的，应视为新罪判决执行以前先行羁押的时间，不作为前罪已执行的刑期。

（2）聚焦抗诉难点，充分发挥检察官联席会议与检委会审议功能。办理刑事抗诉案件时，检察官联席会议作为检委会审议的前置程序，通过共同会商、集体讨论，发挥提炼焦点、拓展思路、前置过滤的决策辅助作用。检委会作为重要业务决策机构，聚焦刑事抗诉争议焦点进行审议，对案件诉讼节点、抗诉依据及理由、提起抗诉后可能出现的问题等进行充分全面的讨论。通过检察官联席会议与检委会制度，一方面能解决抗诉中的法律适用难点问题，提升刑事抗诉工作的质效，另一方面能实现集体议事机制与检察官办案责任制的优势互补，最大限度地凝聚抗诉的共识与支持。

（3）上下两级联动，凝聚刑事抗诉工作合力。检察机关在办理法律规定不明确、检法分歧大的抗诉案件时，强化上下两级联动配合，通过上下一体、协作高效、双向发力的一体化办案机制，不断完善刑事审判监督工作机制，提升刑事抗诉工作质效。发现刑事抗诉线索的，下一级检察机关应及时向上一级检察机关请示汇报，提前沟通，共同研究。上一级检察机关实时指导，对拟抗诉案件全面审核把关，找准案件抗点和抗诉理由，强化业务指导和抗前论证，不断提升刑事抗诉率与抗诉采纳率。

【专家点评】

（一）深耕司法，坚定法治道路

法律的生命力在于实施，法律的权威也在于实施。检察机关作为法律实施的重要职能部门，必须做到有法必依、执法必严、违法必究，坚持中国特色社会主义法治道路。本案的争议焦点在于"前罪没有执行的刑罚"（即余刑）的起算时间点，一审法院认为余刑的起算时间点应当为一审判决之日，而检察院的抗诉意见则认为本案中数罪并罚时余刑应从被告人张某标犯新罪之日起计算。目前对前罪余刑的起算日期并没有明确的法律、司法解释予以规定，但本案中检察机关的抗诉理由从既有法律规定、法理逻辑原则以及保护被告人合法权益三个方面，全面剖析了将余刑起算点认定为一审判决之日的不合法不合理之处，体现出检察机关在每一桩司法案件中都须注重并确保法律的准确适用与实施，不能在法律、司法解释缺位时想当然地作出形而上学的理解与决定，而应当基于现有的法律规定与法律原则，进行深入细致的法律分析与判断，找出最符合法律精神和公平正义的解决方案，深耕司法适用，确保每一项司法决定都能经得起历史和人民的检验，真正实现公正司法，维护社会公平正义，坚持全面依法治国，坚定地走中国特色社会主义法治道路。

（二）抗诉履职，推动司法公正

检察机关是国家法律监督机关，对刑事诉讼活动实行法律监督，是我国宪法和法律确立的一项重要的诉讼原则，也是宪法和法律赋予检察机关的一项重要职能。刑事抗诉是刑事审判监督的重要手段，是国家赋予检察机关的专有权力，是对法院刑事审判活动进行监督最重要、最有效的途径，也是检察机关履行刑事审判监督职责的标志性工作，对于维护当事人合法权益、促进司法公正、保障法律统一正确实施、树立和维护法治权威具有重要意义。本案中，检察机关并未因为该案是简单常见的危险驾驶案件而不重视刑事审判监督职责的履行，反而积极履责，关注到余刑起算点这一看似细微的问题，并启动刑事抗诉程序，保障了被告人的合法权益。本案亦引导检察机关，坚持以习近平法治思想为指导，端正履职理念，秉持客观公正立场，提高对刑事抗诉重要性的认识，树立强化监督、精准监督、接续监督的理念，全面履行在刑事诉讼中的职责，将检察机关的担当体现在办案中，体现在监督中，落实在每一个办案行为之中，确保法律统一正确实施，维护法律权威，推动司法公正，努力让人民群众在每一个司法案件中感受到公平正义。

（三）检察一体，促进高质效办案

新时代的检察一体化，是坚持以习近平新时代中国特色社会主义思想为指导，全面贯彻落实习近平法治思想，以更好履行检察职能、保障公民权利、促进法律统一正确实施为目标，通过规范检察机关内部领导监督配合机制，打造"上下统一、横向协作、内部整合、总体统筹"的一体化。本案中，金山检察院发现抗诉线索与法律适用难点，立即向上级检察院报告，并获得指导，同时发挥本级检察院检察官联席会议与检委会审议功能，对抗诉难点进行全面讨论，通过纵向联动和横向协作，不但解决了抗诉中法律适用的难点问题，而且有利于找准抗诉点，进行精准抗诉，提升刑事抗诉工作的质量和效率，也极大地体现了检察一体化的优势。从本案可引申，检察一体化是推进新时代国家治理体系和治理能力现代化的必然要求，通过检察机关上下联动、形成合力，能够促进检察机关高质效办案，回应人民群众对司法工作的期待，也是新时代加强法律监督、促进公正司法、健全检察权运行机制的具体体现。

（虞浔，华东政法大学社会协同处处长、教授，硕士生导师）

陈某某贪污、受贿案*

【关键词】

粮食购销　证据体系　全域系统治理

【办案要旨】

检察机关要切实担负起构建以证据为核心的刑事指控证据体系的主要责任，严厉打击粮食购销领域职务犯罪。对涉案单位暴露出的突出问题，要深入查明发案原因，积极强化诉源治理。会同有关业务主管监管部门共同探索提炼行业风险防控标准，助力粮食购销企业实现经营管理模式的现代化升级。

【基本案情】

被告人陈某某，男，原系某粮油管理所主任、某粮油管理所有限公司经理。

贪污罪：2013 年至 2021 年，陈某某利用担任某粮油管理所主任、某粮油管理所有限公司经理，全面主管本单位业务的职务便利，对上级单位某粮油购销有限公司瞒报"升溢粮"数量，私自截留"升溢粮"240 余吨，运至自己控制的场域保管接收，所截留的"升溢粮"价值人民币 61 万余元。

受贿罪：2013 年至 2021 年，陈某某利用自己的上述职务便利，为他人在粮食收购、烘干、仓储及油料采购等方面谋取利益，非法收受财物共计人民币 30 余万元。

---

* 本案例入选 2024 年 2 月上海检察机关国企领域职务犯罪典型案例。

陈某某贪污、受贿案由上海市金山区监察委员会调查终结，于 2022 年 4 月 13 日移送金山区人民检察院审查起诉。同年 5 月 27 日，金山区人民检察院对陈某某以贪污、受贿罪提起公诉。同年 8 月 26 日，金山区人民法院以贪污罪判处陈某某有期徒刑 3 年，并处罚金人民币 20 万元；以受贿罪判处其有期徒刑 1 年 10 个月，并处罚金人民币 15 万元；决定执行有期徒刑 4 年，并处罚金人民币 35 万元。陈某某在上诉期内撤回上诉，判决已生效。

【检察机关履职情况】

（一）严密证据体系，依法认定保障案件质量

提前介入阶段，金山区人民检察院与金山区监察委员会就犯罪数额认定等问题进行深入沟通。"升溢粮"系粮食在收购入库、仓储、调运出库过程中经过扣除水分、杂质及烘干、通风、加湿等操作后产生的溢余。根据上级单位某粮油购销有限公司的规定，"升溢粮"脱胎于"储备粮"，应随同储备粮定期拍卖轮换。据此，监检双方以 2013 年至 2021 年涉案粮油管理所各个年度储备粮的最低拍卖成交价格为基准价，逐个确定对应年份被侵吞"升溢粮"的价值。

审查起诉阶段，陈某某辩称，其所在单位知晓存在截留"升溢粮"的情况，且截留后均用于单位公共开支，其本人没有非法占有意图。针对该辩解，金山区人民检察院协调金山区监察委员会向相关证人有针对性地补充制作询问笔录、调取笔记本等客观证据，查明陈某某私自将瞒报的"升溢粮"运至自己控制的场域保管接收，使得该部分粮食完全脱离上级单位掌控。其后安排他人将"升溢粮"加工变卖，所得款物大多用于其个人对外送礼请客或日常消费。金山区人民检察院以贪污罪对其全部犯罪数额予以认定，并获得法院判决支持。后收受礼品的部分公职人员受到党纪处分。

（二）整改查补漏洞，积极开展诉源治理工作

金山区人民检察院就所发现的相关单位存在的突出问题，赴涉案粮油管理所及其上级单位某粮油购销有限公司走访调研，有针对性地就关键岗位权力运行监督不到位、规章制度贯彻落实不充分、廉政法纪教育力度不够等问题先后制发检察建议。某粮油购销有限公司切实强化了在财务审计、粮食出入库、原料采购等方面对下辖五家粮油管理所的巡查监督，通过重新制定轮岗、巡回审计、第三方招投标等制度，有效填补了监管漏洞。涉案粮油管理

所进一步明确了各重点业务开展细则，开展多次粮食安全廉政反腐教育学习。

（三）汇聚多方合力，推动行业健全风险防控

金山区人民检察院结合全区建设"乡村振兴先行区"的目标定位，继续推进探索粮食购销行业规范化治理，并先后取得辖区政法委、国资监管单位的支持。2023 年 6 月，相关单位形成本区域工作指引，面向全区国有、民营粮食购销企业正式发布，切实指导区域粮食购销行业加快标准化制度建设，提升现代化管理经营水平。

【典型意义】

（1）严密证据体系，高质效办好职务犯罪案件。对于犯罪分子认罪态度存在反复的案件，应认真听取其相关辩解内容，有效评估其辩解内容的真实性、可信度，对具有查证必要性和查证可能性的内容，应及时会同监察机关补充相关证据，加强对证人证言、书证等客观证据的收集，夯实证据基础，确保办案质量。

（2）深化诉源治理，做好办案"后半篇文章"。检察机关在办案中发现腐败行为背后存在制度漏洞与管理隐患的，应当积极督促相关单位以案为鉴，从制度建立、运行层面查缺补漏，实现对重点领域腐败问题的系统治理。对于粮食购销等重点行业，考虑其系类型化、系统性经营，共性表现突出，腐败问题多数具有同因性，故可以协同涉案单位的上级主管、领导单位开展社会治理，达到"查处一案、警示一片、治理一域"的效果。

（3）强化粮食安全，推进粮食购销行业治理工作走深走实。习近平总书记在 2022 年 3 月 6 日看望参加全国政协十三届五次会议的农业界、社会福利和社会保障界委员时强调，要未雨绸缪，始终绷紧粮食安全这根弦。粮食购销是保障粮食安全的关键环节，该行业封闭性强、专业度高，参与市场化竞争与保障基础民生并存，检察机关邀请多家主管、监管单位共同推动探索行业风险防控建设，确保了社会治理工作的科学性和有效性。通过制定标准化、可推广、能复制的粮食购销行业经营管理规范，推动了国有、民营粮食购销企业共同提升管理水平，形成了健康发展的行业生态。

【专家点评】

（一）优点与特色

1. 证据体系严密

检察机关在办理此案时，构建了严密的证据体系，确保了案件事实认定以及量刑建议的准确。例如，在认定"升溢粮"的价值时，检察机关与监察机关深入沟通，以涉案粮油管理所各个年度储备粮的最低拍卖成交价格为基准价，逐个确定对应年份被侵吞"升溢粮"的价值。只有细致入微的工作才能保证案件处理与确定量刑建议的准确性和公正性。

2. 诉源治理与系统思维

检察机关的工作不仅局限于对陈某某个人的追责，更从系统治理的角度出发，深入查明案发原因，对涉案单位暴露出的突出问题提出了整改建议。这种对诉源的治理和系统思维体现了检察机关的高度社会责任感和全局观念，有助于从源头上预防和减少类似的贪污、受贿案件的发生。

3. 实践过程中的积极探索与创新

在案件办理过程中，检察机关展现了积极探索的态度和高度的创新精神。针对陈某某的辩护词，检察机关及时协调监察机关补充相关证据，查明了陈某某将"升溢粮"私自变卖、所得款项多用于个人消费的事实。此外，检察机关还积极与相关部门合作，制定发布了行业指引，推动了粮食购销行业的规范化治理。

4. 注重社会效果与法治教育

通过案件的办理和对案件最终结果的宣传，检察机关推动了其社会效果的实现和法治教育的普及。一方面，案件的成功办理打击了粮食购销领域的职务犯罪行为，维护了国家粮食的安全和社会的公平正义；另一方面，案件也为全社会提供了生动的法治教育素材，有助于提升相关机关单位以及社会公众的法治意识和素养。

（二）价值与意义

1. 推动法治建设

该案例的办理充分展现了检察机关在新时代法治建设中的积极作用和贡献。2020年11月16日至17日，中央全面依法治国工作会议首次提出并用"十一个坚持"系统阐述了习近平法治思想，其中指出要"坚持抓住领导干部这个'关键少数'",各级领导干部要坚决贯彻落实党中央关于全面依法治国的重大决策部署,带头尊崇法治、敬畏法律,了解法律、掌握法律,不断提高运用法治思维和法治方式深化改革、推动发展、化解矛盾、维护稳定、应对风险的能力,做尊法学法守法用法的模范。通过严格依法办案、系统治理、创新实践等,检察机关打击了粮食购销领域的职务犯罪,让触犯法律的"领导干部"得到了应有的法律制裁;还推动了相关单位在制度层面的完善和提升,为构建社会主义法治国家提供了有力支持。

2. 促进社会治理

习近平法治思想的根本立足点是坚持以人民为中心,坚持法治为人民服务。检察机关在办理此案时,始终关注案件对人民群众利益的影响,特别是粮食购销领域的安全与稳定。通过深入调查、严密取证,确保案件处理的公正性和权威性,从而保护人民群众的合法权益。该案件的办理还体现了社会治理的创新和进步。检察机关积极与相关部门合作,共同探索粮食购销行业的规范化治理路径,推动了社会治理的现代化和科学化。这种跨部门的合作和协同治理为其他领域的社会治理提供了有益的借鉴和启示。

3. 提升司法公信力

案件的成功办理提升了检察机关的司法公信力和社会认可度。通过严密证据体系的构建、诉源治理的开展以及实现社会效果等方式,检察机关展现了高度的专业素养和敬业精神。

综上所述,"陈某某贪污、受贿案"不仅是一起普通的职务犯罪案件,更是一个展现新时代法治建设成果和检察机关作用的重要案例。通过该案件的办理和宣传,我们可以更好地理解和认识习近平法治思想的精髓和内涵,为推动社会主义法治国家的建设贡献力量。

(虞浔,华东政法大学社会协同处处长、教授,硕士生导师)

民事检察

蔡某某等 10 人与上海某餐饮公司
服务合同纠纷支持起诉案*

【关键词】

预付卡消费 支持起诉 老年人弱势群体 调查核实

【办案要旨】

老年人依法起诉要求返还预付卡消费金额，但是缺乏起诉维权能力的，检察机关可以依据老年人提出的申请，支持其起诉。在支持起诉过程中，检察机关可以围绕法定起诉条件协助其理清法律关系并充分运用调查核实手段进行证据收集，为其起诉维权提供帮助。

【基本案情】

2018 年 1 月起，上海市金山区某合作社退休职工蔡某某等 10 人为方便就餐，办理了上海某餐饮管理有限公司所属的上海市金山区某某饭店的会员卡，并每月充值餐费。蔡某某等 10 人一直使用会员卡就餐，直至 2021 年 7 月，其前去就餐时发现上海市金山区某某饭店已经停业。蔡某某等人向上海市金山区某某饭店讨要未消费充值金额，上海市金山区某某饭店负责人苏某某拒不返还消费充值金额。

---

* 本案例入选 2022 年 10 月上海检察机关"老年人司法保护涉老检察"典型案例。

【检察机关支持起诉过程】

（一）受理情况

2021 年 8 月，蔡某某等 10 人前往金山区市场监督管理局反映相关情况，金山区市场监督管理局与涉案公司沟通未果，根据与上海市金山区人民检察院（以下简称"金山区检察院"）签订的《关于协同开展民事支持起诉、行政调解促进弱势消费者权益保护的意见（试行）》向金山区检察院进行线索移送。蔡某某等 10 人向金山区检察院申请支持起诉，该院审查后予以受理。

（二）审查过程

金山区检察院通过审查蔡某某等 10 人提供的购买发票确定了蔡某某等 10 人与上海某餐饮管理有限公司存在服务合同关系；通过审查消费小票对蔡某某等 10 人未消费金额进行了确定；同时，为保证后续蔡某某等 10 人顺利拿到预付卡充值费用，承办人对涉案上海某餐饮管理有限公司的金融财产情况进行了主动调查，为推动后续和解做好了准备工作。

（三）支持起诉意见

2021 年 10 月 25 日，金山区检察院向上海市金山区人民法院发出支持起诉书。检察机关认为消费者的合法权益受法律保护。蔡某某等 10 人与上海某餐饮管理有限公司所属的上海市金山区某某饭店存在服务合同关系，上海市金山区某某饭店虽停业，但上海某餐饮管理有限公司仍在正常运营。且蔡某某等 10 人购买的消费充值卡的发票系上海某餐饮管理有限公司出具，故蔡某某等 10 人与上海某餐饮管理有限公司存在服务合同关系。蔡某某等 10 人提出的诉讼请求具有事实和法律依据。

（四）裁判结果

金山区人民法院受理蔡某某等 10 人的起诉后，金山区检察院主动就前期矛盾纠纷化解情况与法院进行沟通。在金山区人民法院、金山区检察院以及金山区市场监督管理局的共同努力下，双方达成和解。2021 年 11 月 10 日，金山区人民法院出具调解书，上海某餐饮管理有限公司归还蔡某某等人充值未消费金额 10 549.2 元。

【典型意义】

（1）老年人缺乏起诉维权能力的，检察机关可以支持老年人起诉。《民事诉讼法》第 15 条规定:"机关、社会团体、企业事业单位对损害国家、集体或者个人民事权益的行为,可以支持受损害的单位或者个人向人民法院起诉。"支持起诉的要义是支持受损害的单位或者个人起诉,特别是支持特殊群体通过行使诉权获得救济,保障双方当事人诉权实质平等。老年人因年龄、身体、文化等原因不能独立提起诉讼追索预付卡费用,其维权获得帮助后尚未解困的,检察机关可以支持老年人起诉,帮助老年人行使诉权,维护老年人的合法权益。

(2)综合运用协助收集证据等方式,为老年人起诉维权提供帮助。依照《民事诉讼法》的相关规定,原告起诉必须符合法定条件。老年人由于缺乏相关经验及法律知识,难以独立理清法律关系,难以充分围绕起诉条件收集证据,提出诉讼请求。在支持起诉程序中,检察机关可以协助老年人理清法律关系,引导老年人收集相关诉讼证据。同时,为保障民事诉讼后顺利执行,维护老年人的合法权益,检察机关可以运用调查核实权对涉案企业的金融财产状况进行查询。

(3)检察机关办理支持起诉案件时要注重矛盾化解,落实为人民群众办实事。检察机关一方面要运用支持起诉职能保护弱势群体的合法权益,另一方面也要全面践行"枫桥经验",对于办理的民事检察监督案件,不只是做到程序结案,而重在矛盾化解、案结事了。本案中,检察机关通过对当事人双方进行细致释法说理,促使当事人达成和解,主动履约,有效地解决了当事人的纠纷,让当事人有了实实在在的获得感。

【专家点评】

维护消费者权益,守护好人民群众的"钱袋子"与民生的法治保障唇齿相依,要求检察机关以高质量检察履职诠释检察担当。市场经济的飞速发展使人民群众的消费模式趋于多元。预付卡既为消费者带来了优惠折扣与支付便利,又让商家获得了稳定客源和资金融通,已然成为广受青睐的消费工具。在预付式消费普惠社会各方主体的同时,诸多纠纷相伴而生,本案中的"收款不退"即为常见情形之一。面对停业商家拒绝退回预付卡剩余款项的疑难,作为社会弱势群体的老年人往往更显局促。在本案中,检察机关支持起诉的行为成功维护了老年人的合法权益,在此类疑难的化解上起到了显著的示范作用,对这一广泛存在的社会问题予以了有力回应。

本案中的支持起诉依照《民事诉讼法》第15条作出，在适法层面颇具亮点。随着时代的变迁，侵害民事权益的方式呈现出原生的复杂性。《民事诉讼法》第15条规定的支持起诉制度通过引入多方力量的方式强化了对民事权益的保障，愈发显现其重要意义。一直以来，这一制度因支持对象标准不统一、支持起诉主体地位不明确等饱受争议，难以发挥其应然价值。本案中，检察机关的一系列举措针对群体精准、支持理由充分，通过对这一制度的合理应用提高了制度本身的可操作性，在法律适用层面达到了较好的引领效果。

本案中预付消费纷争的化解方式为相关制度的建构打开了一扇思考窗口。预付式消费具有信用性、信息不对称性、双方地位不对等性等典型特征。此前提下的消费者弱势地位明显，对预付式消费进行有效规制以弥补这一不平等是维护实质公平的必然需要。然而迄今为止，规范该消费模式的实体法规仅有2016年颁布的《单用途商业预付卡管理办法（试行）》一部，最高人民法院关于此类问题的司法解释也尚处意见征求阶段，无法满足相关疑难化解的现实需求。本案中，检察院、法院、监管局等多部门联动解决预付消费纠纷的方式为规则的构建提供了行之有效的进路。未来，针对预付消费矛盾的实体规范可将多元主体纳入法律框架，以全面视角将预付消费所涉纷争的方方面面纳入法律规制，弥合规则的漏洞，助推高效协同机制的产生和发展。

在预付消费纷争的解决过程中，如何具体维护老年人的合法权益是一个无法回避的议题。本案检察院通过司法流程中的积极作为，使支持老年人起诉维权的方式具象化。面对起诉维权能力相对匮乏的老年人，检察院可从本案中汲取经验，在合理权限内通过证据收集、信息查询、协助引导等方式保障这一弱势群体的合法权益。这不仅能切实增强老年群体在司法体系中的获得感、幸福感、安全感，亦是维护司法公正的现实力量源泉。

夕阳无限好，人间重晚晴。党的十八大以来，以习近平同志为核心的党中央高度重视老年群众多方面需求的满足及多层次问题的解决。老年人合法权益的维护不仅和百姓福祉的获得休戚相关，亦同国家发展全局紧密相连。本案中的检察机关深入落实了习近平法治思想，坚持了司法为民的导向，通过更优履职真正让预付消费纠纷中的老年人感受到了公平正义，极具正面效应，值得深入学习。

（曹薇薇，上海大学法学院教授，博士生导师）

上海某睿公司与某默公司买卖合同纠纷抗诉案*

【关键词】

交货义务　违约行为　跟进监督

【抗诉要点】

按约履行交货义务是合同法的基本义务之一，不可因货物的价值大小而将其与整体标的物分开考量，而应作为整体进行判断。在当事人一方不履行合同义务或者履行合同义务不符合约定时，应当认定其违约，且理应承担继续履行、采取补救措施或者赔偿损失等违约责任。检察机关应重点审查被申诉公司是否按约履行了交货义务，若认定其未按照合同约定履行，应向法院提出再审检察建议，法院裁定不予再审的，检察机关应跟进监督，依法提请抗诉。

【基本案情】

抗诉机关：上海市人民检察院第一分院
受诉法院：上海市第一中级人民法院
申请人：上海某睿机电设备工程有限公司
其他当事人：某默（中国）有限公司

案情：某默（中国）有限公司（以下简称"某默公司"）与上海某睿机

---

* 本案例系 2021 年上海检察机关民事检察监督优秀案例推荐案例。

电设备工程有限公司（以下简称"某睿公司"）签订了水泵及冷却塔采购合同1份，约定由某默公司提供水泵产品，合同总价款为584 529元。合同约定，生活变频加压泵组过流部件要求材质为不锈钢。合同亦对付款方式和验收方式进行了约定，付款方式：合同生效后1周内支付合同总价的30%作为预付款，货到现场验收合格之日起2个月内支付合同总价的50%，2015年10月31日前支付合同总价的20%。验收期限为自标的物交付调试验收合格，并正常运行48小时起5天内。合同签订后，某默公司于2015年5月28日将最后一批货物送至某睿公司指定地点，2015年8月5日，某睿公司向某默公司发律师函称，货物质量不符合合同约定。2015年8月13日，某默公司回函，确认其产品中的过流部件材质为铸铁，并承诺尽快予以更换。

某睿公司支付了30%的预付款，其后再未支付任何款项，某默公司起诉至上海市金山区人民法院（以下简称"金山区法院"），请求判令某睿公司支付剩余70%的货款共计409 170.29元及逾期付款违约金。某睿公司反诉称，某默公司交付的过流部件材质为铸铁，而合同约定的是不锈钢。某默公司未能更换，导致相关产品至今无法安装使用。要求某默公司更换上述材料不符的过流部件，并支付交货不合格的违约金29 226.45元。

【原审裁判】

2016年4月5日，金山区法院作出［2015］金民二（商）初字第2092号民事判决。判决认为，某睿公司验收早已超过了合理期间，视为某默公司所交付的标的物符合约定。某睿公司未按期支付货款的行为构成违约。关于过流部件，某默公司未按合同约定材质交付产品的行为属于违约行为，理应承担相应的违约责任，某默公司应支付相应的违约金，并应继续履行承诺，为某睿公司更换相应的过流部件。遂判决：（1）某睿公司应支付某默公司剩余货款人民币409 170.29元以及相应逾期付款违约金；（2）某默公司应支付某睿公司违约金人民币29 226.45元；（3）某默公司应将其向某睿公司所供全部生活变频加压泵组的过流部件更换为不锈钢材质。

某睿公司不服，向上海市第一中级人民法院（以下简称"一中院"）申请再审。2016年11月29日，一中院作出［2016］沪01民申288号民事裁定，认为某睿公司申请再审期间提出的有关变频加压泵组的过流部件质量问题，金山区法院已在判决中作出了相应的处理，不但责令某默公司予以更换，而且根据合同的约定判令其承担了违约责任。遂对某睿公司的再审理由不予采信，裁定驳回某睿公司的再审申请。

【抗诉理由】

上海市金山区人民检察院依法审查后，于 2017 年 6 月 29 日向金山区法院制发再审检察建议书。2017 年 11 月 13 日，金山区法院作出民事决定书，认为某默公司仅以价值为 44 768 元的过流部件有质量问题为由，拒绝对剩余货款 409 170.29 元的支付，构成违约。两个公司都存在违约行为，均应支付违约金，原判决并无不当，决定不予再审。上海市金山区人民检察院经审查发现，金山区法院适用法律确有错误，应当依法跟进监督，提请上海市人民检察院第一分院抗诉。

上海市金山区人民检察院认为，一审生效判决认定事实不清，适用法律错误。首先，判决书中法院查明"合同签订后，某默公司按约将全部货物交付至某睿公司指定地点，某睿公司均予以了接收"。但经本院查明，某默公司并未按约交付货物，达不到验收标准，不可能进行正常运行，故付款条件不成立。根据合同内容，"生活变频加压泵组主要技术参数及要求第 1.4 条规定过流部件要求材质为不锈钢"。某默公司在回函中确认过流部件材质为铸铁，不符合合同约定，并承诺尽快予以更换。但直至判决作出日，某默公司未予更换。因此，法院认定事实错误。其次，判决书第 8 页中法院认为"某默公司未按合同约定材质交付产品的行为属于违约行为，且未能及时为某睿公司予以解决，理应承担相应的违约责任"，法院判决对事实的认定和判决理由自相矛盾。最后，根据涉案合同，在某默公司未按约完全履行交付义务的情况下，某睿公司可以不支付剩余货款。某睿公司不支持剩余货款的行为不构成违约，不应当承担逾期付款违约金。涉案合同约定验收合格是付款的先决条件。某默公司并未按约完全履行交付义务，是造成某睿公司未组织验收的原因。在不能确认验收合格的情况下，某睿公司不支付货款不构成违约。由于某默公司未完全按约交付货物，验收无法进行，无法调试，某睿公司完全可以不支付剩余货款。生活变频加压泵组系合同标的物的有机组成部分，作为大型专业设备，不能仅因生活变频加压泵组的价值太小而将其与整体标的物分开考量。涉案合同并未约定各泵组可以单独验收，在某默公司未完全按约交付货物的情形下，双方也未作出合同标的物分开验收的补充约定，故仍应当按合同约定的整体性验收标准来验收。遂于 2018 年 1 月 24 日向上海市人民检察院第一分院提请抗诉。上海市人民检察院第一分院作出沪检一分民（行）监〔2018〕31810000068 号民事抗诉书，向一中院提出抗诉。

【再审结果】

抗诉后，一中院作出〔2018〕沪 01 民抗 5 号民事裁定，指令金山区法院再审。金山区法院于 2019 年 4 月 9 日作出〔2018〕沪 0116 民再 9 号判决，维持原判决第二项、第三项，改判撤销原判决的第一项，驳回某默公司的诉讼请求。

【典型意义】

（1）《民法典》实施背景下，本案的指导意义在于，按约履行交货义务是合同义务，不因货物价值大小而将其与整体标的物分开考量。《民法典》第 615 条规定："出卖人应当按照约定的质量要求交付标的物。出卖人提供有关标的物质量说明的，交付的标的物应当符合该说明的质量要求。"根据这一规定，出卖人履行交货义务，一定要符合质量要求。本案双方合同约定过流部件的材质须为不锈钢，而某默公司交付的过流部件的材质是铸铁，不符合合同约定。这一事实可以从某睿公司向某默公司发送的律师函以及某默公司回函这两份证据材料中得到证明。直至原审判决作出之日，某默公司仍未予以更换。虽然过流部件只是生活变频加压泵组的一部分，而生活变频加压泵组也只是水泵的一个零件，但不能因过流部件的价值太小而将它与水泵作分开考量，过流部件不符合合同约定的材质，那么水泵即不符合合同约定的质量要求。

（2）违约责任只有在当事人不履行合同义务或者履行合同义务不符合约定的情况下才承担。《民法典》第 577 条规定："当事人一方不履行合同义务或者履行合同义务不符合约定的，应当承担继续履行、采取补救措施或者赔偿损失等违约责任。"本案中，某睿公司不存在违约行为。某默公司未按约履行合同，而合同约定验收合格是某睿公司付款的前提条件。在合同标的物无法进行验收的情况下，某睿公司不履行支付剩余货款的义务，具有事实和法律依据。因此，某睿公司不支付剩余货款不属于违约行为。

（3）检察机关在审查买卖合同违约纠纷的案件时，应当精准把握"验收合格"的含义。"验收合格"是指验收的结果。在某睿公司验收过流部件不合格并发出律师函的情况下，法院以验收期早已超过了合理期间为由，视为验收合格，系对"验收合格"的错误理解。2015 年 5 月 28 日，某默公司将最后一批货物送达，2015 年 8 月 5 日，某睿公司通过发送律师函提出质量异议，这一期间系验收调试期间，最终结果为验收调试不合格，大型水泵产品并非日常生活消费品，对其验收调试的期间应结合企业实际情况而定。因此，产品送达后，其间因质量问题等因素至验收合格可能需要一段较长的时间，故对验收合格的含义必须精准把握。

（4）检察机关持续跟进监督，保护民营企业合法权益。本案诉讼历时 3 年多时间，上海市金山区人民检察院与上海市人民检察院第一分院对确有错误的判决持续跟进监督，最终得以再审改判，彰显检察机关精准监督、敢于监督的担当和勇气。检察机关注重证据分析、注重研判法律适用，使得本案通过抗诉得以成功改判，取得了较好的办案效果，促进了非公有制经济健康发展。

【专家点评】

"以人民为中心"是习近平法治思想的核心要义之一，《民法典》合同编体现了市场中民事主体之间的平等交易，体现了人民性，合同的履行程度反映了人民性的深化程度。对合同之债等意定之债而言，债的履行是当事人双方成立债之关系的初衷，也是债得以正常消灭的唯一途径。根据《民法典》第 509 条第 1 款的规定，当事人应当按照约定全面履行自己的义务。合同的履行是指当事人全面、适当地完成其义务，以实现合同目的，维护债权的实现。当事人是否遵循了全面履行原则，是决定当事人是否承担合同不履行的民事责任的界限。

本案精确诠释了按约履行合同义务的内涵，创新性地阐明了履约过程中"验收合格"应遵循的标准和原则。出卖人履行交货义务，对产品质量应作整体准确把控，不可因货物价值大小而将其与整体标的物分开考量，如本案中虽然过流部件是水泵的一个零件，但过流部件不符合合同约定的材质，即代表水泵不符合合同约定的质量要约，买受人不支付剩余货款具有事实和法律依据，不属于违约行为。买卖合同违约纠纷中，"验收合格"并不仅仅依据验收过程中形式上的交接，还在于验收结果是否达到合同约定的标准，尤其是涉及非日常生活消费品时，在验收结果未确定前，产品调试可能需要较长一段时间，应结合实际情况，综合予以判定。此种考量为合同履行提供了更加灵活实际的操作空间，确保了双方权利义务的平衡。这一做法为更客观地评估合同履行状态提供了新的途径和标准。

市场是交易的总和，每一个合同得以履行都是对社会经济繁荣与发展的贡献。本案突出了合同全面履行原则的核心意义，即合同履行不仅仅是形式上的交付，更重要的是合同目的的实质达成。在我国民事法律体系下，全面履行原则要求当事人按照约定或法律规定的标的、数量及质量，由适当的主体在适当的履行时间、履行地点，以适当的履行方式，全面履行合同。本案对该原则的贯彻不仅保障了买受人的利益，也维护了合同的严肃性和稳定性。本案统一了产品质量验收标准，即无论货物单件价值高低，质量验收应当按照合同约定的标准进行，任何一部分不符合约定标准均应视为整体不合格，避免出卖人通过交付次品零件来掩盖整体质量问题的可能。

本案不仅在理论层面进行了《民法典》合同编有关内容的阐释，作为审查买卖合同纠纷中交货义务的典型案例，根据"类似案件同样处理"的基本法理，也为后续案件提供了有益的参考和指导，典型意义有二：一是，本案通过对全面履行原则的阐释，强调了质量验收不因货物价值大小或验收时间长短而受到影响，强化了后续市场交易的规范化要求。出卖人严格按照合同约定履行交付义务，买受人有权在验收不合格时拒绝付款，维护交易双方权益，为今后处理类似合同纠纷提供了有力的司法依据。二是，本案改判得益于检察机关的持续跟进监督，未来司法实践中应更加重视判决的透明度和说理性，同时借鉴本案经验，强化检察监督，规范再审程序，依法提请抗诉，提升司法公信力与法律权威。

彰显公平正义的时代价值，紧扣国家治理现代化的时代主题，是习近平法治思想的理论意义。本案以合同全面履行原则为切入口，明确"验收合格"标准，明确买受人在对方违约前提下不必承担违约责任，规范了市场交易运行秩序，提高了市场交易的整体质量，促进了非公有制经济健康发展。检察机关的积极介入与监督，展示了其在维护社会公平正义中的关键作用。国家机关之间相互配合，推动国家治理体系和治理能力现代化。本案通过具体实践，生动诠释了习近平法治思想的核心要义，即通过严格依法办事，确保社会公平正义的实现，不仅为解决类似合同纠纷提供了法律指引，也体现了自由、平等、公正、法治的社会主义核心价值观，为新时代推进全面依法治国提供了宝贵经验和典型范例，为建设社会主义法治国家提供了有力支持。

（曹薇薇，上海大学法学院教授，博士生导师）

张某某与庄某某房屋买卖合同纠纷
执行检察建议案*

【关键词】

检察建议　轮候查封　首封债权人　在先查封未解除

【办案要旨】

在先查封未解除时，轮候查封并不产生查封的效力，仅具有确保轮候查封债权人能够取得首封债权人从查封物变价款受偿后剩余部分的作用。轮候查封不影响首封法院对查封物的优先处置，但要求首封法院将首封债权人从查封物变价款受偿后剩余部分移交轮候查封法院处置。

【基本案情】

2016 年 9 月 18 日，张某某因与庄某某产生房屋买卖合同纠纷，诉至上海市金山区人民法院（以下简称"金山区法院"）。张某某请求金山区法院判令：庄某某继续履行合同，将上海市金山区山阳镇龙轩路 789 弄 12 号 602 房屋（以下简称"系争房屋"）变更登记至其名下。2016 年 9 月 28 日，金山区法院作出［2016］沪 0116 民初 9174 号民事裁定，裁定准予张某某的财产保全申请，查封庄某某名下系争房屋。2016 年 10 月 31 日，金山区法院作出［2016］沪 0116 民初 9174 号民事判决（以下简称"9174 号民事判决"），判决：（1）张某某应支付庄某某购房款人民币 768 000 元；（2）庄某某于张某

＊ 本案例系 2023 年最高人民检察院"民事检察 35 周年·民事执行检察监督"优秀案例推荐案例。

某支付上列款项后将系争房屋交付给张某某；（3）庄某某应将系争房屋变更登记至张某某名下。

2016 年 11 月 30 日，因庄某某未履行 9174 号民事判决确定的义务，张某某向金山区法院申请执行，将判决确定的购房款交付给金山区法院，请求金山区法院对系争房屋变更过户登记。金山区法院向庄某某发出执行通知书后，庄某某仍未履行 9174 号民事判决确定的义务。2016 年 12 月 8 日，金山区法院作出执行裁定书，裁定将系争房屋产权过户至张某某名下，但该裁定实际未执行。

【执行情况】

金山区法院在执行过程中查明，上海市宝山区人民法院（以下简称"宝山区法院"）在审理该院 ［2016］沪 0113 民初第 15432 号朱某敏诉庄某弟、庄某某民间借贷纠纷一案过程中，依朱某敏申请作出民事诉讼保全裁定，于 2016 年 10 月 18 日轮候查封系争房屋。2016 年 12 月 8 日，宝山区法院作出 ［2016］沪 0113 民初第 15432 号民事判决书：庄某弟、庄某某归还朱某敏借款本金 1 100 000 元等。

2016 年 12 月 20 日，金山区法院作出 ［2016］沪 0116 执 4707 号民事裁定书，认为案件现不具备继续执行条件，裁定本次执行程序终结。2017 年 1 月，张某某收到上述终结本次执行程序的裁定书。2017 年 8 月 24 日，张某某对金山区法院裁定终结本次执行程序提出异议，主张该执行案件具备继续执行条件，不应终结本次执行程序。

2018 年 1 月 15 日，金山区法院作出 ［2017］沪 0116 执异 14 号执行裁定书。金山区法院认为，执行案件的当事人、利害关系人依照《民事诉讼法》第 225 条的规定对终结执行行为提出异议的，应当自收到终结执行法律文书之日起 60 日内提出。张某某于 2017 年 8 月 24 日向金山区法院提出异议，距其收到相关裁定书已超出了提出异议的法定期限，因此裁定驳回张某某的异议申请。

张某某不服，向上海市第一中级人民法院（以下简称"市一中院"）申请复议，请求：撤销金山区法院 ［2018］沪 0116 执异 14 号执行裁定书和 ［2016］沪 0116 执 4707 号终结本次执行的执行裁定书；指令金山区法院对系争房屋按 9174 号民事判决内容继续执行。

2018 年 3 月 22 日，市一中院作出［2018］沪 01 执复 25 号执行裁定书，认为：（1）"终结执行"与"终结本次执行程序"显然是两个不同的法律概念，根据最高人民法院《关于严格规范终结本次执行程序的规定（试行）》（以下称《终本规定》）第 7 条的规定，当事人、利害关系人认为终结本次执行程序违反法律规定的，可以提出执行异议。而金山区法院却适用最高人民法院《关于对人民法院终结执行行为提出执行异议期限问题的批复》的规定，认为张某某提出的执行异议已超过法定期限，属于适用法律不当。（2）张某某依据生效的民事判决申请办理强制过户登记，属行为的执行而非金钱债权的执行，不存在《终本规定》中"未发现被执行人有可供执行的财产或者发现的财产不能处置"的情形，张某某对系争房屋申请保全后，宝山区法院才基于民间借贷纠纷案件原告朱某敏的申请对系争房屋采取轮候查封，朱某敏的债权为普通金钱债权，不得阻止金山区法院对系争房屋变更登记内容的执行。据此，裁定：（1）撤销金山区法院［2018］沪 0116 执异 14 号异议裁定；（2）撤销金山区法院［2016］沪 0116 执 4707 号本次执行程序终结裁定；（3）金山区法院 9174 号民事判决内容继续执行。

市一中院的裁定作出后，金山区法院仍未采取强制措施执行 9174 号民事判决。

【监督意见】

2018 年 8 月 10 日，上海市金山区人民检察院向金山区法院制发了沪金检民（行）监［2018］31011600004 号检察建议书。监督理由为：金山区法院在执行［2016］沪 0116 执 4707 号一案过程中，未根据市一中院的执行裁定书继续执行 9174 号民事判决，存在不当。（1）宝山区法院作出的另案轮候查封不构成金山区法院作为首封法院对系争房屋予以强制执行办理过户的限制。张某某为系争房屋的首封权利人，金山区法院作为首封法院取得对查封财产的处分权。轮候查封是未生效的查封，不具有正式查封的处分权能，对房产过户生效判决的执行不产生障碍。系争房屋因庄某某与案外人之间的债务纠纷而被另案轮候查封，该轮候查封仅具有一定的保全效力和顺位效力，不具有查封的处分权能。轮候查封是否能够生效取决于首封是否失效，其存在与否对于过户生效判决能否执行并无影响，金山区法院作为首封法院有权对系争房屋强制执行办理过户。（2）市一中院作出的［2018］沪 01 执复 25 号执行裁定书系生效裁定，撤销了金山区法院［2018］沪 0116 执异 14 号异议裁定、［2016］沪 0116 执 4707 号本次执行程序终结裁定，裁定金山区法院继续执行 9174 号民事判决，金山区法院应当执行发生法律效力的裁定。

【监督结果】

2018 年 11 月 14 日，金山区法院作出复函，内容如下：经多方协商，不动产登记部门于 2018 年 11 月上旬答复，由金山区法院送达解除查封之后办理过户手续，对宝山区法院的轮候查封，由不动产登记部门依据相关法律规定处理。故金山区法院已于 2018 年 11 月 12 日向金山区不动产登记事务中心送达解除查封裁定书，并通知张某某凭金山区法院之前送达的强制过户裁定书及协助执行通知书办理过户手续，现张某某正在办理过户审税。

【典型意义】

（1）轮候查封是未生效的查封，在先的查封未解除时，不产生查封的效力。轮候查封是否能够生效取决于首封是否解除。最高人民法院《关于人民法院民事执行中查封、扣押、冻结财产的规定》第 26 条第 1 款规定："对已被人民法院查封、扣押、冻结的财产，其他人民法院可以进行轮候查封、扣押、冻结。查封、扣押、冻结解除的，登记在先的轮候查封、扣押、冻结即自动生效。"轮候查封仅具有一定的保全效力和顺位效力，不具有查封的处分权能。轮候查封的效力其实是待定的，只有等到首封解除，才发生效力。

（2）轮候查封具有确保轮候查封债权人能够取得首封债权人从查封物变价款受偿后剩余部分的作用。首封法院对查封物处置变现后，首封债权人受偿后变价款有剩余的，该剩余部分属于轮候查封物的替代物，轮候查封的效力及于该替代物。当然，在首封法院将所查封财产执行完毕后，针对被执行人财产的轮候查封自然也随之消灭。本案中，系争房屋经生效判决确定归申请执行人所有，且申请执行人已成为首封权利人，首封的目的与保障房产过户判决目的一致。因此，在首封债权人获得清偿以后，轮候查封并未生效。

（3）首封法院的优先处置权不受轮候查封影响，但应将查封物变价款清偿后的剩余部分移交轮候查封法院处置。首封法院的优先处置权不因轮候查封的存在而受影响。最高人民法院《关于首先查封法院与优先债权执行法院处分查封财产有关问题的批复》第 1 条规定，执行过程中，应当由首先查封、扣押、冻结法院负责处分查封财产……该条确立了首封法院优先处分查封财产的规则。轮候查封对于首封法院的约束力，体现在查封物清偿后剩余部分的处置。亦即，首封法院应将查封物变价款清偿首封债权人后的剩余部分移交轮候查封法院，由轮候查封法院依法处置。因此，本案中，案涉房产存在轮候查封并不影响首封法院对查封物的处置，首封法院应对涉案房产采取执行措施。

【专家点评】

徒法不足以自行，公正司法是法律制度得以贯彻落实的重要手段。轮候查封制度是我国在司法实践中为弥补法律"禁止重复查封"规则产生的法律漏洞而创设的特色制度，对切实保障当事人的合法财产权益具有显著意义，体现了科学立法的法治精神，以及以人民为中心的根本立场，是习近平法治思想的体现。但是该制度在司法实践中仍然存在疑问和困境。对此，本案判决认可了人民法院的多个查封行为，在规范人民法院查封财产行为的同时，使轮候查封债权人的合法权益得到维护，对于"切实解决执行难"，让人民群众在每一个司法案件中感受到公平正义，具有重要意义。

本案针对现行立法中对执行分配规定的不明晰问题，进行了程序适用上的明确和具体规则上的完善，尤其是涉及重复查封财产的执行，极具参考及启示意义，主要体现在以下两个方面：一是在程序适用方面，本案严格区分了"终结执行"与"终结本次执行程序"，为如何解决司法实务中频发的"终结执行"与"终结本次执行程序"混用现象提供了启示和借鉴；二是在实体法的理解适用方面，本案明确回应了轮候查封的效力问题。在轮候查封制度的适用过程中，对于标的物全部处分后轮候查封的效力问题，各地法院存在较大分歧。特别针对以轮候查封自始不发生效力为由，不允许第三人就轮候查封提出执行异议的情况，本案给予明确的否定态度，为轮候查封制度的司法实践指明了方向。

本案通过司法判决进一步明晰了轮候查封的效力问题，完善了轮候查封制度。本案明确轮候查封是未生效的查封，仅具有一定的保全效力和顺位效力，不具有正式查封的处分权能。轮候查封是否能够生效取决于首封是否解除，其存在与否对于过户生效判决能否执行并无影响。此外，本案还特别强调了"终结执行"与"终结本次执行程序"的区别。终结本次执行程序是执行程序暂时终结，如若在终结后发现被执行人有可供执行的财产，可以向执行法院申请恢复执行，且不受申请执行时效期间的限制。终结执行是因为没有执行可能，而彻底终结执行，恢复的可能性极小。

本案明确了首封法院的优先处置权和轮候查封的关系，直接回应了过往司法实践中的两种极端处理情况：一是个别首封处置法院不顾轮候查封的存在，将剩余变价款直接退还被执行人的情况，使得轮候查封面临挑战；二是类似于本案的情况，首封处置法院因轮候查封的存在，而不执行首封法院对查封物的判决处置。针对上述两种极端情况，本案明确指出剩余部分属于轮候查封物的替代物，避免法院将剩余变价款直接退还被执行人，有利于维护轮候查封债权人的财产权益。此外，本案明确指出首封法院的优先处置权不因轮候查封的存在而受影响，推动了首封法院相关判决的执行，进而有助于提高执行效率。所以说，该案判决对于完善轮候查封的执行分配制度、消解其实践弊端具有重要示范意义，给予各普通债权人以平等保护，节约了执行成本，促进了执行效率的提高。

坚持全面推进科学立法、严格执法、公正司法、全民守法是全面依法治国的重要环节。轮候查封是结合我国具体国情和实践需求所创设的查封制度，具有理论科学性和现实需求性，是公平正义的法治价值追求的体现。但是优秀的法律制度需要公正的司法来贯彻落实。本案法院在程序适用上的纠正体现了公正司法的精神，保障了当事人程序上的司法公正；本案法院对轮候查封制度具体规则的明确，体现了司法人员认真负责、探实求真的司法态度。轮候查封制度是公平公正、高效为民的法治精神的体现，司法审判对该制度疑难问题的明确和指引是发扬公平公正的法治精神、切实保障人民财产权益的关键。我国司法队伍应该坚持习近平法治思想的指引，坚持公正司法的法治要求，面对司法疑难问题积极探索、正面应对，不断回应司法现实问题，明确法律制度中存在疑问或模糊的情况，为其他司法纠纷的解决提供经验，为法律制度的完善提供借鉴。

（曹薇薇，上海大学法学院教授，博士生导师）

陈某美与陈某块、聂某春等民间借贷纠纷
检察监督案[*]

【关键词】

民间借贷纠纷　借贷关系　破产　虚假债权

【办案要旨】

检察机关通过积极充分履职，为民营经济发展营造良好法治环境。在破产案件中，为防止破产申请人虚构债权侵害债权人合法权益，人民法院在审理无实质性争议的借贷纠纷案件时，应严格审查借贷行为、款项来源、交付方式、款项流向等事实，准确判断借贷关系是否成立。

【基本案情】

2014 年 8 月 3 日，陈某美与陈某块、聂某春、上海某物资有限公司、某金属加工有限公司、某钢材交易有限公司、某钢铁有限公司等签订《协议书》，约定：陈某块结欠陈某美的借款本金为 2500 万元（以下币种相同），本息总计 4528 万余元（利息按月息 2% 计算）；上海某物资有限公司、某金属加工有限公司等愿意就上述债务承担连带保证责任。

2018 年 4 月 2 日，陈某块、聂某春出具书面说明，称 2011 年 3 月至 6 月期间，陈某美分别通过某建材经营部、杭州某材料有限公司、常州某材料有限公司、无锡某物资有限公司分别向陈某块实际控制的某钢铁经营部转账 700

＊ 本案例入选 2023 年上海检察机关《民事检察案例专刊》典型案例。

万元、1000 万元、400 万元、400 万元。

2018 年 4 月 23 日，陈某美起诉至上海市金山区人民法院（以下简称"金山区法院"），称陈某块因经营需要多次向陈某美借款共计 2500 万元，其中 2100 万元系陈某美委托案外人林某华通过其他公司支付，400 万元系通过陈某美名下的无锡某物资有限公司支付。上海某物资有限公司等对陈某块的债务提供担保。因陈某块一直未归还借款，故请求判令陈某块归还借款 2500 万元及相应逾期利息；上海某物资有限公司、某金属加工有限公司等对陈某块的上述债务承担连带保证责任。

2018 年 12 月 26 日，金山区法院作出［2018］沪 0116 民初 4697 号民事判决。判决认为，根据陈某美提交的银行转账记录和借款协议书，能够证明陈某美与陈某块达成了借款合意，陈某美通过林某华向陈某块转账 2100 万元，完成借款交付。无锡某物资有限公司支付的 400 万已由另案解决。判决陈某块归还陈某美借款 2100 万元及逾期利息；聂某春、上海某物资有限公司、某金属加工有限公司、某钢材交易有限公司、某钢铁有限公司对借款本息承担连带保证责任，聂某春等承担保证责任后，有权向陈某块追偿。

2016 年 9 月 18 日，金山区法院受理上海某物资有限公司的破产清算案。陈某美依据［2018］沪 0116 民初 4697 号民事判决书向上海某物资有限公司的破产管理人申报债权。

【检察机关履职过程】

（一）受理及审查情况

案外人吴某林向上海市金山区人民检察院举报称本案存在虚假诉讼行为。上海市金山区人民检察院依法受理并审查后，提请上海市人民检察院第一分院抗诉。检察机关通过调阅卷宗并询问当事人，重点对以下问题进行审查：一是借贷发生的款项来源、交付方式和款项流向。根据陈某美陈述，其通过某建材经营部、杭州某材料有限公司、常州某材料有限公司分别向某钢铁经营部转账，完成借款交付。经检察机关审查转账记录，上述转账均载明为"往来款"，故款项性质不能确认；且某钢铁经营部并未提交其将钱款交付给陈某块的证据。二是出借人是否具备出借能力。经检察机关核实，陈某美系上海某物资有限公司的工作人员，收入为固定工资。借贷的款项由某建材经营部、杭州某材料有限公司、常州某材料有限公司提供，陈某美本人并无资产可供出借。故检察机关认为陈某美并不具备足够的出借能力。三是陈某块在庭审中自认借款已交付是否符合生活常理。陈某块在陈某美起诉数日前出具《陈某美借款的说明》，认可上述转账系陈某美出借的款项，且在诉讼中请求主审法官判决支持陈某美的诉请。该自认明显违背常理，且缺乏其他客观证据佐证，因此不能认为借款已交付。

（二）监督意见

检察机关对陈某美与陈某块之间的借贷关系进行全面审查后，认为陈某块对借款已交付的自认无法确认，陈某美提供的证据尚不足以证明款项交付事实，原审判决认定陈某美完成借款交付缺乏证据证明，认定保证人承担连带责任适用法律错误。

（三）监督结果

上海市人民检察院第一分院于 2021 年 6 月 8 日向上海市第一中级人民法院提出抗诉。上海市第一中级人民法院指定本案由上海市松江区人民法院管辖。上海市松江区人民法院采纳检察机关抗诉意见，判决撤销金山区法院［2018］沪 0116 民初 4697 号民事判决；驳回原审原告陈某美的全部诉讼请求。

【典型意义】

（1）人民法院对无实质性争议的借贷纠纷应严格审查，判断是否存在虚假诉讼行为。民间借贷纠纷诉讼中，款项交付与形成借贷合意是判断借贷关系成立的两个基本要素。根据最高人民法院《关于审理民间借贷案件适用法律若干问题的规定》，借贷双方对借款事实、金额均表示认可，无实质性争议的情况下，应严格审查是否成立借贷关系。本案中，陈某美主张的款项由某建材经营部、杭州某材料有限公司、常州某材料有限公司转入某钢铁经营部，且部分款项载明系"往来款"，借款性质无法确认，但陈某块却对陈某美的诉讼主张无任何异议，并在陈某美起诉数日前出具《陈某美借款的说明》，认可上述转账系陈某美出借的款项，且在诉讼中请求主审法官判决支持陈某美的诉请，与常理不符。因此，在案证据无法证明陈某美与陈某块形成借贷合意并实际交付借款。

（2）人民法院审理涉破产清算的案件，准确认定借贷关系未成立，保障其他债权人公平受偿利益。司法实践中存在公司进入破产清算程序后，债务人虚构债权从而侵犯其他企业合法权益的情形，导致其他债权人的合法债权不能充分履行，侵害企业合法权益。人民法院审理涉破产清算案件，应仔细审查债权债务关系是否成立，以防债务人通过虚构债权侵害债权人合法权益。本案中，陈某块名下的上海某物资有限公司、某金属加工有限公司均已进入破产清算程序，陈某美请求法院判令陈某块归还借款 2500 万元，由上海某物资有限公司、某金属加工有限公司等承担连带保证责任。法院仔细审查了借贷双方是否出具借条、实际发生借贷行为、实际交付款项等事实，准确认定陈某美与陈某块之间的借贷关系未成立，上海某物资有限公司、某金属加工有限公司无需承担连带保证责任。陈某美无法向上海某物资有限公司、某金属加工有限公司申报债权。

（3）检察机关通过积极充分履职，为民营经济发展营造良好法治环境。在本起破产案件中，债权人中有许多民营企业，原本可以通过破产清算程序，获得一定比例的清偿，从而公平实现债权。但是，本案原审原被告并无充分证据证实借款关系，有虚假申报破产债权之嫌。破产程序是债权人的最后一次清偿程序，容易发生虚假申报债权侵害其他人受偿权益的情形。检察机关通过法律监督程序，对虚假申报债权的行为予以纠正，保护了其他破产债权人的合法利益，震慑了不法行为人，促进破产司法程序合法运行，努力构建不敢假、不能假的良好诉讼环境。

【专家点评】

企业破产后，仍存有合法债权债务关系的，债权人可通过申报债权的方式主张清偿。然而，实务中当事人借由恶意串通方式捏造债权的情形频发，损害了其他债权人公平受偿的合法权利，亟待有效的检察监督程序规制。本案中的检察机关依据 2021 年《民事诉讼法》第 215 条积极发挥了监督优势，在案外人举报的前提下提出了抗诉，有效介入案涉的虚假诉讼中，充分体现了自身的主观能动性。同时，本案检察机关精准适用了最高人民法院《关于审理民间借贷案件适用法律若干问题的规定》第 9 条、第 10 条的规定，在通过全面的审查认定借贷关系无法成立后，提出应当撤销金山区法院的原审判决，这在司法实践层面具有深刻的指导意义。

依循《企业破产法》第 44 条，债权人可以通过破产债权申报程序的方式向债务人主张清偿。然而，企业破产案情日趋复杂多样的现状使这一法条的直接适用陷入困境。如在本案中，债权人和债务人之间存在的并非简单的直接借贷关系，而是债权人与担保人的关系。针对此类复杂借贷关系下担保人破产的情形，本案检察机关通过分析案涉款项性质以判断借款是否交付，而非仅以借贷合同成立为依据，进而设立了行之有效的借贷关系认定标准，在相关疑难的化解上起到了显著的引领作用。

从理论视角切入，本案在实体法和程序法两个层面颇具价值。在实体法层面，根据最高人民法院《关于审理民间借贷案件适用法律若干问题的规定》，借款合同的成立并不代表借款合同的生效，同时经检察机关审查，案涉款项的性质无法确定为借款且债权人亦无资产可供出借，因此无法认定借款已交付；在程序法层面，虽然原审被告已自认借贷关系的成立，但是依照最高人民法院《关于适用〈中华人民共和国民事诉讼法〉的解释》第92条第2款、第96条第1款和最高人民法院《关于民事诉讼证据的若干规定》第8条，对于当事人有恶意串通、损害他人合法权益可能性的事实，即使原审被告自认，也不能适用相关规定。本案从实体与程序两个方面对借贷关系的成立进行了理论厘清，即使当事人订立借款合同且双方均对借款事实予以认可，若该借贷关系的成立会影响第三人的合法权益，也不能仅因实体合同的成立和程序上的自认就认可借贷关系成立，而应结合款项性质和借款是否实际交付加以确认。

从实务角度看，针对捏造债权进行虚假诉讼的有关情形，本案确定了切实可行的司法审查流程，助推了司法效率的提高。首先，应对借贷款项的来源、交付方式和流向进行审查，并以此确认案涉款项在性质上是否属于借款；其次，应当审查债权人的借款能力，通过调查其收入、支出和实际出借主体等判断是否存在串通可能性；最后，需审慎考量债务人自认借贷关系的合理性，在其违背常理且证明不足的情形下否认借贷关系的成立。

依照习近平法治思想的丰富内涵，检察机关在全面推进公正司法的进程中起着不可替代的作用。以"努力让人民群众在每一个司法案件中感受到公平正义"为目标导向，检察机关需通过能动履职满足依法治国提出的要求。本案中，检察机关在现行法律框架下积极发挥了法律监督职能，将社会主义核心价值观融入司法实践，通过实体、程序层面的一系列举措维护了司法公正，为实现法安天下、法治中国贡献了司法力量。

（曹薇薇，上海大学法学院教授，博士生导师）

徐某与上海某川公司民间借贷纠纷
再审检察建议案*

【关键词】

民间借贷　借贷合意　调查核实　举证责任

【办案要旨】

检察机关办理民间借贷纠纷案件，应当全面、客观地审查证据，并就举证责任分配是否符合法定规则加强监督。借贷合意的认定是审查民间借贷案件的关键要素，当事人仅有银行转账的记录，无借贷合意证据的，不可直接认定存在借贷关系。

【基本案情】

2018 年 9 月 7 日，上海某川建设工程有限公司（以下简称"某川公司"）起诉至上海市金山区人民法院称，2015 年 8 月，徐某以为其介绍工程为由向其借款 120 万元，其法定代表人通过银行转款 120 万元给徐某。之后，其多次催讨，徐某未归还。故请求判令徐某归还 120 万元借款并支付相应的利息。

2019 年 2 月 18 日，上海市金山区人民法院作出［2018］沪 0116 民初10315 号民事判决。法院认为，某川公司向徐某交付 120 万元款项的基础法律事实清楚，原告仅依据金融机构的转账凭证提起民间借贷纠纷诉讼，在被告

---

* 本案例入选 2023 年上海检察机关《民事检察案例专刊》典型案例。

未提供其他证据证明该款项是其他性质的款项情况下，应当采信该交付的款项是借款。遂对徐某向某川公司借款120万元及该公司内部多人参与借款审批事实予以确认。现在某川公司要求徐某归还借款，但徐某至今未返还，实属违约，应当承担相应的民事责任。徐某经法院合法传唤无正当理由未到庭参加诉讼，视为放弃抗辩权利。法院判决：（1）徐某应于判决生效之日起10日内归还某川公司借款本金120万元；（2）徐某应于判决生效之日起10日内支付某川公司利息；（3）驳回某川公司其他诉讼请求。

2021年3月22日，徐某不服一审判决，向上海市第一中级人民法院申请再审，法院以不符合法律规定为由，不予受理。徐某不服，向检察机关申请监督。

【检察机关履职过程】

（一）案件受理

徐某认为，第一，原判决认定事实存在错误，其与某川公司之间不存在民间借贷关系，涉案120万元为代上海某硕建筑工程有限公司（以下简称"某硕公司"）收取的工程保证金。第二，原审判决认定事实缺乏证据证明，其与某川公司没有达成借款合意。第三，法院未依法送达诉讼文书，剥夺了其辩论权利。上海市金山区人民检察院依法审查后予以受理。

（二）审查情况

上海市金山区人民检察院依法受理后，通过调阅卷宗材料、询问当事人、实地走访调查、听取专家意见等调查核实，查明：（1）徐某为某硕公司授权代理人。2015年8月20日，某硕公司出具授权委托书1份，授权徐某为该公司代理人，可以该公司名义对上述项目进行进场施工安排及施工合同签署工作；代理人在此过程中一切文件和处理与之有关的一切事务，该公司均予以承认。2016年1月11日，某川公司与某硕公司签订合同终止协议书1份，约定：双方于2015年8月6日签订的合同于2016年1月15日终止；某硕公司已收某川公司120万元，双方同意后续协商解决。（2）法院违法送达剥夺了当事人的辩论权利。承办人至徐某户籍所在地实地走访调查，查明的徐某家庭情况与法官工作记录记载的情况不符，且法院送达情况工作记录并无法官签字。原审法院对徐某是否下落不明的情况未尽核实义务，就直接采用公告方式送达开庭传票等法律文书，在徐某未到庭应诉的情况下缺席开庭继而作出缺席判决，剥夺了徐某辩论和提供证据的权利。（3）专家咨询听取专家意见。专家认为，在无借款合意证明情形下，如未严格保障徐某举证和参与庭审的诉讼权利，则仅凭转账记录不能认定借贷关系。

（三）监督意见

上海市金山区人民法院［2018］沪0116民初10315号民事判决违反法律规定，剥夺了当事人辩论权利，认定事实缺乏证据证明，导致适用法律错误。2022年3月21日，上海市金山区人民检察院向上海市金山区人民法院制发再审检察建议。

（四）监督结果

上海市金山区人民法院经审判委员会讨论，采纳了上海市金山区人民检察院的再审检察建议，于2022年9月30日作出再审民事判决：撤销原判，驳回某川公司的诉讼请求。

【典型意义】

（1）检察机关办理民间借贷纠纷监督案件应当全面、客观地审查证据，加强对借贷合意的审查。借贷合意的认定是审查民间借贷案件的关键要素。民间借贷纠纷最重要的两个要素为借贷合意和资金交付。在只有银行转账的记录作为证据时，不可直接认定存在借贷关系。某川公司提交了转账记录及公司内部审批手续，公司内部审批手续上并无徐某的签名，所以该证据只是某川公司单方的意思表示，尚不能证明某川公司与徐某已形成了借贷合意。

（2）针对民间借贷纠纷案件，应当合理分配当事人的举证责任，以"高度盖然性"为标准进行综合判断。本案中某川公司仅依据转账凭证及公司内部审批文件提起民间借贷诉讼，在申请监督阶段，徐某抗辩称该款项系工程保证金，并对其主张提供证据证明。徐某提供相应证据证明其主张后，某川公司仍应就借贷关系的存续承担举证责任。检察机关办理民间借贷纠纷案件，应当结合借贷金额、款项交付、当事人的经济能力、当事人之间的交易方式、交易习惯、当事人财产变动情况等综合审查。

（3）人民法院违法公告送达，检察机关应依法调查核实，维护当事人合法权益。辩论原则是《民事诉讼法》规定的基本原则，在民事诉讼程序中，保障当事人的抗辩权是维护当事人合法权益、保障客观公正裁判的重要手段。

人民法院采用公告方式送达前，应先穷尽其他送达方式。因人民法院违法送达导致当事人无法应诉产生诉讼失衡的情况的，检察机关应严格按照法律规定依法监督。

【专家点评】

法治监督体系是中国特色社会主义法治体系的重要组成部分，本案检察机关依法履行法律监督职责，维护社会公平正义，捍卫司法公信、提高司法权威，对于推动加快形成严密的法治监督体系具有普适参考价值。

民间借贷是自然人、法人与非法人组织之间为从事相关的经济活动开展的借贷，兼具普遍性与特殊性，资金规模较小、交易灵活便捷、形式复杂多样。本案原告仅依据转账记录提起民间借贷诉讼，被告抗辩该款系工程保证金，辅以证据证明，继而原告仍应就借贷关系的存续承担举证责任。检察机关结合实际案情，在《民事诉讼法》的基础上，充分发挥司法解释作用，适用最高人民法院《关于审理民间借贷案件适用法律若干问题的规定》，通过证据内容、举证责任、司法程序三个角度提出检察建议，指导法院进行案件裁判，促进判决结果更加公正、全面、规范。

本案具有民间借贷纠纷典型性。实践中，由于行为主体关系错综复杂、手续缺乏规范指引，导致民间借贷证据认定困难、纠纷屡见不鲜。本案双方没有书面证据具体载明借贷细节，原告仅以银行转账记录主张诉请。检察机关创新性地结合证据审查、举证责任分配、专家咨询多种审判监督办法，对该类典型纠纷进行回应，厘清仅有转账凭证的情形下民间借贷纠纷的借贷合意认定路径，促使司法机关在实体上确保实现公平正义。此外，检察机关在审判监督过程中同样关注到了程序正义的重要性，通过纠正法院违法送达，切实维护了当事人合法抗辩的权益，突出了民事诉讼辩论原则的核心意义。

本案科学论证了民间借贷纠纷本证与反证的证明标准差异，检察机关在准确理解司法解释的基础上，正确分配主张与抗辩之间的举证责任。在仅有转账凭证的民间借贷情形下，原告主张借贷关系，承担证明责任，需让待证借贷事实达到高度盖然性标准。被告否认该借贷关系，只需使法官内心确信产生怀疑，从而确保最终判决结果的合理性和公正性，这也为后续此类案件证明层面的标准判断提供了借鉴。

检察机关结合施工合同、审批手续、业务往来等情况综合审查，作出公正的判断，认为本案不能简单依据转账凭证推定当事人之间形成借贷关系合意，明确了民间借贷法律关系成立标准的底层逻辑，为后续法院处理案件提供了较为清晰的证据认定思路。在程序层面，检察机关有力发挥监督作用，通过要求法院在诉讼过程中保障当事人充分行使辩论权，在人民群众面前合规合法地推进司法程序，强化了后续法院审判的程序规范性，切实将公平正义理念落到实处，为检察机关主动开展审判监督提供了参考借鉴。

实践是检验真理的唯一标准，只有切实依法履行宪法赋予的法律监督职责，高质高效办好每一个案件，努力让人民群众在每一个司法案件中感受到公平正义，才能推动检察工作实现高质量发展。本案检察机关没有简单地将本案直接认定为民间借贷纠纷，而是积极发挥履职作用，全面、客观地审查证据；积极发挥检察机关审判监督作用，严格审查法院举证责任分配是否符合法定规则；积极发挥主观能动性作用，准确理解法律条文与司法解释的底层逻辑，在保证民事主体在合法范围之内自由交易的基础上，通过司法与审判监督程序维护民事主体之间的交易秩序、保护民事主体双方的财产利益，真正立足党的二十大报告提出的"坚持全面依法治国，推进法治中国建设"，切实做到"加强检察机关法律监督工作"，促进执法司法制约监督更加有力有效，进一步彰显社会公平正义，进一步推动全面依法治国，进一步发挥法治固根本、稳预期、利长远的保障作用。

（曹薇薇，上海大学法学院教授，博士生导师）

行政检察

金某行政处罚非诉执行监督案*

——履行行政非诉执行监督职能，疏通生产经营堵点

【关键词】

行政非诉执行监督　限制消费和失信被执行人名单　争议实质性化解

【办案要旨】

行政非诉执行监督是检察机关行政检察业务中的一项重要工作。行政非诉执行是一种强制执行制度，是指行政机关作出行政决定后，受影响的公民、法人或者其他组织拒不履行该行政决定确定的义务，在法定期限内又不申请行政复议或提起行政诉讼，没有强制执行权的行政机关申请人民法院强制执行的制度。人民检察院依法对人民法院行政非诉执行的受理、审查、裁定、实施等环节进行监督，目的在于促进人民法院公正司法和行政机关依法行政，维护被执行人的合法权益。

限制消费和失信被执行人名单制度，是促使被执行人积极履行生效法律文书确定的义务的重要制度。如果违反法律规定限制消费、公布失信被执行人名单，或者对已满足解除消费限制、删除失信信息条件的不及时解除、删除，将对被执行人的工作生活造成不良影响，损害其合法权益。中央政法委等五部门联合印发的《关于政法机关依法保障疫情防控期间复工复产的意见》要求，加强对涉企业行政非诉执行案件的监督，对确有错误的裁定或行政决定提出检察建议予以纠正。在行政非诉执行监督中，对于被执行人已经履行

---

* 本案例入选 2020 年 4 月最高人民检察院"第十批全国检察机关依法办理涉新冠肺炎疫情典型案例"。

生效法律文书确定的义务，但人民法院没有及时依法解除限制消费令，或者被执行人因没有履行生效法律文书确定的义务被纳入失信被执行人名单，但理由具有一定正当性的，检察机关应当加强调查核实，查清案件事实。针对确有错误的行政非诉执行活动和行政决定，检察机关应当依法提出检察建议，保护被执行人特别是当涉案被执行人为民企、个体工商户的合法权益，或者通过与人民法院和相关单位进行沟通，在法律框架内尽可能为个体工商户和企业提供便利，助力复工复产。

【基本案情】

2014 年 2 月 20 日，上海市金山区环境保护局（2018 年 4 月 16 日后改为生态环境局）执法人员对个体经营者金某位于该区某镇的废塑料粉碎、清洗、造粒项目进行检查，金某现场未能提供建设项目的环境保护设施竣工验收相关材料。4 月 23 日，金山区环境保护局依法作出罚款人民币 10 万元、责令停止生产的处罚决定。因金某未履行罚款义务，也未申请行政复议或提起行政诉讼，金山区环境保护局于 9 月 15 日向法院申请强制执行。人民法院执行时，发现该项目已经关闭、金某去向不明，遂将金某纳入失信被执行人名单。2019 年 5 月 7 日，金某认为法院将其纳入失信被执行人名单不当，向上海市金山区人民检察院申请监督，请求将自己从失信被执行人名单库中删除。主要理由是，当地镇政府在开展非法塑料加工企业专项整治活动中，曾作出承诺，如果金某带头拆迁搬离，可以协调处理之前环境保护局作出的罚款决定。其按照镇政府的要求在规定时间内率先完成了搬迁。

检察机关审查认为，人民法院对金某采取纳入失信被执行人名单等执行措施符合法律规定，故依法作出不支持监督申请的决定。但金某在接受行政处罚及停止涉案项目生产时，做到了配合该区环境整治，带头拆除相关设备，彻底消除了生态环境风险。镇政府在此过程中，曾向金某作出过承诺，并就此与区法院、区生态环境局进行过协调，这一事实得到了镇政府工作人员的证实，金某基于对镇政府的信赖，才没有及时缴纳罚款，其请求删除失信信息具有一定的合理性。上海市金山区人民检察院遂按照最高人民检察院关于开展行政争议实质性化解的工作部署进行深入研究，提出矛盾化解方案并通报了该镇政府。2019 年 12 月，该镇政府正式致函生态环境局，希望妥善处理金某诉求。其间，检察机关积极走访联系生态环境局、法院执行局，探讨论证删除金某失信信息的可行性和合法性。进入疫情防控特定时期后，面对抗击疫情和复工复产的双重任务，检察机关采取多种形式推进金某合理诉求的解决。2020年3月20日，该镇政府正式回函检察机关，根据最高人民法院《关于公布失信被执行人名单信息的若干规定》（法释〔2017〕7号）第10条第1款第3项"具有以下情形之一的，人民法院应当在三个工作日内删除失信信息：……（三）申请执行人书面申请删除失信信息，人民法院审查同意的"的规定，上海市金山区人民法院已经删除了金某的失信信息。

【专家点评】

2021年7月出台的《人民检察院行政诉讼监督规则》以司法解释的形式正式将"推动行政争议实质性化解"作为行政诉讼监督的重要目标之一，明确检察机关要"综合运用监督纠正、公开听证、释法说理、司法救助等手段，开展行政争议实质性化解工作"。本案是检察机关在行政非诉执行案件监督的过程中，充分发挥检察机关监督优势，弥合司法机关和不同行政机关之间因信息沟通不畅导致当事人权益保护"陷入空转"的典型案例，充分践行了习近平法治思想中以人民为中心的行政检察办案理念。该案的特色和价值集中体现在三个方面：

第一，把握案件事实的全面性。该案涉及区生态环境局作出行政处罚决定、区生态环境局申请人民法院强制执行、镇政府专项整治过程中与涉案当事人之间的君子协议、镇政府与区法院及区生态环境局之间的协调等事实，检察机关在办案过程中没有拘泥于、止步于人民法院采取纳入失信被执行人名单等执行措施的合法性，而是千方百计全面了解案件的基本事实。一方面，当事人接受行政处罚并及时停止涉案项目生产，积极配合该区环境整治，带头拆除相关设备，彻底消除了生态环境风险；另一方面，该镇政府在处理过程中，曾向当事人作出承诺，还就此与区法院、区生态环境局进行过协调，这一事实得到了该镇政府工作人员的证实，当事人正是基于对该镇政府的信赖，才没有及时缴纳罚款，其请求删除失信信息具有一定的现实合理性。检察机关牢牢把握"以事实为依据"的工作要求，全面查清本案争议背后的基础性事实，为行政争议的化解奠定了扎实基础。

第二，突出争议化解桥梁的建设性。单就孤立的行政执法程序、行政非诉执行程序的运转而言，本案似乎并无不当之处。检察机关依法作出不支持监督申请的决定，也能够达到结案的效果。但是，隐藏在案件背后真正的行政争议——将当事人从失信被执行人名单库中删除——却没有得到实质性化解。为此，检察机关充分利用法律监督机关自身的组织优势和制度优势，在当事人、区生态环境局、镇政府和区人民法院之间多方联系协调沟通，发挥了桥梁纽带的建设性作用，为本案行政争议的最终化解提供了契机。

第三，守护依法行政的监督性。行政检察的初心使命是促进公正司法和依法行政。人民法院对行政非诉执行案件的审查，也体现出对行政机关执法行为的监督。但就本案而言，作为被执行人的当事人之所以没有按时缴纳罚款，实因配合行政机关进行专项整治，显属情有可原。特别是当事人事前得到了行政机关的明确承诺，其合法的信赖利益应当得到有效保护。对于因不同行政机关之间的信息壁垒导致的对当事人合法权益的侵害，检察机关应当充分发挥法律监督机关的功能，努力做依法行政的监督者。

（章志远，华东政法大学纪检监察学院常务副院长、教授、博士生导师）

上海某乾公司社会保障行政非诉执行监督案[*]

【关键词】

非诉执行等监督　社会保险费补缴　注销登记　行政争议化解

【办案要旨】

公司未经依法清算即办理注销登记，股东或者第三人在公司登记机关办理注销时承诺对公司债务承担责任的，可以依法变更该股东或第三人为行政非诉执行案件被执行人。检察机关应当依法能动履行行政检察职能，通过公开听证、释法说理等方式督促申请注销登记的责任人继续承担行政罚款履行义务，实质性化解行政争议。

【基本案情】

2019 年 6 月 3 日，上海市金山区人力资源和社会保障局作出行政处理决定，要求上海某乾劳务派遣有限公司（以下简称"某乾公司"）限期缴纳李某霞等四人的社会保险费合计 2.01 万元。因某乾公司逾期未履行，2020 年 12 月 28 日，上海市金山区人力资源和社会保障局申请人民法院强制执行。2021 年 1 月 5 日，上海市金山区人民法院作出行政裁定，准予强制执行上述行政处理决定，并立案移送执行。经查询，某乾公司无财产可供执行。

---

* 本案例系 2022 年上海检察机关行政检察"旗帜鲜明讲政治融入检察履职"优秀案例推荐案例。

【检察机关监督情况】

（一）调查核实

检察机关受理案件以后，向登记机关调阅某乾公司登记资料，某乾公司系一人有限公司，股东为王某海，注册资本为人民币200万元。2020年11月26日，登记机关准予某乾公司注销登记。

（二）类案监督

检察机关以该案为牵引，通过比对法院执行案件信息和市场登记信息，排摸行政非诉执行程序中市场主体注销线索6个，涉及行政罚款190余万元。在梳理分析6个案件基础上，向人民法院制发类案监督检察建议，建议人民法院在行政非诉执行审查环节注重核实当事人的主体资格。人民法院回复称，将加大审判管理系统与市场登记信息共享，强化当事人主体资格审查。

（三）争议化解

检察机关在开展类案监督的同时，为实质性化解争议，切实保障劳动者权益，决定组织召开案件听证会。在检察听证前，上海市金山区人民检察院检察长谈倩作为主持人召开了听证预备会议，邀请金山区人力资源和社会保障局聘请的特邀检察官助理研究本案调查核实工作情况，梳理案件涉及的法律规范，确定检察听证焦点问题，并商议化解方案。听证过程中，谈倩检察长围绕"某甲公司注销后股东应否继续承担履行社会保险费补缴责任"这一争议焦点，出示检察机关调查核实证据材料，查明某乾公司系一人有限公司，且清算报告隐瞒拖欠社会保险费等事实。特邀检察官助理姜玉兰有效发挥了"参谋员"的作用，其结合案件执法情况分析了股东承担责任的依据，并为某甲公司负责人补缴社会保险费提供了具体指导。经过检察听证，某乾公司负责人当场承诺愿意分期缴纳欠缴的社会保险费。目前，某乾公司已经补缴拖欠的社会保险费2.01万元。

【典型意义】

办理行政检察案件，应当秉承"如我在诉"理念，追求"最优解"，实质性化解争议，最大限度维护当事人权益，真正做到案结事了政和。公司隐瞒拖欠社会保险费的事实，通过提供公司无债务的虚假清算报告，恶意办理注销登记，虽然可以通过变更追加被执行人或者撤销注销登记的方式，恢复强制执行程序，但对涉案劳动者的救济却不是最直接、最有效的。本案中，检察机关没有就案办案，而是在向人民法院制发检察建议的基础上，从实质性化解争议的角度，积极能动履职，通过公开听证、释法说理等形式督促相关责任人积极承担义务，高效地实现了实体正义。

【专家点评】

尽管行政争议实质性化解已成为中国特色的新兴政法话语，但在我国行政法学理和实践中，何为实质性化解、如何实质性化解仍然是众说纷纭的话题。在行政诉讼实践中，所谓行政争议的实质性化解，是指人民法院在审查行政行为合法性的基础上，围绕行政争议产生的基础事实和起诉人真实的诉讼目的，通过依法裁判并辅以协调化解等机制的灵活运用，对案涉争议进行整体性、彻底性的一揽式解决，实现对公民、法人和其他组织正当诉求的切实有效保护。在行政检察实践中，所谓检察机关实质性化解行政争议，是指检察机关办理行政诉讼监督案件，在坚守法治底线的前提下，以当事人各方认可的方式，实现法律程序终结或者将行政争议导入新的处理程序，达到自然消解案涉行政争议，实现案结事了政和的履职目标。检察机关在调查核实、公开听证、智慧借助、案例检索精细化审查案件的基础上，综合运用监督纠正、以抗促和、促成和解、服判息诉实现行政争议的实质性化解。检察机关要积极履职主动担当，在化解超过起诉期限、遗落之诉、民行交叉等案件行政争议中发挥监督能动性，促进案结事了政和。就本案行政非诉执行程序运转而言，由于被执行人已恶意办理注销登记且无财产可供执行，因而劳动者社会保险费的缴纳问题一时间就陷入困境。检察机关坚持为民司法观，把屁股端端地坐在老百姓这一边，以"如我在诉"的理念通过依法能动履职，最终成功地一揽子解决了人民群众的急难愁盼问题。该案的特色和价值集中体现在三个方面：

第一，监督手段的多样性。面对该案的复杂情况，检察机关没有就事论事，而是综合采取公开举行听证会、检察长亲自办案、制发类案监督检察建议、释法说理等多种行之有效的手段，在全面查清事实和解析法律规定的基础上，寻找到案件背后行政争议实质性化解的聚焦点，为各方形成共识奠定了基础。

第二，化解方式的最佳性。就本案而言，虽然可以通过人民法院变更追加被执行人或者撤销注销登记的方式恢复强制执行程序，但这种充满变数且遥遥无期的做法并不是对涉案劳动者合法权益救济最直接、最有效的。检察机关的高明之处在于，紧紧抓住案件背后真正的争议焦点，以最容易为当事人接受的方案及时化解行政争议。法谚曰：迟来的正义非正义。本案检察机关秉承实质性化解行政争议理念，充分彰显了检察为民的基本原则。

第三，办案效果的统一性。企业为职工足额缴纳社会保险费是一项法定的强制性义务，更是国家为因公伤亡的职工支付工伤保险金、分散劳动风险的物质基础。企业隐瞒拖欠社会保险费的事实，通过提供企业无债务的虚假清算报告恶意办理注销登记的行为，不仅直接违反了法律的强制性规定，而且直接侵犯了职工的合法权益，更是助长了企业不诚信经营的歪风。法治绝不是一纸冷冰冰的判决。对于企业这种违法行为造成的恶果，执法办案机关应当摒弃机械办案思维，坚持"如我在诉"的理念，以对当事人权益保护最有效、最及时、最直接的方式结案，实现办案的法律效果、社会效果和政治效果的有机统一。

（章志远，华东政法大学纪检监察学院常务副院长、教授，博士生导师）

蔡某、朱某非法经营检察意见案*

【关键词】

行刑反向衔接　相对不起诉　跨区划协作　事先告知

【办案要旨】

跨区划行刑反向衔接中，两地检察机关应当发挥主导作用，加强协作配合。需要异地行政主管机关对被不起诉人给予行政处罚的，由承办刑事案件的检察机关提出检察意见，连同《不起诉决定书》及相关证据材料一并移送异地检察机关。异地检察机关应当对行政主管机关对检察意见书的回复和处理情况跟进督促，并依法开展行政违法行为监督。

在不起诉宣告的同时，检察机关可以同步告知当事人行政执法与刑事司法的衔接规定、配合行政执法的义务以及行政复议、诉讼的权利等，保障当事人的知情权，合理引导被不起诉人预期。办理跨区划行政反向衔接案件，要注重一体履职、能动履职，通过个案办理，推动完善案件会商、提前介入、协助送达等跨区划行政执法与刑事司法反向衔接协作配合机制。

【基本案情】

2022年9月，上海市公安局金山分局在办案中发现，浙江省嘉善县某副食品店存在无证销售烟花爆竹的情况，遂立案侦查。经查，该副食品店实际经营者蔡某、朱某明知自己的烟花爆竹经营（零售）许可证已经过期，仍继

＊ 本案例系2023年上海检察机关"行刑反向衔接"优秀案例推荐案例。

续在无证情况下向他人销售烟花爆竹制品，违法所得共计人民币 7000 余元。2022 年 10 月 9 日，上海市公安局金山分局民警在浙江省嘉善县将蔡某、朱某抓获。二人到案后，如实供述了犯罪事实。

2023 年 10 月 7 日，上海市公安局金山分局将案件移送上海市金山区人民检察院（以下简称"金山区检察院"）审查起诉。蔡某、朱某在审查起诉阶段认罪认罚，退缴违法所得 7000 余元。2023 年 10 月 25 日，金山区检察院依法对二人宣告不起诉。

【检察机关履职过程】

（一）提前介入

金山区检察院行政检察部门依据该院制定的《推进落实检察监督与行政执法衔接制度工作指引（试行）》，在刑事检察部门准备作出不起诉决定，但尚未向当事人宣告前，派员提前介入，调阅刑事案件侦查卷宗，研判不起诉后需要给予行政处罚的主管机关及处罚依据。

（二）跨区划案件会商

因该案违法行为发生在浙江省嘉善县，金山区检察院遂与嘉善县人民检察院、嘉善县城市管理执法局进行毗邻区行刑衔接案件会商，就后续行政处罚案件管辖、违法所得认定、证据材料移送、涉案财物处理、检察意见制作与送达等达成共识。

（三）宣告《移送有关行政机关处罚告知书》

根据三方会商情况，行政处罚案件中违法所得认定与刑事不起诉案件存在较大差异，为合理引导当事人预期，金山区检察院系统梳理告知内容，创设了《移送有关行政机关处罚告知书》，规范传达行刑衔接相关法律法规、被不起诉人配合行政执法的义务及享有的陈述权、申辩权等，充分保障被不起诉人的知情权。2023 年 10 月 25 日下午，金山区检察院刑事检察部门检察官向朱某等宣告不起诉决定后，行政检察部门检察官向被不起诉人宣告送达《移送有关行政机关处罚告知书》，开展释法说理，消除其抵触情绪，将行政执法中的矛盾风险化解在前端。

（四）建立跨区划行政执法与刑事司法反向衔接协作机制

2023 年 10 月 27 日上午，金山区检察院联合金山区司法局、嘉善县人民检察院、嘉善县司法局共同会签《关于建立跨区划行政执法与刑事司法反向衔接协作机制的意见》，明确了不起诉案件跨区划移送的管辖和流程，对于需要异地行政主管机关给予被不起诉人行政处罚的，承办刑事案件的检察机关负责案件审查检察意见书制作，异地检察机关负责督促行政主管机关落实回复检察意见书，并开展行政违法行为监督。同时，两地还建立了会商研判、联合办案、智慧共享等十项机制。

（五）制发检察意见书

金山区检察院审查认为，根据嘉善县人民政府《关于调整镇（街道）综合行政执法事项的通告》的规定，嘉善县姚庄镇人民政府行使了对未取得烟花爆竹经营（零售）许可证经营的处罚权及与之相关的行政检查权、行政强制措施。被不起诉人蔡某与朱某系嘉善县姚庄镇子杭烟花爆竹经营部的实际经营者，该经营部的烟花爆竹经营（零售）许可证有效期为 2021 年 1 月 10 日至 2022 年 1 月 9 日。2022 年 1 月 10 日至 2022 年 10 月期间，被不起诉人蔡某伙同朱某在无烟花爆竹经营（零售）许可证的情况下仍向他人销售烟花爆竹，违反了《烟花爆竹安全管理条例》第 3 条、第 36 条第 1 款，应当依法没收违法所得，并给予行政处罚。2023 年 10 月 27 日下午，金山区检察院依托双方会签的《关于建立跨区划行政执法与刑事司法反向衔接协作机制的意见》，委托嘉善县人民检察院向嘉善县姚庄镇人民政府送达了检察意见书。

【典型意义】

（1）确立跨区划行刑反向衔接案件管辖和移送规则。跨区划行刑反向衔接中，两地检察机关要发挥主导作用，分工负责，实现行刑反向衔接与行政违法行为监督有效衔接。本案中，两地检察机关通过会签意见，确立了管辖和移送规则：需要异地行政主管机关对被不起诉人给予行政处罚的，由承办刑事案件的检察机关提出检察意见，连同《不起诉决定书》及相关证据材料一并移送异地检察机关，由异地检察机关代为向行政主管机关送达检察意见书等法律文书及相关证据材料。异地检察机关应当对行政主管机关对检察意见书的回复和处理情况开展跟踪监督，发现异地行政主管机关在要求的回复期限内未回复、无正当理由不处理或者已经作出的行政处罚明显不当的，可以依照法律规定以制发检察建议等形式督促其纠正。

（2）探索移送行政机关处罚事先告知当事人制度。聚焦被不起诉人对后续行政处罚可能不了解、不接受等问题，探索建立移送行政机关处罚事先告知当事人制度，即在作出不起诉宣告的同时，告知当事人下一步可能面临的行政处理及相应的权利义务，合理引导被不起诉人预期。本案中，检察机关在不起诉宣告后，向当事人宣告《移送有关行政机关处罚告知书》，同步开展释法说理，规范传达行刑衔接相关法律法规、被不起诉人配合行政执法的义务及享有的陈述权、申辩权等，充分保障被不起诉人的知情权，消除其抵触情绪，将行政执法中的矛盾风险化解在前端。

（3）建立跨区划行刑反向衔接协作配合机制。办理跨区划行刑反向衔接案件，需要相关各方协同配合，尤其是与异地行政机关加强沟通，如此才能确保被不起诉人的行政责任得到有效落实。本案中，金山区检察院通过个案办理，依托金山区行政检察监督工作办公室平台，推动上海金山、浙江嘉善两地检察机关和司法行政机关会签《关于建立跨区划行政执法与刑事司法反向衔接协作机制的意见》，建立会商研判、联合办案、专项活动、司法协助等十项跨区划协作机制，有效提升了跨区划行刑反向衔接质效。

【专家点评】

2023年7月，最高人民检察院印发《关于推进行刑双向衔接和行政违法行为监督 构建检察监督与行政执法衔接制度的意见》，旨在全面落实党中央对加强检察机关法律监督的新要求，促进严格规范公正文明执法局面的实现，推动习近平法治思想中严格执法理论的落地生根。就行政违法行为的检察监督而言，行刑反向衔接涉及检察机关内部不同办案部门之间的衔接协调和办案标准程序的统一。本案作为长三角地区一体化发展进程中的典型案例，还涉及跨区划行刑反向衔接中的案件管辖和移送规则等细节问题，考验着检察机关的监督能力。该案的特色和价值集中体现在三个方面：一是检察机关内部的协作性。行刑衔接涉及检察机关内部不同的办案部门，必须在办案过程中做好充分的协调沟通，避免出现实体和程序方面的脱节。在本案中，检察机关的行政检察部门依据《推进落实检察监督与行政执法衔接制度工作指引（试行）》，在刑事检察部门准备作出不起诉决定且尚未向当事人宣告之前，就派员提前介入，通过调阅刑事案件侦查卷宗，积极研判不起诉后需要给予行政处罚的主管机关及处罚依据，为反向衔接奠定了扎实的基础，充分体现了检察机关不同办案部门之间"一盘棋"的工作格局。二是行政执法风险的预防性。在检察机关作出不起诉决定并建议行政执法机关作出行政处罚时，当事人往往存在不理解甚至抵触情绪，这使得后续行政执法活动存在一定的风险性。在本案中，针对被不起诉人对后续行政处罚可能不接受的问题，检察机关积极探索建立移送行政机关处罚事先告知当事人制度，在作出不起诉宣告的同时，告知当事人下一步可能面临的行政处理及相关权利义务，通过开展释法说理活动充分保障当事人的知情权，及时引导被不起诉人形成稳定的心理预期，将行政执法活动的矛盾风险化解在前端，充分体现了习近平法治思想中有关预防性法律制度的构想。三是后续处罚裁量的遵从性。现代社会中的行政权多为行政裁量权，行政机关在具体个案的处理过程中拥有广泛的行政裁量空间。无论是行政审判机关还是行政检察机关，在执法办案过程中都应给予行政执法机关应有的尊重。在本案中，检察机关制发的检察意见书指明了被不起诉人违法事实构成认定的法律依据和应受相应行政处罚的种类，但并没有作出"按图索骥式"的具体处罚意见，为行政执法机关通过行政处罚程序独立作出行政处罚决定提供了空间。这种做法遵循了检察监督的有限性、谦抑性原则，充分体现了检察机关坚持在法治轨道上推进行刑反向衔接和行政检察监督的法治自觉，维护了国家行政法律秩序的稳定性和统一性。

（章志远，华东政法大学纪检监察学院常务副院长、教授，博士生导师）

上海某岭公司行政处罚非诉执行监督案*

【关键词】

行政非诉执行　优化营商环境　分期履行

【办案要旨】

在办理行政非诉执行监督案件中，对于当事人确有经济困难，申请延期或分期缴纳行政罚款的，检察机关应能动履职，积极推动行政机关与相对人达成和解协议；在听取当事人诉求以及征求行政机关意见的基础上，组织公开听证，评估当事人履行方案的可行性、解除强制执行措施的风险，提出争议化解意见；依托行政检察协调机构，总结案件办理情况，凝聚执法司法共识，通过发布典型案例、会签协作机制、发布规范指引等方式向系统治理延伸，倡导包容审慎监管柔性执法理念，助力优化法治化营商环境。

【基本案情】

2020 年 3 月 25 日，上海市金山区生态环境局对上海某岭石材装饰有限公司（以下简称"某岭公司"）进行执法检查，发现某岭公司在上海市金山区枫泾镇环东二路 1415 号内西北角一车间从事大理石加工生产，建设项目需要配套建设的环境保护设施未经验收，建设项目即投入生产且排放污染物。2020 年 8 月 18 日，金山区生态环境局作出行政处罚决定书（第 2020200011号），认为某岭公司的上述行为违反了《建设项目环境保护管理条例》第 19

---

* 本案例入选 2023 年上海检察机关行政检察典型案例。

条第 1 款的规定，根据该条例第 23 条第 1 款的规定，决定给予某岭公司罚款人民币 60 万元的行政处罚。2021 年 4 月 7 日，金山区生态环境局向上海市金山区人民法院（以下简称"金山区法院"）申请强制执行。2021 年 4 月 12 日，金山区法院作出［2021］沪 0116 行审 40 号行政裁定书，准予强制执行，对某岭公司采取强制执行措施。

【检察机关履职过程】

（一）受理情况

在检察机关办理行政非诉执行案件过程中，某岭公司提出企业经营困难，正在申请银行贷款，因被纳入失信被执行人名单，银行审核难以通过，希望分期履行 60 万元罚款，同时解除信用惩戒、限制消费等措施。

（二）审查过程

在接到某岭公司申请后，案件承办人向某岭公司核实企业经营及企业资产情况，其表示公司经营困难，之前无力履行 60 万元罚款，也未考虑分期履行。现在正在申请贷款，只要能解除强制执行措施，就愿意分期履行罚款。后案件承办人与金山区生态环境局进行联系，其表示关于分期履行的问题，法律规定比较原则，而且在实践中也存在与法院工作如何衔接、后续逾期履行如何处理等问题。

（三）争议化解

为切实有效增进执法与司法良性互动，检察机关、生态环境局、人民法院签订《关于在行政非诉执行程序中加强联动依法处理当事人延期、分期履行申请的意见》。依据会签文件，检察机关于 2021 年 6 月 22 日邀请人民监督员、金山区生态环境局、某岭公司等组织召开公开听证会，充分听取双方当事人意见。某岭公司辩称，其对行政处罚并无异议，但因行政处罚数额太大，加上疫情影响导致经营困难，无力一次性偿还相应罚款，请求分期履行，且可提供机器设备作为担保。金山区生态环境局认为，其作出的行政处罚合法有据，但是也认可企业面临的现实困难。检察机关认为为确有困难的当事人提供分期履行的便利，是推行包容审慎监管的应有之义，而且三方会签机制也理顺了工作衔接问题，消除了行政执法机关的后顾之忧。同时，与会听证员也纷纷表示，某岭公司确有困难，执法司法机关应当用足用好法律政策为企业纾困解难。通过听证、释法说理等方式，最终检察机关促成双方当事人协商解决争议。金山区生态环境局书面同意某岭公司分五期履行罚款，并配合人民法院解除失信惩戒等强制执行措施。后某岭公司申请的贷款顺利通过审批，某岭公司也按照承诺在期限内缴纳了罚款。

（四）延伸成效

2021年7月15日，《行政处罚法》实施之际，金山区行政检察监督工作办公室召开新闻发布会，将该案作为典型案例向社会发布，并总结形成《行政处罚暂缓、分期履行申请指引（试行）》向辖区企业发放。

【典型意义】

（1）制度引领，推动《行政处罚法》设定的分期履行制度在检察监督中得到落实。《行政处罚法》第66条规定了行政罚款的分期履行，但是这在申请检察监督过程中如何适用，没有先例。本案中，检察机关依托依法治区委员会下设的行政检察监督工作办公室，牵头成员单位会签《关于在行政非诉执行程序中加强联动依法处理当事人延期、分期履行申请的意见》，优化行政执法、行政强制执行和行政检察衔接流程，为推进检察监督环节行政处罚暂缓、分期履行提供制度支撑。

（2）检察听证，公开评估涉案企业分期履行方案。检察听证作为检察办案的一种方式，具有调查、评议、公开等制度功能。本案中，检察机关经过调研梳理评估履行方案的核心要素，通过召开检察听证会，公开调查核实当事人履行能力，闭门量化评议履行方案的可行性，确保评估的客观性和公开性。而且行政机关全程参与听证过程，也更容易接纳评估结论和检察建议意见。

（3）系统治理，指导支持企业依法申请分期履行。检察机关坚持把法治作为最根本的治理方式，在促成某岭公司分期履行罚款、解除强制执行措施的同时，通过行政检察协调机构召开新闻发布会，针对企业在申请暂缓、分期履行过程中面临的困难和困惑，总结提炼形成一本包含申请指导、相关案例、法律规范的指引，通过区工商业联合会向企业发放，指导支持企业依法申请，为企业生产经营提供法治支持，为优化营商环境提供检察智慧。

【专家点评】

　　《行政处罚法》第 66 条第 2 款规定："当事人确有经济困难，需要延期或者分期缴纳罚款的，经当事人申请和行政机关批准，可以暂缓或者分期缴纳。"《行政强制法》第 42 条第 1 款规定："实施行政强制执行，行政机关可以在不损害公共利益和他人合法权益的情况下，与当事人达成执行协议。执行协议可以约定分阶段履行；当事人采取补救措施的，可以减免加处的罚款或者滞纳金。"这些规定构成了行政相对人分期缴纳罚款制度的基本框架，但因法律规定较为原则致使这一制度实施时常陷入困境之中，行政相对人如何申请、行政机关如何批准、之后的履行如何跟进都缺乏可操作性的规定。在该案中，检察机关主动担当积极作为，激活了行政非诉执行过程中的分期缴纳罚款制度，该案的特色和价值集中体现在三个方面：一是检察监督的人民性。人权保障没有最好，只有更好。在当下经济社会发展出现困境、中小企业举步维艰之际，执法办案机关应当急企业之所急、想企业之所想，切实解决企业发展中的痛点和堵点问题。检察机关在办理行政非诉执行案件中，切实了解到被处罚企业经营困难无力履行 60 万元罚款、之前未考虑分期履行以及目前正在申请贷款、必须解除强制执行措施的实际状况，通过举行听证会、调查核实、搭建沟通平台等多种方式的运用，促使行政机关和行政相对人之间达成分期缴纳罚款、解除强制执行措施、纾解企业发展困境的完美效果，充分彰显了检察监督的人民立场。二是检行互动的实效性。从本质上来说，检察机关和行政机关、审判机关一样，都是党领导下的行政机关和政治机关，都应当贯彻落实党中央重大决策部署要求并在法治轨道上开展工作。检察机关对行政非诉执行案件的监督，能够发挥"一手托两家"的特殊功效，经由对审判机关的强制执行决定和行政机关行政处罚决定的监督，达到统一行政法律适用的效果。检察机关与行政机关、审判机关之间不仅存在监督与被监督的关系，也应该且能够形成一种良性互动的协作关系。在本案中，检察机关依托依法治区委员会下设的行政检察监督工作办公室，牵头成员单位会签《关于在行政非诉执行程序中加强联动依法处理当事人延期、分期履行申请的意见》，不断优化行政执法、行政强制执行和行政检察衔接流程，为推进检察监督环节行政处罚暂缓、分期履行提供了坚实的制度支撑，产生了良好的检行互动效果。三是检察监督的延伸性。在本案中，检察机关并没有满足于个案的监督，而是主动拓展服务功能、积极融入社会治理之中，体现了检察监督的延伸性特点。检察机关通过行政检察协调机构及时召开新闻发布会，针对企业在申请暂缓、分期履行罚款过程中面临的实际困难，提炼形成具有明确指引功能的操作指南，指导支持企业依法申请分期缴纳罚款，切实护航企业生产经营，持续为优化营商环境贡献了检察智慧。

（章志远，华东政法大学纪检监察学院常务副院长、教授，博士生导师）

公益诉讼检察

督促依法履行专项资金监管职责案*

【关键词】

骗取农机补贴　国有财产侵害　"涉农补贴"

【基本案情】

被建议单位：上海市金山区农业农村委员会（以下简称"区农委"）。

2008 年至 2014 年，区农委下属的农业机械化管理站未依法履行职责，致使不符合农机购置补贴条件的周某宝等 5 人，分别借用本地农户柳某章等 9 人名义，购置补贴农机，共计骗取补贴资金 93 万余元。2016 年负责此项工作的陈某明因犯玩忽职守罪被判处刑罚后，区农委未及时采取措施、严肃查处，致使国家财产处于受侵害状态。

【检察监督过程及结果】

上海市金山区人民检察院（以下简称"金山区检察院"）刑事执行检察部门在办理陈某明玩忽职守案中，发现区农委不依法履行职责，未及时查处骗取农机补贴行为，致使国有财产长期处于受侵害状态，遂将该线索移送至本院公益诉讼部门办理，公益诉讼部门依法进行了审查。

金山区检察院成立了以分管检察长为组长的公益诉讼办案组，并积极向上海市人民检察院（以下简称"市院"）请示汇报，在市院指导下进行立案审查。经查明，2008 年至 2014 年期间，区农委下属的农业机械化管理站未依

＊ 本案例入选 2020 年 11 月最高人民检察院《涉农检察指导性案例实务指引》。

法履行职责，致使不符合农机购置补贴条件的周某宝等 5 人分别借用本地农户的名义购置补贴农机，共计骗取补贴资金 93 015 万元。在陈某明因玩忽职守罪被判处刑罚后，区农委仍未采取措施追回财政资金，致使国有财产处于受侵害状态。

根据财政部、原农业部《农业生产发展资金管理办法》（当时有效，下同）的规定，农机购置补贴属于农业生产发展资金的主要用途之一，由各级财政、农业主管部门负责对该资金分配、使用、管理情况的监督检查。根据《上海市农业机械购置补贴管理暂行办法》（当时有效）的规定，区县农业主管部门在职责范围内负责对购机材料进行审核，对骗取资金补贴的要依法追究相关责任。区农委对辖区农机专项补贴负有审核和监管责任，应当切实履行管理职责，及时查处骗取财政补贴资金违规行为，追回被骗取的财政资金，保护国有财产安全。

为挽回国有财产损失，保护国家利益和社会公共利益，根据《农业生产发展资金管理办法》第 30 条、《行政诉讼法》第 25 条第 4 款的规定，金山区检察院向区农委提出"依法履行职责，严肃查处骗取农机补贴行为，积极采取措施，追回补贴机具或者补贴资金"的检察建议。收到检察建议后，区农委积极采取措施整改落实，追回部分补贴资金和农机，并将相关涉案人员列入黑名单，取消其之后两年购机的资格。另外，区农委加快了"农补"管理体系改革，探索建立新媒体公开渠道，利用微信公众号，对"涉农补贴"项目公开公示，受到老百姓欢迎，取得了良好的法律效果和社会效果，达到了"办理一案、警示一片、教育社会面"的效果。

【典型意义】

农业生产发展资金分配、使用是提高农业综合生产能力的关键之举，保障资金分配、使用的规范性、合法性，防止国有财产流失是检察机关义不容辞的责任。检察公益诉讼工作开展以来，金山区检察院公益诉讼部门与刑事执行检察部门通力合作，建立涉案线索双向移送制度，针对"涉农"领域逐案排查，对刑事案件线索进行"一案四审"，积极拓展案源。金山区检察院成立了以分管检察长为组长的公益诉讼办案组，积极向市院业务部门请示汇报，进行线索研判，争取到了市院的业务指导和支持。并主动与区农委沟通、协调，协助其梳理"涉农补贴"管理漏洞，促使其创新管理模式。区农委除了对骗补者进行行政处理，还进一步创新了行政管理模式，建立了一套更加科学合理、方便群众申请和监督的长效管理机制。同时运用互联网、手机微信等现代信息科技手段加强管理，让所有"涉农补贴"都在网上公开运行，使骗补者无处遁形，保护国有财产不受侵害，让公平正义看得见。

【专家点评】

《行政诉讼法》第25条第4款规定："人民检察院在履行职责中发现生态环境和资源保护、食品药品安全、国有财产保护、国有土地使用权出让等领域负有监督管理职责的行政机关违法行使职权或者不作为，致使国家利益或者社会公共利益受到损害的，应当向行政机关提出检察建议，督促其依法履行职责。行政机关不依法履行职责的，人民检察院依法向人民法院提起诉讼。"这一规定是对党的十八届四中全会提出的公益诉讼制度改革试点正式的立法确认，标志着中国特色行政公益诉讼制度的建立。行政公益诉讼的实践表明，这一制度对维护国家利益和社会公共利益、依法纠正行政违法和促进行政机关依法行政发挥了重要作用。该案的特色和价值集中体现在三个方面：

第一，公益诉讼范围的开放性。《行政诉讼法》中的行政公益诉讼条款，不仅用"等"字宣示了行政公益诉讼案件范围的开放性，而且"国有财产保护"规定也具有很大的解释空间。就本案而言，农机购置补贴属于农业生产发展资金的主要用途之一，具体由各级财政、农业主管部门负责对该资金分配、使用、管理情况进行监督检查。农业机械化管理站未依法履行监管职责，致使不符合农机购置补贴条件的当事人骗取了财政补贴资金，直接导致国有财产流失，理应属于行政公益诉讼的受案范围。检察机关在案件办理过程中，通过对《农业生产发展资金管理办法》（已失效）、《上海市农业机械购置补贴管理暂行办法》（已失效）等规章的解释适用，彰显了运用法治思维推进行政公益诉讼制度运行的办理思路，具有重要的推广价值。

第二，检察机关办案的协作性。行政公益诉讼条款中的"履行职责"是一个极具包容性的法律概念，对行政公益诉讼程序的启动具有重要影响。当下人民检察院承担"四大检察""十项业务"，都存在行政公益诉讼程序启动的可能。在本案中，人民检察院的刑事执行检察部门在办理陈某明玩忽职守案中，发现区农委不依法履行职责，未及时查处骗取农机补贴行为，致使国有财产长期处于受侵害状态，遂将该线索移送至公益诉讼部门办理，公益诉讼部门依法进行了审查。为挽回国有财产损失，保护国家利益和社会公共利益，检察机关正式启动行政公益诉讼程序。检察机关内部不同办案部门之间尽管分工不同，但通过相互协作能够形成检察监督的合力，进而高质效地办好每一起检察监督案件。

第三，诉前检察建议的实效性。从检察监督的及时性和有效性来看，目前绝大多数行政公益诉讼案件都是通过诉前检察建议来解决公益侵害问题的，真正进入诉讼程序的属于少数。本案中，检察机关向区农委提出"依法履行职责，严肃查处骗取农机补贴行为，积极采取措施，追回补贴机具或者补贴资金"的检察建议。区农委在收到检察建议后立即采取措施整改落实，追回部分补贴资金和农机，并将相关涉案人员列入黑名单，取消其之后两年购机的资格。同时，区农委还加快"农补"管理体系改革，探索建立新媒体公开渠道，利用微信公众号对"涉农补贴"项目公开公示，取得了良好的法律效果和社会效果，实现了"办理一案、警示一片、教育社会面"的效果。

（章志远，华东政法大学纪检监察学院常务副院长、教授，博士生导师）

督促整治河道污染行政公益诉讼案*
——人民监督员全过程深度参与，实现长效治理

【关键词】

公益诉讼　河道污染　检察建议　全程参与监督　长效治理

【基本案情】

2021 年 8 月 28 日，上海市金山区人民检察院（以下简称"金山区检察院"）接到金山区河长制办公室（以下简称"区河长办"）线索移送称，本区一奶牛场周边河道水质异常，有刺鼻酸臭味，水质疑似受到污染。经现场调查取证，发现所取水样超出地表水环境质量标准基本项目标准限值，已受污染，且污染水体已蔓延至下游其他河段。同时走访了解到该奶牛场系本市某大型上市国企全资控股子公司，涉案河道近三年夏季曾多次出现类似情况，对附近村民的生活产生了影响，部分村民有过投诉，相关部门曾进行了应急处置，但未能从根本上予以解决。金山区检察院邀请人民监督员全程参与监督检察公益诉讼办案活动，倾听群众诉求，依托群众智慧，推动河道污染问题的长效治理。

【接受人民监督员监督情况】

针对涉案河道受到持续污染问题，金山区检察院联合区河长办，走访了

---

　　* 本案例入选 2022 年 12 月最高人民检察院"人民监督参与和监督检察公益诉讼办案活动典型案例"。

涉案地镇政府、奶牛场、附近村民等，通过询问行政机关工作人员、企业员工、其他证人以及进行现场查看等，初步查明了案件的基本事实，确认污染是由奶牛场污染防治设施相对老化、叠加每年七八月份台风天气因素（雨水将位于地势低的奶牛场部分污物冲入河道）等造成的。

2021年9月4日，金山区检察院邀请两名人民监督员，其中一名具有水环境治理专业背景。由承办检察官向其介绍本案案情、初步查明的原因和案件前期办理情况，听取人民监督员意见，明确下一阶段措施。人民监督员建议："要找到河道污染的源头，从根本上解决问题，建立长效机制，避免对责任单位一罚了之。鉴于该案涉及大型国企且有多次村民投诉情况，由属地政府充分履行管理职责效果更好。"经研判法律法规并综合社会效果考虑，金山区检察院采纳了人民监督员的意见，于2021年9月9日向属地镇政府制发行政公益诉讼诉前检察建议，要求其依法全面履行水环境监管职责，做好奶牛场环河水质污染治理工作，修复受损生态环境，从根本上解决水质污染问题。

检察建议制发后，为了更好督促相关单位整改，发挥人民监督员监督效果，2021年9月至10月期间，承办检察官两次会同人民监督员、区河长办及属地镇政府工作人员前往涉案地奶牛场及附近河道进行现场查看，了解镇政府及奶牛场整改措施情况，其间人民监督员提出"妥善处理现存污水、进行设备改造、做好应急方案"等优化意见，相关单位高度重视，一是建坝封堵，将污水抽入污水厂进行处理，开展挖机清淤；二是查明污染原因为奶牛场雨污分流设备老化，污水渗河，与相关部门共同督促进行技改；三是新建2个水闸，及时防止污水入河后发生扩散。奶牛场主动承担了修复该环河河段的治理费用，并根据要求制定落实了八项环河专项管控措施，投入230多万元用于环境污染防治设施升级改造。

针对属地政府是否已完全履职、公益受损情况是否已经完全消除、本案是否可以终结审查，2021年11月24日，金山区检察院邀请人民监督等第三方就属地政府履职情况、奶牛场整改情况等进行公开听证。听证会上，人民监督员表示"检察机关在本案中行动迅速，调查扎实，制发诉前检察建议督促行政机关依法履职，案发单位修复受损公益"，与其他听证员一致认为，属地政府已依法全面履行职责，社会公共利益已得到有效保护。金山区检察院在听取人民监督员等第三方意见的基础上，结合专业检测机构对奶牛场环河附近河水的检测意见等事实证据，确认经过行政机关充分履职，侵害公益现象已经消除，对案件进行终结审查。听证会后，人民监督员向检察机关表示"通过参与检察公益诉讼活动自己深刻感受到检察机关对群众利益的重视，也激发了自己的主人翁意识，希望今后有更多的机会参与"，经过金山区检察院、区河长办、人民监督员的全程联动协作，一起困扰周边村民多年的水污染治理难题得到了有效破解。

【典型意义】

（1）"请进来+走出去"，构建监督场景的立体化。行政公益诉讼涉及群众切实利益，为保障人民监督员"真监督"，检察机关认真落实《人民检察院办案活动接受人民监督员监督的规定》，邀请人民监督员全过程参与行政公益诉讼。本案中，不仅在检察建议制发后督促整改阶段，邀请人民监督员动态了解整改措施和进展，而且向前后延伸，向前延伸到线索研判调查阶段，对检察机关监督措施建言献策，向后延伸到案件终结阶段，评判处理意见。注重履职场景立体直观化，改变以往"一次性""静态"监督模式，转变为邀请人民监督员共同"走出去"查看现场、与行政机关和涉案企业座谈，在取得成效后将人民监督员"请进来"参与公开听证。通过全程立体多元的深度参与，真正实现人民监督员对公益诉讼案件的知情、参与、表达、监督的权利，从而提升人民监督员监督效能，实现人民司法依靠人民、服务人民、造福人民。

（2）"广泛型+专业型"，拓展监督意见的全面性。根据相关规定，人民监督员的选任应当充分体现广泛性和代表性，一般情况下应随机抽选，也可根据办案活动需要在具有特定专业背景的人民监督员中选任。本案既是发生在群众身边的急难事，又涉及较为专业的环境污染整治，因此在人民监督员选取上兼顾广泛型与专业型。既邀请没有特定背景的人民监督员，发挥其熟悉社情民意、阅历丰富的特点，充分表达环境污染根治的期待。同时，吸纳具有水环境治理专业背景知识的人民监督员，发挥专业优势，提出避免污染扩散、技术升级改造等专业建议，实现诉前检察建议制发、督促整改落实精准有效。

（3）"河长+检察长+人民监督员"，实现监督治理的实效性。人民监督员来自群众，他们在履职中提出的意见建议，代表了人民群众内心朴素的价值观，反映了人民群众对检察工作的新期待，生态环境与群众的利益息息相关，也是人民群众关注的重点领域。本案办理过程中，依托"河长+检察长"工作机制，检察机关与区河长办通过信息共享、联合调查、优势互补形成检察司法与行政执法的联动，严格履行"用最严格的制度最严密法治保护生态环境"。同时，创新性引入人民监督员加入"河长+检察长"机制，一方面监督了司法办案，通过行政公益诉讼助力法治政府建设，另一方面督促大型国企落实环境保护的主体责任，实现了"1+1+1〉3"的水环境治理效果，生动诠释了"人民城市人民建，人民城市为人民"的理念。

【专家点评】

该案属于典型的涉及人民群众民生利益的污染环境案件。检察机关在该案的办理中正确履职，考虑到了案件的实际情况，做到了政治效果、社会效果、法律效果的统一，践行了习近平生态文明思想，具有较好的典型意义。通观该案的办理过程与办理结果，我们可得到如下有益启发：

第一，吸纳人民监督员参与生态环境案件办理是值得推广的有益经验。最高人民检察院印发的《人民检察院办案活动接受人民监督员监督的规定》第6条规定，人民检察院可以吸纳人民监督员参与下列工作：（1）组织人民监督员监督办案活动；（2）通报检察工作情况；（3）受理、审查、办理人民监督员提出的监督要求和相关材料；（4）协调、督促相关部门办理监督事项；（5）反馈监督案件处理结果；（6）有关人民监督员履职的其他工作。在本案中，检察机关邀请人民监督员参与案件事实真相的调查以及诉前检察建议的制发，充分吸纳了人民检察员的意见，取得了良好的效果。由于良好的生态环境是最普惠的民生，是人民群众普遍关注的重要公共产品，吸纳人民监督员参与该项工作具有鲜明的群众路线底色，生动体现了习近平新时代中国特色社会主义思想的人民性。

第二，办理生态环境案件要实现法律效果与社会效果的统一。该案中，奶牛场由于种种原因，排污设施老旧，加上台风以及季风气候所带来的强烈降水，多种因素叠加，产生了污水流入自然水体的危害后果。客观而言，此种后果的造成，奶牛场、地方生态环境监管部门都具有不可推卸的责任。但考虑到上述行为所造成的危害相对而言较为有限，且奶牛场对相关行为进行整改的态度颇为积极，因此检察机关督促奶牛场主动修复被破坏的生态环境是最低成本的做法，体现了宽严相济的刑事政策，通过较低成本达到了"办理一案、教育一片"的社会效果，有利于当地生态环境的修复与企业的合法经营。

第三，在生态环境领域制发行政公益诉讼诉前检察建议具有科学性。我国《行政诉讼法》第25条第4款规定："人民检察院在履行职责中发现生态环境和资源保护、食品药品安全、国有财产保护、国有土地使用权出让等领域负有监督管理职责的行政机关违法行使职权或者不作为，致使国家利益或者社会公共利益受到侵害的，应当向行政机关提出检察建议，督促其依法履行职责。行政机关不依法履行职责的，人民检察院依法向人民法院提起诉讼。"根据上述规定，制发检察建议是检察机关的一项法定职权，检察建议的落实情况也是引发或撤销行政公益诉讼的重要依据。在本案中，属地镇政府积极落实诉前检察建议，依法履行职责，消除了因对奶牛场的消极监督而带来的危害，检察机关通过听证撤销了对镇政府的行政诉讼，具有法律程序上的妥当性与科学性，是值得肯定与推广的。

（焦艳鹏，华东政法大学刑事法学院教授，博士生导师）

督促保护"工农桥"行政公益诉讼案[*]

【关键词】

行政公益诉讼　一体化办案　红色文物资源　乡村文化

【办案要旨】

乡村红色文物资源属于红色资源和乡村文化的重要组成部分，针对年久失修、保护不到位的情况，检察机关应当督促行政机关及时履行保护修缮职责。检察机关要善于依托检察一体化机制，灵活应用诉前检察建议和诉讼方式，高质量推动受损公益得到恢复。

【基本案情】

上海市金山区漕泾镇工农桥始建于 1967 年，作为本区新中国成立后建立、被列入区级文物保护点的唯一水泥桥，具有特殊历史意义。工农桥桥身的花纹由五角星以及菱形组成，五角星内外侧分别写着"伟大领袖毛主席万岁""伟大的中国共产党万岁"，具有鲜明的时代特征，承载了社会主义革命和建设时期的红色记忆。上海市金山区人民检察院（以下简称"金山区检察院"）在履行职责中发现该桥桥身、桥面及桥身字体均存在破损、风化剥落等情况，甚至露出内部的钢筋和砖块；桥身有多道裂痕；桥身两侧有瓦砾和垃圾堆放现象。经第三方评估，其得不到及时修缮保护存在损毁风险，社会公共利益会受到侵害。

＊ 本案例系 2021 年上海检察机关公益诉讼优秀案例推荐案例。

【检察机关调查与督促履职过程】

2020 年 8 月，根据村民向媒体举报的信息，金山区检察院发现上海市金山区漕泾镇华新村工农桥存在破损情形。承办人通过实地现场勘验、走访区博物馆、镇政府和工农桥所在村居，掌握了工农桥的基本状况、历史由来、红色文化传承价值以及当前破损的情形，厘清了各职能监管部门的职责。综合考量法律依据、资金申请主体、修复监督便利高效等因素，根据《文物保护法》《上海市文物保护条例》的规定，金山区检察院于 2020 年 9 月 3 日以属地上海市金山区漕泾镇人民政府怠于履行文物保护职责立案，并于 2021 年 5 月 28 日向漕泾镇人民政府制发诉前检察建议，建议其依法全面履行属地管理职责，对工农桥进行修缮和保护。漕泾镇人民政府于 2021 年 7 月 15 日对检察建议进行回复，称已委托具有文物保护工程勘察设计资质的单位对该工农桥进行保护修缮设计，但设计方案未最终定稿，后续将根据修缮设计文稿聘请专家论证并履行相关审批手续后实施修缮工作。

【诉讼过程】

2021 年 10 月，检察机关对工农桥文物修缮和保护进展情况跟进监督，查明漕泾镇对于工农桥的修缮进展明显迟延，没有实质推进执行且未履行日常保养维护职责，截至 2021 年 10 月 15 日，桥东北侧又有一严重破损的砖房，最近处距离桥身仅 0.5 米，内外均堆着破布、木材等易燃杂物，桥两端虽竖有限高的限行杆，但无限重提示，现场亦未见临时保护措施和修缮保护痕迹。同时，虽经多次催促协调，检察机关始终未收到工农桥修缮保护的相关计划、进展情况的材料，也未收到日常保养维护、检查巡查、消除文物安全隐患的记录。考虑到属地政府对存在问题认识不到位、后续修缮处置措施进度明显迟滞、当地协调沟通存在一定障碍等因素，金山区检察院及时就本案基本案情、跟进监督情况向上海市人民检察院（以下简称"市检察院"）进行汇报，争取一体化履职支持，提出异地起诉办案等新的监督思路。2021 年 10 月 21 日，市检察院要求金山区检察院、闵行区人民检察院共同开展跟进监督调查取证、沟通协调，做好开庭准备等工作，并指定闵行区人民检察院对该案提起公益诉讼。该案在异地起诉后，引起一定社会反响，对主管单位触动很大，漕泾镇人民政府第一时间主动上门沟通，迅速推进工农桥修缮保护工作。

至当年 12 月中旬，项目已经基本施工完毕达到验收标准。考虑到督促履职的良好效果，检察机关随后撤回起诉。

【典型意义】

检察一体化是推动检察工作高质量发展的重要内生动力，也是强化检察公益行政诉讼监督职能、适应新形势要求的重要抓手，对于诉前检察建议不能及时解决的公益受损问题，及时向上级检察机关汇报，借助上下一体、协作密切、运转高效的一体化起诉办案模式，有助于破除阻力，减少属地干扰，更高效地推动公益问题的解决。乡村红色文物资源，作为红色资源和文化遗产的重要组成部分，也是乡村文化和乡村记忆的重要承载体，通过公益诉讼督促推动行政机关保护乡间文物和文化遗产，赓续红色历史文脉的同时，提升乡村精神文明，助力建设宜居宜业和美乡村，全面推进乡村振兴。

【专家点评】

金山区检察院办理的督促保护"工农桥"行政公益诉讼案，是基层检察机关精细化服务地方社会治理工作，全方位履行检察机关工作职责，践行习近平法治思想、习近平生态文明思想的典范。

综合该案的形成、办理过程与办理结果，该案具有如下典型特点：

第一，该案的保护标的是饱含基层人民群众普遍情感的文化公共物品。文物具有不可替代的价值，是人民群众维系民族情感、历史情感，产生民族自豪感、民族自信心的重要载体。红色文物承载着人们对建设国家、保卫国家共同历史的公共情感，其得到有效保护既是国家文物保护法律得到落实的需要，也是考察基层政府社会治理水平的试金石。在该案的办理中，基层检察机关及时从人民群众反映的问题中得到线索，精准识别出该案所保护的标的，其办案眼光、业务水平值得高度赞赏，充分反映出了基层检察机关"以人民为中心"的办案理念。

第二，基层检察机关注意对案件办理进行动态管理的做法值得肯定。在该案的处理中，基层检察机关先是对怠于进行文物保护的基层行政机关制发了诉前检察建议，并在合理时间内对相应的基层行政机关进行了履职督促；在发现基层行政机关接到检察建议后仍怠于履职的情况下，基层检察机关为更好保护公共利益，果断结束诉前检察建议，向上级检察机关提出了对基层行政机关异地提起行政公益诉讼的申请,并进入了相应的程序从而提起了行政诉讼;在被诉行政机关积极整改,迅速履职情况下,提起诉讼的基层检察机关根据被诉方的履职情况,撤销了起诉。上述流程管理,体现了法治框架内案件办理的动态性,既节省了司法成本,又维护了社会公益,既体现了法治的刚性,又体现了个案办理中的柔性,基层检察机关对办案流程的科学把握,值得肯定与推广。

第三,检察一体化办案机制具有充分的科学性。进入新时代以来,检察机关充分发挥检察机关职能,积极进行一体化办案,取得了显著成效。《人民检察院组织法》第24条第1款规定:"上级人民检察院对下级人民检察院行使下列职权:(一)认为下级人民检察院的决定错误的,指令下级人民检察院纠正,或者依法撤销、变更;(二)可以对下级人民检察院管辖的案件指定管辖;(三)可以办理下级人民检察院管辖的案件;(四)可以统一调用辖区的检察人员办理案件。"在该案的办理中,下级人民检察院发现督促当地基层行政机关履行检察建议的效果不佳,遂根据一体化检察办案机制,提请上级人民检察院对该案进行异地起诉,从而激发了基层行政机关的履职积极性,使得案件办理突破梗阻,取得了良好的办案效果。

(焦艳鹏,华东政法大学刑事法学院教授,博士生导师)

督促整治废金属切割安全隐患行政公益诉讼案*

【关键词】

行政公益诉讼诉前程序　安全生产　废金属切割作业　执法司法联动机制构建

【办案要旨】

检察机关主动排摸线索，着力破解安全生产公益诉讼线索匮乏难题，准确把握安全生产公益诉讼监督标准，并将办案中的成功经验和做法上升为制度规范，确保《安全生产法》落地见效、统一正确实施。

【基本案情】

金山区化工产业高度集聚，保障化工生产安全与环境尤为重要。经调查发现，上海某昌废旧物资回收有限公司（以下简称"某昌公司"）在位于上海市金山区卫九路以西两处面积共约1400平方米的空地上，露天进行金属切割作业，没有设置必要的警告标志，没有配备灭火设备，十余组 O_2 氧气瓶集装格被随意放在有重型卡车进出的坑坑洼洼泥路边，用于作业的气瓶集装格离切割点距离不到5米，气瓶集装格未与液化气瓶、塑料废品、模板、油污等可燃物、爆炸物保持必要的距离，露天存放容易受到阳光暴晒、高温热辐射，上述情形均不符合焊接与切割国家安全标准，存有安全隐患，且其作业场地离中国石化上海石油化工股份公司的危险化学品仓库不足100米，危及

＊ 本案例入选2022年7月上海检察机关公益诉讼典型案例。

人民群众生命和大型国有企业的财产安全，损害社会公共利益。

【检察机关调查与督促履职过程】

2021 年 5 月 25 日，上海市金山区人民检察院（以下简称"金山区检察院"）开展安全生产领域公益诉讼工作，结合区域内化工产业高度集聚的特点，聚焦危险化学品、大型国有化工企业的周边安全与环境，关注省际临界监管空白地带，主动下沉走访发现该案线索，当场及时拍照固定相关证据材料，向作业人员指出存在的安全隐患。

金山区检察院经初步评估认为，某昌公司违规进行金属切割作业，多处不符合《焊接与切割安全》（GB 9448—1999）的规定要求，存在易燃易爆的安全风险和隐患。鉴于本案安全生产隐患固有的高风险性、突发性特点，其行为已危及大型国企的危化品仓库安全以及附近人民群众的生命健康，损害社会公共利益。根据相关法律和法规，上海市金山区应急管理局（以下简称"区应急管理局"）对本案负有安全生产工作实施综合监督管理职责。

金山区检察院先行与区应急管理局进行沟通、磋商，双方均认为某昌公司违规进行金属切割作业，易燃易爆隐患风险等级较高，可以视为"重大安全隐患"。

案发时，安全生产尚属"等外"公益诉讼领域。2021 年 6 月 3 日，金山区检察院就本案向上海市人民检察院予以立案请示。2021 年 6 月 4 日，上海市人民检察院批复同意金山区检察院对该案进行立案审查。2021 年 6 月 9 日，金山区检察院制发沪金检行公立〔2021〕53 号立案决定书，并送达区应急管理局。

本案中所涉地块与浙江相邻，因动拆迁等历史原因两地界限模糊，且附近地带存在四块"飞地"，在行政区划上系浙江省平湖市属地。办案组多次前往上海市金山区规划和自然资源局、上海市金山区人民政府石化街道办事处、上海市金山区民政局走访并调取材料，足以证实某昌公司地块属地无争议，属于本辖区。

鉴于某昌公司的生产经营违法行为没有得到有效整改，社会公共利益仍持续受到损害，2021 年 6 月 11 日，金山区检察院遂对该案启动行政公益诉讼诉前程序，以沪金检行公建〔2021〕32 号向区应急管理局制发检察建议，并随案移送相关证据材料，建议依法调查处理某昌公司在不符合国家标准规定的安全生产条件下从事生产经营的行为。

区应急管理局收到检察建议后高度重视，着手开展现场检查，消除安全隐患，于 2021 年 7 月 2 日，将整改情况书面回复金山区检察院。2021 年 7 月 29 日，金山区检察院公益诉讼办案组对某昌公司的作业场地整改情况进行核查，发现涉案问题确已整改到位，安全隐患得以消除。2021 年 7 月 30 日，金山区检察院依法作出沪金检行公终查〔2021〕70 号终结审查决定书，对本案决定终结审查。

【典型意义】

（1）主动履职，破解安全生产公益诉讼线索来源匮乏难题。辖区内现有"固定危险源"涉危化企业 3000 多家，安全生产工作任务艰巨、形势紧迫。检察机关结合化工企业高度集聚区域特点，重点关注大型国有化工企业自身及周边安全，关注易燃易爆物品安全生产，并依托沪浙两地八家检察机关共同签署的《关于建立上海浙江湾区检察公益诉讼协作配合机制的意见》，侧重对辖区内"飞地"、省际接壤区域等易出现安全监管漏洞的企业开展日常走访调查，拓展线索来源。

（2）突出质效，严把安全生产公益诉讼立案条件和标准。安全生产行政公益诉讼除普遍遵循"两个立案条件"外，注重与新修正的《安全生产法》衔接，严格把握"重大安全隐患"的监督标准，突出办案质效，重视易燃易爆物品、危险化学品等领域安全生产问题，灵活兼顾高风险性、突发性和整改的难易程度，立案后及时与被监督行政机关就事实认定、重大安全隐患、风险的突发性等方面进行沟通、磋商。对低风险可快速处置、整改落实的一般领域事故隐患，简化程序以提示或告知函的形式督促监管，及时消除隐患。

（3）创新机制，彰显公益诉讼助力安全生产的制度价值。将安全生产纳入检察公益诉讼法定新领域后，坚持以办案为中心，将办案中的实践经验和好的做法上升为制度规范，形成常态化、长效化的执法司法联动机制，与区应急管理局形成《关于建立安全生产公益诉讼检察工作与行政执法信息共享等协作机制的若干意见（试行）》，搭建"四个平台"：案件信息数据共享与研判平台、安全生产低风险快速处置平台、交叉监管问题线索和侵害公益不赔偿案件移送平台、支持公益检察调查平台，合力打造"金山样本"，促进《安全生产法》落地见效，统一正确实施。

【专家点评】

金山区检察院办理的"督促整治废金属切割安全隐患行政公益诉讼案"，在案件形成、案件办理及办理效果上均具有一定的典型性。通观该案，可发现其具有如下基本特点：

第一，基层检察机关积极主动发现涉及民生的重要办案线索的做法值得肯定与提倡。在该案中，金山区检察院根据该区经济与社会发展尤其是化工产业布局密集等产业特点，充分认识到安全生产领域可能存在监管盲区，主动下沉基层，积极发现办案线索，其"聚焦危险化学品、大型国有化工企业的周边安全与环境，关注省际临界监管空白地带，主动下沉走访发现该案线索，当场及时拍照固定相关证据材料，向作业人员指出存在的安全隐患"的做法值得充分肯定与高度赞扬。

第二，基层检察机关对行政公益诉讼所保护的标的具有科学认知。我国《行政诉讼法》第25条第4款规定："人民检察院在履行职责中发现生态环境和资源保护、食品药品安全、国有财产保护、国有土地使用权出让等领域负有监督管理职责的行政机关违法行使职权或者不作为，致使国家利益或者社会公共利益受到侵害的，应当向行政机关提出检察建议，督促其依法履行职责。行政机关不依法履行职责的，人民检察院依法向人民法院提起诉讼。"该规范规定了人民检察院可以提起行政公益诉讼的实质条件是"负有监督管理职责的行政机关违法行使职权或者不作为"，但该规范在列举的典型情形中并不包括安全生产领域。金山区检察院对上述法律规范进行了实质性理解，通过充分论证，认为安全生产领域亦属于上述可提起行政公益诉讼的领域，这是对国家法律规范的正确理解，并在国内较早开创基于安全生产领域的行政公益诉讼案件的办理，其基于法治原则的创新式办案的勇气值得高度肯定。

第三，该案件的办理流程精细、科学缜密，具有较好的示范作用。金山区检察院在该案办理过程中，严格遵守《行政诉讼法》等所确立的案件办理标准，在案件的事实固定、规范适用等方面均进行了缜密的调研、分析与研究，体现出了精细化的办案特点。办案人员认真检索并比对了焊接业务操作的行业标准与该案的具体事实，首先确认了相关行为人的行为存在行业规范的违反；其次，办案人员与从事安全生产业务管理的行政管理机关共同展开调查，认定上述行为存在"重大安全隐患"；另外，办案人员就该案中所涉及的可能存在的属地管辖的争议问题向自然资源管理机关、区划管理部门等进行了认真核实，从而确认了其可进行司法管辖。上述调查与确证工作极大提升了案件法律判断的事实可靠性，完成了案件事实证明上的闭环论证，对保障办案质量具有良好支撑，值得其他办案机关深入学习。

（焦艳鹏，华东政法大学刑事法学院教授，博士生导师）

洗车行业水环境污染类案监督模型案*

【关键词】

类案监督　水环境污染防治　行政公益诉讼检察建议

【办案要旨】

一、洗车行业水环境污染类案监督模型基本情况

大数据监督模型是指以个案总结和提炼的办案逻辑为基础，以案件数据的来源和数据的准确性为要点，以数据筛选和数据对比为手段，以把个案监督效果上升到类案面源治理进而实现诉源治理为目的，建立的可复制、可推广的类案监督模型。上海市金山区人民检察院（以下简称"金山区检察院"）加强理论创新，通过案件办理和建构大数据监督模型积累的经验，对"大数据监督模型"进行定义，并牢牢抓住这个基本概念，将其作为红线贯穿案件办理的整个过程。

（一）分析个案总结提炼洗车企业水环境污染案件要素

金山区检察院在履行生态环境公益监督职责过程中发现，本区某洗车店在经营过程中，将洗车废水直接进行排放，造成了水环境污染。同时部分洗车企业未按照特种行业水费标准缴纳水费，造成了国有财产的损失。

具体案件情况如下，金山区检察院随机选择上海湾区高新技术产业开发区上海某贸易有限公司进行调查核实，现场调查时员工在该公司店铺前道路

---

* 本案例获 2023 年 6 月上海检察机关数字检察应用场景比赛大数据赋能法律监督模型类三等奖。

上从事洗车业务，现场未见洗车台、洗车道、沉淀池等污水处理设施，洗车时产生的废水、油污等污染物未经隔油、沉淀、过滤等任何污染防治措施，直接排放至路面，后流入雨水管道，路面有明显积水。经现场询问该企业负责人，该企业并未至绿化和市容管理局进行洗车备案，也未经水务局排水许可，洗车后直接将产生的废液排入道路雨水下水口，侵害了社会公共利益。

金山区检察院对上述个案进行总结，得出洗车店水环境污染案件要素为：未办理排水许可证、未办理备案手续、未按照特种行业水费标准缴纳水费等，并通过调取、对比区水务局排水许可证办理信息、自来水公司收费标准等信息，锁定可能存在水环境污染、未按照特种行业水费标准缴纳水费的洗车店线索。

（二）建立大数据监督模型实现类案监督

在个案办理过程中，金山区检察院在全区开展洗车行业水环境污染行政公益诉讼专项监督，对依据大数据监督模型对比得出的未办理排水许可证的洗车店进行调查核实，对发现的洗车店的水环境污染情形及时与行政机关进行磋商，并向行政机关制发磋商函。

2022年8月，金山区检察院在经过"模型对比+人工调查"后，借助监督模型在全区开展类案监督，以个案办理为切口，以水环境污染防治、国有财产保护为要素，精准提炼办案逻辑，搭建起洗车企业水环境污染大数据监督模型。该模型将本区洗车行业数据与区水务局"金山区机动车辆清洗场（站）排水许可证发证清单"进行对比，得到可能存在的水环境污染线索；将本区洗车行业数据与区自来水公司水费缴纳情况进行对比，得到可能存在的未按照特种行业水费标准缴纳水费线索。通过对上述线索进行实地调查核实，固定相关证据材料并分类进行监督。利用大数据监督模型进行数据对比，筛选出存在水环境污染概率较大的线索，进而提高调查核实的准确性，提高办案效率，实现"让数据多跑腿，让人少跑腿"的目的。

（三）形成"个案发现—类案监督—社会共治"的闭环办案形式，扩大监督成效

金山区检察院针对洗车企业水环境污染类案，打造"个案发现—类案监督—社会共治"的闭环办案形式，以检察监督职能为锚点，在推进行政机关依法行政和国有企业社会共治两个领域齐发力，以行政公益诉讼检察建议和社会治理检察建议的形式，协同行政机关加强监管保护水环境的同时，引导

自来水公司建章立制加强对特种行业的收费管理。

金山区检察院以制发行政公益诉讼检察建议的方式，协同行政机关加强对洗车店的水环境污染行为的监管，加强水环境防治和水资源保护，以检察监督促进行政机关依法行政。从生态环境保护、国有财产保护等领域同时切入。以涉及的镇政府为监督对象，针对洗车行业水环境污染行为立案 7 件，制发诉前检察建议 1 份、制发磋商函 3 份，建议相关镇政府（或者与镇政府磋商）"依法履行监督管理职责，对涉案洗车店违法行为进行处置"。行政机关收到检察建议、磋商函后立即组织调查核实，针对洗车店存在的问题，建章立制，协同多部门齐抓共管，促使城管、环保、水务等多个行政部门开展洗车店联合整治行动，加强洗车行业监管。

金山区检察院以制发社会治理类检察建议的形式，协同本区两家国有自来水公司，加强国有资产保护，对本区未按照规定足额缴纳水费的洗车企业展开全面盘查，以检察监督促进社会共治。以金山区两家自来水公司（上海金山新城自来水有限公司、上海金山自来水有限公司）为监督对象，制发综合治理类检察建议 2 份，建议相关单位"加强排摸，梳理服务区域内洗车企业水费缴纳情况，对未按标准缴纳水费的洗车企业加强宣传引导，提高服务区域内洗车企业依法缴纳水费意识；制定专项整改计划，用足现有法律、政策手段，推进服务区域内洗车企业依法缴纳水费"。两家自来水公司对辖区内的洗车店进行调查核实，发现 30 余家洗车店存在未按规定足额缴纳水费情形。针对该情况，两家自来水公司逐一上门宣传引导，并建章立制加强宣传引导，增强企业依法缴纳水费意识，加强国有资产保护，并制定整改计划，用足现有法律、政策手段，对洗车企业依规执行特种行业水费标准。

二、"收集数据" + "数据分析" = "监督模型"

（一）收集数据

（1）金山区"高德地图"内提供洗车服务企业名单。

（2）金山区"百度地图"内提供洗车服务企业名单。

（3）上海金山自来水有限公司提供其辖区内以洗车标准缴纳水费企业名单。

（4）上海金山新城自来水有限公司提供其辖区内以洗车标准缴纳水费企

业名单及其他洗车服务企业缴费情况。

（5）水务局提供金山区机动车辆清洗场（站）排水许可证发证清单。

（6）利用企查查 APP 对上海金山新城自来水有限公司、上海金山自来水有限公司的股东和注册信息进行查询。

（二）数据分析

第一步：收集数据获取目标信息

（1）以"百度地图""高德地图"为主要平台，以"洗车""洗车店""洗车服务"等为关键词进行检索，得到本区内提供洗车服务企业约 88 家，对全区存在的洗车企业进行收集，确定汽车企业的店面招牌和地址。

（2）调取本区水务局关于金山区机动车辆清洗场（站）排水许可证发证清单，得出共有 121 家机动车辆清洗场（站）拥有排水许可证。

（3）调取本区自来水公司（上海金山自来水有限公司、上海金山新城自来水有限公司）以洗车标准缴纳水费企业名单和相关情况，得出仅有 16 家洗车服务企业按照洗车特种水费标准缴纳水费。

（4）利用企查查 APP 对上海金山新城自来水有限公司、上海金山自来水有限公司的股东和注册信息进行查询，确定两家自来水公司为国有独资控股公司。

第二步：数据碰撞得到初步信息

（1）将获取的本区洗车企业名单与水务局提供的金山区机动车辆清洗场（站）排水许可证发证清单进行对比，初步确定未办理排水许可证的洗车企业。经对比，金山区高德地图、百度地图内提供洗车服务企业仅有 28 家办理排水许可证。

（2）将获取的本区洗车企业名单与自来水公司提供的以洗车标准缴纳水费企业名单进行对比，初步确定未按照洗车行业标准缴纳水费的洗车企业，对比金山区高德、百度地图内提供洗车服务 88 家企业名单中仅有 6 家洗车服务企业按照洗车特种水费标准缴纳水费。根据金山区人民政府定价经营服务性收费目录清单，居民用户年用水量 0~220 立方米（含）为 1.92 元/立方米，220 立方米~300 立方米（含）为 3.30 元/立方米，300 立方米以上为 4.30 元/立方米，非居民用户为 3.29 元/立方米，特种水（洗车）为 6.69 元/立方米。但是根据自来水公司的反馈，洗车行业水费为 8.8 元/立方米。

【专家点评】

由金山区检察院办理的"洗车行业水环境污染类案监督模型案"是基层人民检察院在履行职责过程中积极运用类案思维，通过技术赋能，提升自身参与社会治理效能的典型案例。通观该案，可发现其具有如下几个基本特点：

第一，对人民群众关注的重点民生领域投入了较多的检察关注。洗车行业在全国各地较为普遍。长期以来，人们对洗车行业占用公共空间，乱排乱倒污水、车辆乱停乱放等违法违规行为颇为关注。正常洗车作业所形成的污水虽然并不含有有毒有害物质，但如果洗车店不进行规范操作，使洗车后的污水与修车所形成的废弃机油等在地面上形成混合但不能有效收集与存储，将存在废液排入或流入自然水体从而污染水环境甚至污染土壤的可能，因此加强对洗车行业的检察监督，督促其到水务部门办理排水行政许可颇为必要。按照相关规定，洗车行业的水费应按照特种行业标准进行较高标准的缴纳。既然存在相应的收费标准，自来水企业就应按照该标准进行缴纳，以保证全民所有制企业或公用事业单位相应收入的足额获取。

第二，关于检察机关从个案办理到类案监督的办案模式的评价。在该案中，基层检察机关发现辖区内一家洗车企业未办理排水许可却进行相关作业、一家企业未按照特种行业水费标准缴纳水费，于是从这些案例入手，分析相关大数据，排查出辖区内存在上述违规行为的洗车企业，并将这些信息同步给具有颁发行政许可证书权限的水务局或具有民事合同关系的自来水公司，并以社会治理检察建议的方式督促水务局与自来水公司积极履行行政职责或按照相应标准收费。检察机关的上述做法，充分运用了技术手段，识别出了基层社会治理盲区，并依据相应的职权范围，通过制发社会治理检察建议的方式，提醒相关机关或企业积极履行责任，排除了潜在的生态环境污染或国有资产流失的可能，其从个案办理到类案监督的办案模式值得高度肯定。

第三，检察机关应对大量洗车企业未按照特种行业水费缴纳标准缴纳水费的深层次原因进行分析。基层检察机关在办理案件过程中，除了要有个案办理以及类案办理的思维，对典型社会现象或社会问题的成因亦应保持高度关注与深入分析。在本案中，既然发现辖区内的大量洗车企业存在未按照特种行业水费缴纳标准缴纳水费的情形长期存在，就应对此现象的形成原因进行科学分析。比如，洗车行业的用水与工业企业的用水是否性质相同？洗车行业的水费按照特种行业的标准进行缴纳，是否会大大提高洗车行业的运营成本？自来水企业是否默认洗车行业的用水与居民生活用水具有较大的相似性？上述原因，值得检察机关深入分析与研究，并纳入检察建议之中，以更好提升检察机关参与社会治理的深度与贡献度。

（焦艳鹏，华东政法大学刑事法学院教授，博士生导师）

督促保护烈士权益行政公益诉讼案*

【关键词】

行政公益诉讼诉前程序　英雄烈士权益　延伸保护　一体化办案

【办案要旨】

英雄烈士与其遗属之间存在一种固有的特殊人格利益关系，保护英雄烈士遗属应当享有的精神利益和财产利益属于保护英雄烈士人格利益范畴，英雄烈士遗属的身份认定，实质关系到英雄烈士保护和承继英雄烈士本人荣誉利益的实现。对因行政机关怠于履职致使英雄烈士遗属身份应当认定而未认定，导致其未能享受英雄烈士遗愿优抚权益的情形，检察行政公益诉讼可以督促履职。

【基本案情】

2023 年 3 月初，上海市金山区人民检察院（以下简称"金山区检察院"）接到金山区朱泾镇籍陈某某女士诉求称：1976 年 10 月 16 日，其与丈夫徐某某经法院调解离婚，未满三岁的儿子徐某交由徐某某抚养。离婚后，陈某某女士将户籍从浙江省台州市黄岩区先后迁至浙江省临海市、椒江区，2001 年 2 月迁至上海市金山区。

1992 年 1 月 19 日，身为人民警察的儿子徐某在浙江省台州市黄岩区为维护社会治安光荣牺牲。1997 年 7 月，徐某由黄岩区相关部门申报评定为烈士，

＊　本案例系 2023 年上海检察机关公益诉讼检察优秀案例推荐案例。

生父徐某某一并被认定为烈士遗属。作为生母的陈某某女士却未被认定为烈士遗属（原因不详，目前无法查清），未能享受烈士遗属优抚待遇等相应的合法权益。1999 年以来，陈某某先后多次向浙江省台州市黄岩区民政部门（2019 年机构改革后职能部门为退役军人事务部门）寻求解决，前述部门以当事人户口已经不在本辖区为由认为不属于本部门管辖。2022 年陈某某向上海市金山区退役军人事务部门寻求解决问题，金山区退役军人事务部门认为烈士遗属认定行为早些年已经由浙江方面作出，其难以进行再次认定，由此陈某某女士的烈士遗属身份一直未被认定，导致其未能享受相关优抚权益。

【检察机关调查与督促履职过程】

2023 年 3 月初，金山区检察院接到陈某某女士的诉求线索后，经过研判认为烈士的人格利益是特殊的死者人格利益，其内涵包括社会公共利益，保护烈士遗属应当享有的精神利益和财产利益属于保护烈士人格利益范畴。烈士近亲属的烈士遗属身份认定是烈士评定的组成部分，烈士遗属应当认定却未认定，未能享受优抚权益的情形，实质上侵害了烈士的荣誉权，损害了社会公共利益。因本案烈士遗属权益保护涉及当事人户口迁移等情形，线索研判之初无法确定具体履职部门，2023 年 3 月 17 日，金山区检察院以事立案跟进调查。

2023 年 3 月 27 日，金山区检察院和金山区退役军人事务局就本案开展首次磋商。金山区退役军人事务局认为，1997 年浙江省台州市黄岩区民政部门已在徐某评烈过程中一并对其生父徐某某的烈士遗属身份进行了认定，为何遗漏生母陈某某原因不清，烈士遗属身份认定属于行政确认行为，由本部门贸然推翻异地行政机关作出的行政确认行为于法无据。

浙江省台州市黄岩区相关部门当初为何没有对陈某某女士的烈士遗属身份进行认定，本案是否可以由浙江省黄岩区检察机关督促该地退役军人事务部门对陈某某女士的烈士遗属身份进行重新申报认定？金山区检察院依托长三角一体化检察协作机制，于 2023 年 4 月 3 日前往浙江省台州市黄岩区人民检察院。经黄岩区人民检察院协调，金山区检察院、黄岩区人民检察院、黄岩区退役军人事务局对推动解决陈某某女士的烈士遗属认定问题进行了沟通协调。黄岩区退役军人事务局认为机构职能划转之后本部门的确承接了烈士遗属权益保障的工作，但是陈某某女士的烈士遗属身份认定问题年代久远，当时申报时的工作人员目前也不在本部门工作，当初为何没有认定无法查清原因。同时烈士遗属认定附属于烈士认定行为中，1997 年黄岩区民政部门没有认定陈某某女士为烈士遗属的确存在履职疏漏；但在具体操作上目前难以推翻当年作出的行政确认（烈士遗属认定）行为重新启动新的申报行为。

经反复研判沟通，三方一致认为，根据 2021 年颁布的《退役军人、其他优抚对象优待证管理办法（试行）》第 5 条、第 17 条的规定，可以由目前陈某某户口所在地金山区退役军人事务部门为其申报烈士遗属优待证，同时浙江省黄岩区退役军人事务部门须协助提供需要申报的证明辅助材料。根据商讨的方案，2023 年 5 月 30 日，浙江省黄岩区退役军人事务部门向金山区检察院提供徐某烈士评定、家庭关系等材料。2023 年 6 月初，金山区检察院和金山区退役军人事务局就本案再次进行磋商，详细说明了金山区检察院前往浙江省台州市黄岩区调查查明的事实和沟通达成的方案。金山区退役军人事务部门认可该方案，2023 年 6 月 21 日，金山区退役军人事务局根据浙江省黄岩区提供的材料将陈某某女士的身份信息录入上海市优抚系统，经上级部门审核后正式确认其为烈士遗属，并发放烈士遗属优待证，陈某某女士每月享受三属差额补助 659 元、烈士遗属定期抚慰金 500 元。

至此，一起长达二十多年的烈士遗属认定老大难问题得以解决。金山区检察院依托该案办理的成功经验，加强总结提炼，将个案办理上升为涉英雄烈士涉军公益保护制度化建设，与金山区退役军人事务局签订《合作备忘录》，将英雄烈士遗属身份认定及权益维护纳入公益检察与行政执法合作机制，持续做好英雄烈士褒扬、涉军保护公益工作，以法治力量维护好英雄烈士、军人军属权益。

【典型意义】

英雄烈士遗属身份认定及权益保护问题，能否归属检察公益诉讼范围，相关法律和法规尚不明确，公益诉讼办案实践亦无先例可以遵循。检察机关积极能动履职，精准把握《英雄烈士保护法》的立法目的，延伸保护，拓展英雄烈士领域公益诉讼案件范围。办案中对于发现公益保护需要跨区域行政机关协同履职的，检察机关借助一体化办案优势，协同异地检察机关一体履职，督促推动两地退役军人事务部门联动协作，依法维护英雄烈士遗属权益。针对行政机关前期因认识分歧而履职慢，但检察机关在调查中具有较强履职

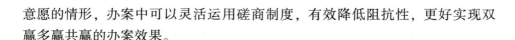

意愿的情形，办案中可以灵活运用磋商制度，有效降低阻抗性，更好实现双赢多赢共赢的办案效果。

【专家点评】

对英雄烈士遗属施以倾斜保护不但不违反民法平等原则，而且有利于推动全社会形成见贤思齐、崇尚英雄的良好风尚，同习近平总书记树立正确的英雄史观的要求高度契合。我国《英雄烈士保护法》第21条明确，我国实行英雄烈士抚恤优待制度。英雄烈士遗属的身份认定作为保护英雄烈士的关键环节，将切实影响对英雄烈士人格利益的保护与英雄烈士遗属利益的实现。本案检察院在严格遵守法律规定的基础上，依托区域协作机制积极推动烈士遗属身份认定问题的解决并采取实际的优抚措施，不但有助于维护烈士遗属应享有的优抚权益，同时有助于烈士遗属身份认定案件的制度化建设，具有较强的示范作用和借鉴价值。

本案的显著特色首先体现为跨区域司法和行政机关及有关部门的有效协调与合作。金山区检察院依托长三角一体化检察协作机制，与浙江省黄岩区人民检察院、退役军人事务局共同努力，克服了地域和职能部门间的沟通障碍，快速推进了问题的解决，体现了高效合作的工作作风。其次，该案充分展示了司法机关在推动行政机关依法履职中的重要作用。金山区检察院在案件研判中明确了保护烈士遗属权益属于保护烈士人格利益范畴，借助督促履职的方式促使退役军人事务部门重新审视和解决历史遗留问题。此外，本案在解决程序上还体现出高度的灵活性和创新性。尽管本案中的烈士遗属身份认定问题年代久远且情况复杂，但相关部门能够依据最新法律法规，灵活适用政策，不仅有助于弥补历史疏漏，维护当事人合法利益，还体现了依法行政的灵活性和适应性。最后，本案的处理过程充分体现了对于烈士遗属合法权益的高度重视和维护。检察机关和退役军人事务部门在办理过程中多次磋商，详细说明了法律依据和事实情况，确保了陈某某女士优抚措施的落实，体现了司法和行政部门为民服务的宗旨和高度的社会责任感，也体现了对烈士的尊重和褒扬。

本案充分展示了司法机关在推进依法治国和社会正义中所发挥的积极作用：一方面，金山区检察院充分遵守《英雄烈士保护法》的立法初衷和保护要求，积极发挥主动性和创新性，创设性地采用拓展公益诉讼应用领域的方法，将烈士遗属合法权益的保护方式进行延伸和深化，为其他类似案件提供了可供学习借鉴的宝贵经验。另一方面，本案浙江和上海两地行政部门通过联动合作确保烈士遗属权益的落实，不但充分体现了跨区域检察协作机制所具有的关键性作用，而且证明了跨区域行政协同履职的重要性和有效性。

本案在今后实践中对类案的指引体现为以下两点：第一，金山区检察院充分发挥主动性，创新性地拓展了英雄烈士领域公益诉讼的案件范围，为如何以法治力量维护英雄烈士及其遗属的合法权益提供了新思路与新方案。第二，金山区检察院在与有关行政机关进行积极磋商和协调后，成功解决了长达二十余年的、因行政机关履职不当导致的烈士遗属权益受损问题，成功维护了烈士遗属的权益。总的来说，既切实推动了《英雄烈士保护法》的实际应用，有助于强化社会对英雄烈士的尊崇意识，同时也为同类型案件的解决提供了宝贵的参考范式，有利于涉英雄烈士涉军公益保护的制度化建设。

"天地英雄气，千秋尚凛然。"英雄烈士是一个国家与民族屹立不倒的丰碑和最闪亮的坐标。2019 年 9 月 29 日，习近平总书记在国家勋章和国家荣誉称号颁授仪式上的讲话中强调，"崇尚英雄才会产生英雄，争做英雄才能英雄辈出"。保护英雄烈士遗属的合法权益既事关对英雄烈士的崇尚与敬仰，同时事关国家利益的实现与社会价值的引领。本案检察院依法履职，充分调动积极性探索拓展英雄烈士领域公益诉讼案件范围，借助一体化办案的优势及时纠正历史遗留问题，为英雄烈士遗属的合法权益提供了有力保障，充分彰显了党和国家对于英雄模范的重视，有利于树立正确的历史观、民族观、国家观、价值观，为弘扬英雄烈士精神、凝聚民族力量提供了坚实的法治保障。

（曹薇薇，上海大学法学院教授，博士生导师）

督促整治固体废物违法行为行政公益诉讼案[*]

【关键词】

行政公益诉讼诉前程序　固体废物　分类处置　无废城市建设　绿色低碳

【办案要旨】

对于引发网络舆情的生态环境违法行为，检察机关应当及时予以跟进监督，督促负有生态环境监督管理职责的行政机关进行处置。对固体废物违法堆放的处置，要注重秉持建设"无废城市"理念，因地制宜，督促推动固体废物资源化利用，最大限度减少固体废物处置量，实现绿色低碳的城市发展模式，助力推进"无废城市"建设。

【基本案情】

2022 年 7 月 20 日，今日头条"话匣子 FM"（上海东方广播有限公司旗下话匣子 FM 官方账号）报道一篇涉及金山区上海某淳公司违法处置固体废物的文章。举报线索反映某淳公司将生产水泥制品过程中产生的大量余浆块及麻绳等固体废物堆放填埋于上海市金山区漕廊公路某工厂后面的地块内。

【检察机关调查与督促履职过程】

2022 年 7 月 21 日，上海市金山区人民检察院（以下简称"金山区检察

---

* 本案例入选 2024 年 5 月上海检察机关公益诉讼优质案例库第一批入库案例。

院")根据媒体反映的举报线索跟进监督,经现场调查、询问涉案公司相关负责人等,发现某淳公司的经营范围为水泥制品、预拌商品混凝土、预拌商品砂浆、建筑构件的生产和销售等。该公司在生产水泥制品过程中会产生余浆块,近年来该公司将生产的余浆块部分进行售卖处置、部分堆放于上海市金山区漕廊公路某工厂后面的地块内。被用于堆放余浆块的土地性质为建设用地,堆放区域涉及的面积为 10 135 平方米,堆放的余浆块等固体废物约 1 万吨,堆放区域内的土地大部分未做硬化处理,堆放的余浆块也没有做任何覆盖处理,没有按照《固体废物污染环境防治法》及《一般工业固体废物贮存和填埋污染控制标准》的规定采取防扬散、防渗漏、防流失等符合国家环境保护标准的防护措施。

金山区检察院立足检察行政公益诉讼职能,遂立案跟进监督,2022 年 7 月 25 日与区生态环境局开展磋商,督促区生态环境局对某淳公司存在的环境违法行为进行处置。区生态环境局表示愿意积极履职,对某淳公司存在的环境违法行为进行立案查处并责令其改正违法行为。同时针对案涉固体废物违法堆放数量大的特点,如果全部清运处置,不仅增加清运成本,也增大终端消纳场所的处置负荷且不利于资源化利用。金山区检察院会同生态环境部门、企业进行研判,认为结合企业准备在该工厂场地内平整土地扩建新的厂房项目设施,可以委托第三方进行科学处置,将部分固体废物(余浆块)经粉碎处理筛检之后用于平整土地,实现资源化利用,从而最大限度减少固体废物处置量。2022 年 10 月,在检察机关和生态环境部门的督促下,某淳公司遂委托上海纺织节能环保中心根据前期工作成果与实际填埋情况,编制了《填埋物应急综合处置方案》,采用"原地异位"处置模式,对填埋固体废物进行"清挖+筛选+分类消纳",其中棉绳和碎布等轻质垃圾外运焚烧处置,钢筋资源化回收处置,混凝土碎块清洗、破碎后回填原基坑,筛出的土壤回填原基坑。2022 年 10 月至 12 月,根据前述处置方案,上海纺织建筑设计研究院有限公司作为施工单位开展涉事地块的处置施工,上海同济工程咨询有限公司为环境监理单位,上海环境保护有限公司为验收评估单位,处置工程各项工作符合验收评估的要求。通过上述处置方案,本案仅轻质垃圾约 708.4 立方米(704.22 吨)被焚烧处置,另有共 4828.8 立方米水泥碎石(混凝土块)经破碎、清洗后作为场地建设基坑回填材料,废旧钢筋共 20 余吨由上海招宝废旧物资回收利用有限公司回收,从而最大限度实现了固体废物分类处置利用。

2023 年 2 月，经承办人前往涉案地块进行现场调查，确认某淳公司涉案场地内存在的违法堆放、填埋固体废物的行为已经整改完毕。

【典型意义】

深入推进污染防治，打好净土保卫战，要求科学治污、精准治污、依法治污，检察机关作为国家法律监督机关要着重在依法治污的同时督促协同行政机关科学治污、精准治污。检察机关在办理固体废物污染领域案件，尤其是在督促行政机关对违法堆放的固体废物进行处置的时候，要善于结合案情，根据固体废物的种类，因地制宜推动行政机关和企业制订科学整改方案，促进固体废物的回收利用，最大限度实现绿色低碳，助力"无废城市"建设。

【专家点评】

金山区检察院办理"督促整治固体废物违法行为行政公益诉讼案"是从公共媒体上获得办案线索，积极进行案件调查，及时通报生态环境管理部门并进行磋商，科学制定生态环境整治措施，督促企业积极进行整改，取得了良好的生态环境保护效果。通观该案，其典型性具有如下几点：

第一，对可能引发舆情的公共媒体上的办案线索及时进行检察跟进。在本案中，金山区检察院的办案人员，及时从公共媒体或自媒体上发现了在辖区内可能存在的污染环境案件线索，并及时进行了现场调查。由于生态环境具有公共性，是人民群众普遍关注的公共领域，同时，由于环境被污染、生态被破坏，尤其是人们对固体废物对生态环境的危害的认知存在显著差异，可能导致人们对自媒体上所反映的生态环境污染风险产生误会、误解甚至恐慌，因此对自媒体上涉及污染环境或污染环境风险的企业的排污或非法处置固体废物或危险废物的信息，检察机关要保持高度关注，做到不放弃任何一条与损害公共利益有关的自媒体信息或公共媒体上的新闻，以切实回应人民群众的诉求、需求或关注。

第二，与生态环境管理部门积极进行生态环境治理磋商的做法值得肯定。生态环境治理磋商是近年来在生态环境治理领域兴起的一种新形式。由于生态环境的治理是一项具有高度技术性的业务或事务，作为司法机关的检察机关对生态环境如何治理并不完全专业，因此对发现的可能需要进行生态环境治理的事项，应充分听取生态环境管理部门的意见，对生态环境治理的方案、成本、资金来源等与生态环境管理部门进行充分磋商，以比例原则和成本效益原则为指导从而完成生态环境治理工作。在本案中，金山区检察院充分依托与信赖金山区生态环境管理局，与其联合制定了该案中固体废物的治理方案，并充分考虑了治理成本，通过磋商所形成的方案科学有效、成本可控，取得了令多方满意的治理效果。

第三，关于本案中固体废物的堆放及其所形成的风险的科学评估。根据案件描述可知，本案的基本事实是"该公司在生产水泥制品过程中会产生余浆块，近年来该公司将生产的余浆块部分进行售卖处置、部分堆放于上海市金山区漕廊公路某工厂后面的地块内。被用于堆放余浆块的土地性质为建设用地，堆放区域涉及的面积为 10 135 平方米，堆放的余浆块等固体废物约 1 万吨，堆放区域内的土地大部分未做硬化处理，堆放的余浆块也没有做任何覆盖处理"。从上述案件事实可知，该公司将自己在生产过程中所形成的"余浆块"堆放于某工厂后面的建设用地上。从笔者的生活经验判断，上述"余浆块"属于与水泥制品、预拌商品混凝土、预拌商品砂浆、建筑构件物理性质相同或相似的固体废物。对于该类物质的生态环境风险，检察机关若与生态环境管理部门委托有资质的机构进行相应鉴定并依据鉴定结论制定治理或处置方案可能更具科学性。

（焦艳鹏，华东政法大学刑事法学院教授，博士生导师）

刑事执行检察

罪犯崔某某社区矫正收监执行监督案*

【关键词】

暂予监外执行监督　社区矫正巡回检察模式　职务犯罪矫正对象收监执行　严防"纸面服刑"

【办案要旨】

人民检察院对社区矫正进行法律监督时，应当将罪犯暂予监外执行条件有无变化、是否应收监执行作为重点内容。人民检察院可探索社区矫正巡回检察模式，邀请具有专门知识的人、人大代表、政协委员等共同参与。对病情诊断意见的审查，应注重听取有专门知识的人的意见，并视情况要求有关部门重新组织诊断、检查，切实避免暂予监外执行罪犯"一保到底""纸面服刑"等现象，维护刑罚执行的公平公正。

【基本案情】

罪犯崔某某，男，1958年8月21日出生，汉族，原系中共党员，山东省淄博市人，案发前系山东某工程装备有限公司总经理。2015年6月2日，崔某某因犯受贿罪被山东省淄博市博山区人民法院判处有期徒刑10年，刑期自2015年1月21日起至2025年1月20日止。2016年5月6日，因崔某某患有非临床治愈期胃黏液腺癌，短期内有发生消化道大出血致死亡危险，山东省监狱管理局按照《保外就医严重疾病范围》第14条之规定，对其批准暂予监

* 本案例入选2022年1月最高人民检察院第三十三批指导性案例。

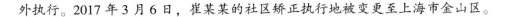

外执行。2017 年 3 月 6 日，崔某某的社区矫正执行地被变更至上海市金山区。

【检察机关监督情况】

（一）线索发现

2020 年 7 月 1 日，《社区矫正法》正式实施后，上海市金山区人民检察院借鉴监狱巡回检察做法，以"检察人员+区人大代表、政协委员+具有专门知识的人+社区矫正中心工作人员"的检察模式，对金山区司法局下辖司法所开展两轮巡回检察。在第二轮巡回检察中，将在册罪犯暂予监外执行条件是否变化、消失作为重点，对全区暂予监外执行罪犯进行筛查。检察发现，罪犯崔某某暂予监外执行已逾 4 年，余刑 4 年多。该犯系职务犯罪罪犯，依法属于从严审批监管对象，且属异地执行。据此，巡回检察组将崔某某的执行情况作为重点，深入开展检察。

（二）调查核实

为保障检察监督的全面、准确，上海市金山区人民检察院先后开展以下调查核实工作：一是查阅档案、开展谈话。及时调取崔某某的交付执行、在矫期间表现、暂予监外执行审批等档案材料；走访金山区司法局社区矫正中心及司法所，了解崔某某接受社区矫正期间的病情复查、保证人等具体情况。二是重点核查罪犯健康情况。核查崔某某原始病情鉴定结论是否符合保外就医条件、是否与实际病情相符；崔某某是否及时就医诊治、按时报告、提交病情复查材料；社区矫正机构是否每年组织其在指定医院接受病情诊断等。三是借助外脑开展检察。为了提升监督精准度，上海市金山区人民检察院专门邀请金山区朱泾镇社区卫生院主任杨旦红医师全程参与了针对暂予监外执行对象的巡回检察，根据对崔某某的问询情况及病史，对其身体健康情况提出咨询意见。

经调查核实，崔某某是否仍符合《保外就医严重疾病范围》第 14 条"非临床治愈期的各种恶性肿瘤"的证据不充分。2016 年 5 月，因崔某某患有非临床治愈期胃黏液腺癌，山东省监狱管理局对其批准暂予监外执行。2016 年 9 月，崔某某在其原籍地山东省淄博市进行手术治疗。杨旦红医师仔细阅看崔某某的历年病史材料后认为：崔某某曾患癌症并治疗，但 2020 年 7 月上海市静安区中心医院出院小结中未见明显的胃癌症状描述，其是否已治愈存疑。

（三）监督意见

上海市金山区人民检察院经审查认为，现有证据无法证实崔某某暂予监外执行情形是否消失，应当对崔某某的病情进行检查复核。如检查结果为崔某某监外执行条件已消失，根据《刑事诉讼法》第 268 条、《社区矫正法》第 49 条、《社区矫正法实施办法》第 49 条的规定，应当对其及时收监，由金山区司法局提出收监执行的建议。2020 年 9 月 23 日，上海市金山区人民检察院向金山区司法局制发沪金检建〔2020〕Z98 号《检察建议书》，督促金山区司法局对崔某某尽快组织进行病情复查，并由社区矫正机构将此次医疗诊断连同 2020 年 7 月 17 日上海市静安区中心医院的出院小结，进一步征询医院专家意见或提交病情鉴定。

（四）监督结果

2020 年 10 月 15 日，金山区司法局采纳上海市金山区人民检察院检察建议，回复：已于 2020 年 10 月 9 日组织崔某某到复旦大学附属金山医院进行病情复查，医院结合其 2020 年 7 月 17 日的体检报告和复查情况，作出"目前未发现明显复发或转移"的诊断意见。

2020 年 10 月 21 日，金山区司法局向原决定机关山东省监狱管理局发出〔2020〕金山收执建字第 1 号《收监执行建议书》，建议对崔某某收监执行。2020 年 10 月 30 日，山东省监狱管理局制发〔2020〕鲁狱暂收字第 4 号《暂予监外执行收监决定书》，决定由山东省淄博监狱将罪犯崔某某予以收监执行。2020 年 11 月 2 日，山东省监狱管理局派员至上海市金山区在上海市金山区人民检察院的沟通协调下将崔某某收监执行。

【典型意义】

（1）人民检察院应当探索符合区域特点的巡回检察模式，强化社区矫正监督质效。《社区矫正法》颁行实施后，人民检察院应当以此为契机，借智借力积极探索试行社区矫正巡回检察，创新监督模式、提升监督质效。在巡回检察过程中，既可以邀请区人大代表、政协委员等参与，增强监督工作透明度，提升检察影响力，也可以邀请具有副高以上专业技术职称的医师或其他专业人士参与，解答"减假暂"案件巡回检察中遇到的各类专业性疑难问题。通过巡回检察，找准监督重点、提升监督敏感性，将工作重心下沉到司法所、派出所等基层一线，高质量推进社区矫正检察，促进社会综合治理，为人民

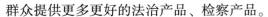

群众提供更多更好的法治产品、检察产品。

（2）人民检察院在办理暂予监外执行监督案件中应当重视对病情诊断等原始资料的调查取证并听取专家意见，提升监督办案精准度。人民检察院应当积极践行"在办案中监督，在监督中办案"的理念，在巡回检察工作中发现涉及暂予监外执行案件的监督线索后，要重视调查取证和对证据的审查判断。一是及时调取原始病历材料。从社区矫正机构调取矫正对象历年病史资料，审查比对其刑罚变更执行前后的身体变化，重点审查其每三个月的病情复查情况，及时掌握其目前身体健康状况，关注暂予监外执行情形是否消失。二是咨询、听取医师等有专门知识的人员意见。对矫正对象病情诊断等专业性问题，立案前先行邀请医院副主任以上医师阅看和研判，出具专业的建议或意见，以实现精准监督。三是推动社区矫正机构注重证据完善。实践中，暂予监外执行对象往往自行选择医院进行复查，为有效防止可能产生的舞弊情形，人民检察院应当建议社区矫正机构适时指定符合条件的其他医院对矫正对象进行病情复查，确保复查结果的客观公正。

（3）人民检察院应当推动各职能单位之间加强衔接配合，形成工作合力。一是对于社区矫正巡回检察中发现的各类问题，人民检察院应当及时通过联席会议等形式，向有关职能单位进行反馈，督促整改。例如，上海市金山区人民检察院以本案为契机，推动社区矫正机构对辖区内暂予监外执行对象进行一轮全面排查，切实杜绝"纸面服刑"现象。二是根据《暂予监外执行规定》，暂予监外执行对象是否仍符合暂予监外执行条件由社区矫正机构进行审查，法律及司法解释并未对社区矫正机构如何进行审查作出明晰的具体规定，实践中社区矫正机构往往注重程序审查，而对病情是否仍然符合暂予监外执行的实体条件把握不够精准，从而影响刑罚变更执行的准确性。对此，人民检察院应当从完善司法标准，统一执法尺度的角度，积极会同各职能单位，通过会商等形式就法律认识与适用、程序的规范达成一致，切实杜绝"一保到底"现象。三是针对罪犯收监执行中可能发生的家属阻拦、干扰等突发情况，人民检察院应当会同社区矫正机构、公安派出所、医院医生、矫正对象居住地居委会工作人员等，提前做好预案，开展释法说理，确保收监执行活动依法有序进行。

【专家点评】

社区矫正作为暂予监外执行的重要方式，是与监禁矫正相对的一种行刑方式，是将符合社区矫正条件的罪犯置于社区之内，由专门国家机关在相关社会团体和民间组织以及社会志愿者的协助下，在判决、裁定和决定确定期限内，矫正其犯罪心理和行为恶习，并促进其顺利回归社会的非监禁刑罚执行活动。经过多年努力，我国社区矫正工作发展迅速、成效显著，为维护社会和谐稳定、节约国家刑罚执行成本、促进司法文明进步发挥了重要作用。同时，2020 年 7 月 1 日起施行的《社区矫正法》，是我国立法体系中第一次就社区矫正工作制定的专门性法律，推动了我国社区矫正工作的规范化与法治化。

自社区矫正工作开展以来，全国各级检察机关依法履行法律监督职责，主动探索与社区矫正特点相适应的法律监督方式，为促进社区矫正的依法顺利开展，维护社会和谐稳定和公平正义作出了积极贡献。但是在司法实践中，社区矫正法律监督工作仍然存在监督方式单一、监督效果弱化、监督不够规范等问题。对此，2021 年 4 月 16 日，最高人民检察院发布的《"十四五"时期检察工作发展规划》提出明确要求，要探索对社区矫正机构巡回检察。近年来，巡回检察作为检察履职方式的重大改革，在监狱、看守所等监管场所逐步推广、稳步推进，积累了丰富的理论和实践经验。由此，将巡回检察制度应用于社区矫正法律监督之中，便成为新时代检察工作特别是刑事执行检察工作的重点之一。在本案中，检察机关将巡回检察与社区矫正工作相结合，具有以下三方面可供借鉴的经验：

第一，积极探索符合区域特点的社区矫正巡回检察模式。社区矫正巡回检察一般可以分为四种基本方式，即常规、专门、机动和交叉巡回检察。各地可以依据社区矫正对象的人员数量、违法问题严重程度等不同情形，灵活选择巡回检察方式，并尝试综合运用各类巡回检察方式，提升法律监督质效。在本案中，检察机关将常规巡回检察与专门巡回检察相结合，对金山区司法局下辖司法所开展两轮巡回检察，并将在册罪犯暂予监外执行条件是否变化、消失作为巡回重点，最终发现案件线索、深入开展了法律监督。

第二，巡回检察应当立足于检察机关法律监督职能，突出重点。社区矫正巡回检察应当有所侧重，找准监督重点，提升监督敏感性。首先，要突出对减刑、假释、暂予监外执行案件的监督。注重发掘人民群众关心和社会广泛关注案件中的违规违法减刑、假释、暂予监外执行问题。其次，要突出对职务犯罪、涉黑涉恶犯罪、金融犯罪等罪犯非监禁刑事执行活动的监督，突出对涉黑涉恶犯罪违法线索摸排情况和生效裁判涉财产性判项执行情况的监督。最后，要突出对涉民营企业社区矫正对象外出从事生产经营活动，依法行使财产权和经营权合法权益的监督，以法律监督高效履职服务保障民营经济高质量发展。例如，在本案中，罪犯崔某某系职务犯罪服刑人员，依法属于从严审批监管对象，且属异地执行。据此，巡回检察组将崔某某的执行情况作为法律监督的重点对象。

第三，借助"外脑"智识，提升巡回检察专业水平。由于暂予监外执行涉及复杂的病情诊断和医学鉴定，需要医学专家或专业医务人员的检查评定，因此社区矫正巡回检察一般应邀请法医技术人员或医疗专家参与，并将专家个人意见建议形成书面报告，供巡回检察组决策参考。同时，还可邀请人大代表、政协委员、人民监督员等有关人员参与，提高社区矫正巡回检察的公信力、透明度和客观中立性。在本案中，检察机关及时调取原始病历材料，咨询、听取医师等有专门知识的人员意见，对矫正对象病情形成专业性诊断，并邀请区人大代表、政协委员等参与，增强了监督工作的透明度，确保了复查结果的客观、公正与公开。

本案将巡回检察与社区矫正工作充分结合，积极探索社区矫正巡回检察的方式方法、重点内容与办案机制，对推动形成社区矫正巡回检察工作新理念、新范式具有一定的借鉴意义。

（张栋，华东政法大学刑事法学院院长、教授，博士生导师）

罪犯盛某某暂予监外执行监督案*

【关键词】

暂予监外执行监督　实质化审查　检察听证　有专门知识的人

【办案要旨】

人民检察院办理暂予监外执行监督案件时，应当加强实质化审查，准确把握暂予监外执行的适用条件。审查过程中，可以引入检察听证程序，邀请人民监督员、人大代表、政协委员、群众代表等参与听证，以"兼听"避免"偏信"。必要时可邀请医生、法医等具有专门知识的人，辅助对病情诊断等材料的审查判断，促进检察机关更加客观、准确地认定事实、适用法律。

【基本案情】

罪犯盛某某，男，1944年8月8日出生，于2021年4月9日被上海市金山区人民法院（以下简称"金山区法院"）以保险诈骗罪判处有期徒刑5年6个月，并处罚金人民币6万元。罪犯盛某某家属以盛某某患严重疾病为由向金山区法院申请暂予监外执行。

【检察机关履职过程】

（一）线索发现

金山区法院启动暂予监外执行程序后，委托上海市监狱总医院进行病情

---

* 本案例系2021年上海检察机关刑事执行检察监督优秀案例推荐案例。

诊断，诊断意见为盛某某患间质性肺炎、毁损肺、重度限制性通气功能障碍。金山区法院于 2021 年 5 月 28 日向上海市金山区人民检察院（以下简称"金山区检察院"）征求暂予监外执行检察意见。

（二）调查核实

金山区检察院对盛某某是否符合暂予监外执行条件开展实质化审查。为核实其健康状况，金山区检察院审查了其病史资料、开展了走访调查，还委托上海市人民检察院检察技术部门对其病情诊断书、病历等材料进行了技术性证据审查。为分析其社会危险性，金山区检察院向侦查机关、金山区法院了解其认罪悔罪态度及配合治疗的情况，并对申请材料、社区矫正执行地的调查评估意见、保证人情况等进行了核查。为保证办案的公开透明及公平公正，金山区检察院决定以公开听证的方式办理本案。金山区检察院邀请上海市金山区中西医结合医院副主任医师刘某某及人民监督员、区人大代表担任听证员。听证会上，检察官、公安民警、区看守所驻所医生、盛某某亲属及辩护人等人依次就原案办理情况、盛某某的身体健康状况、认罪悔罪情况发表意见、出示证据，盛某某因身体原因不能到场，以视频连线的方式接受了检察官、听证员的询问。听证员认真查阅相关证据并进行充分讨论和深入评议，认为罪犯盛某某患间质性肺炎、毁损肺，常年吸氧，身体虚弱，可能有生命危险，不适宜入监服刑，同意司法机关对其暂予监外执行。

（三）监督意见

经严格审查和公开听证，检察机关认为：罪犯盛某某严重反复肺部感染致肺损毁、重度限制性通气功能障碍，符合《保外就医严重疾病范围》第 4 条第 1 款之相关规定，且其有具备保证条件的保证人、社会危险性小、再犯可能性小，符合暂予监外执行条件。2021 年 7 月 8 日，金山区检察院制发沪金检执检暂意〔2021〕Z6 号《暂予监外执行提请检察意见书》，向金山区法院提出对盛某某暂予监外执行符合法律规定的检察意见。

（四）监督结果

2021 年 7 月 13 日，金山区法院制作〔2021〕沪 0116 刑更 5 号《暂予监外执行决定书》，决定对罪犯盛某某暂予监外执行。

【典型意义】

（1）人民检察院办理暂予监外执行监督案件，应当加强实质化审查，全面依法审查证据材料，确保案件程序合法和实体公正。暂予监外执行是刑罚的变更执行，受到社会的普遍关注，是检察监督的重点。人民检察院应准确把握暂予监外执行案件实质化审查的基本要求，坚持全面依法审查并充分调查核实，既要严格审查实体，也要强化程序合法；既要注重审查罪犯本身的身体状况等客观方面，也要注重审查罪犯认罪悔罪、改造意愿、社会危险性等主观方面。对于没有证据证实或者证据不确实、不充分的，不得暂予监外执行。

（2）人民检察院在办理暂予监外执行监督案件过程中，可采用检察听证方式，以"公开促公正赢公信"。近年来，违规办理暂予监外执行案件屡有发生，对司法公信力造成严重损害。通过公开听证，把当事人及相关各方、社会人士请进来发表意见，充分吸纳各方观点，有利于更全面、客观、科学地判断当事人是否符合暂予监外执行条件，消除当事人及公众对司法办案的疑惑，有效监督制约检察权运行，避免司法腐败，积极回应新时代人民群众对民主、法治、公平、正义的更高要求。

（3）人民检察院在办理暂予监外执行监督案件时，可以委托检察技术部门或者邀请有专门知识的人辅助审查，发挥专业优势，协助解决专门性问题或者提出意见。人民检察院在办理暂予监外执行案件过程中，可委托检察技术部门进行技术性审查，辅助检察官判断是否符合保外就医条件。在开展检察听证时，也可邀请有专门知识的人如医生等作为听证员参与，发挥听证员的专业优势，将专家听证员的意见作为依法处理案件的重要参考，有效增强检察听证的准确度和说服力，杜绝"纸面服刑""保而不医"现象的发生，促进社会的和谐稳定。

【专家点评】

暂予监外执行，是暂时性变更被监管人员执行场所的执行方法。作为一种重要的刑罚执行方式，其体现了我国宽严相济的刑事政策，彰显了刑罚的人道主义精神，同时对于激励被监管人员积极改造、促进他们回归社会也具有重要意义。但是，在暂予监外执行制度的具体运行过程中，存在违规操作、监督缺位、司法腐败等诸多问题，特别是近年来引发舆论广泛关注的云南孙某果案、北京郭某思案、内蒙古巴图某某案等"纸面服刑"案件，严重影响了司法机关的权威性与公信力。

2021 年出台的中共中央《关于加强新时代检察机关法律监督工作的意见》明确提出:"完善对刑罚变更执行的同步监督机制,有效防止和纠正违法减刑、假释、暂予监外执行。"2023 年 5 月最高人民法院、最高人民检察院、公安部、国家安全部、司法部、国家卫生健康委员会联合印发的《关于进一步规范暂予监外执行工作的意见》明确了暂予监外执行实体标准、规范办案程序、强化监督制约、严格工作责任,也对检察院监督暂予监外执行执法办案作了进一步规范。加强对暂予监外执行的法律监督,已成为新时代检察机关法律监督的重要环节和推动司法公正的重要途径之一。

在暂予监外执行法律监督中,对核心证明对象开展实质化审查,准确判断罪犯的身体情况,是确保法律监督质效的前提。根据《刑事诉讼法》第 265 条的规定,对于申请暂予监外执行的罪犯,除需要对其判处刑罚情况、社会危险性情况等事实进行证明外,核心证明对象便是其身体情况事实,包括严重疾病、妇女怀孕或者正在哺乳自己婴儿、生活不能自理等三类情形。检察机关开展监督的方式主要是对罪犯病情(妊娠)诊断书、鉴别意见及病历等相关材料进行审查。但是,由于审查医院诊断证明等材料的真实性和准确性需要具备一定的医学等专业知识,而检察人员一般不具备相关知识,对罪犯是否符合暂予监外执行的法定条件往往很难进行实质化审查。此外,由于暂予监外执行提请审查期限的限制,也容易导致实质化审查效果不理想。本案中,检察机关通过各种方式,对罪犯盛某某申请暂予监外执行开展了实质化审查,具有诸多值得借鉴的经验做法。

第一,全面获取审查材料。检察机关应当与法院、看守所、监狱积极沟通,明确移送审查的具体材料,包括法律文书、病情诊断书(或妊娠检查书等),并附以能够据以判断的全部材料,如检查报告、影像学资料、病历材料、社会调查报告、居住地核实采信材料、保证人材料等。唯有确保审查材料的充分,才能为开展实质化审查工作提供基础性条件。在本案中,金山区检察院审查了盛某某的病史资料、开展了走访调查,还委托上海市人民检察院检察技术部门开展了技术性证据审查,为准确核实其健康状况奠定了基础。

第二,充分运用调查核实权。《人民检察院组织法》第 21 条明确了检察机关的调查核实权。检察机关在审查暂予监外执行申请的过程中,发现存在疑点,或者材料不充分不足以证实相关事实的,可以视案件具体情况依法进一步开展调查核实。具体而言,检察机关可以通过依法开展询问、讯问、调取材料、向有关部门查询信息等方式调查核实，从而摒弃仅停留于纸面的书面化、形式化审查模式。在本案中，金山区检察院向侦查机关、金山区法院了解了盛某某认罪悔罪态度及配合治疗的情况，并对申请材料、社区矫正执行地的调查评估意见、保证人情况等进行了核查，保证了对盛某某社会危险性分析的准确性。

第三，积极寻求外脑辅助。检察人员缺失专业知识是制约其对暂予监外执行开展实质化监督的核心因素。因此，应当积极寻求具备专业知识的人开展外脑辅助审查。实践中，可以通过委托有资质的鉴定机构开展技术性证据审查、自行组织开展病情诊断等鉴别活动、聘请或者询问特定领域的专家等方式，综合审查相关案件材料的真实性、可靠性。在本案中，金山区检察院邀请上海市金山区中西医结合医院副主任医师刘某某担任听证员，对盛某某的身体健康状况发表意见，为是否批准暂予监外执行提供了重要的专业性参考。

本案对于检察机关如何准确把握暂予监外执行的适用条件、加强实质化审查工作，具有一定的借鉴意义。

（张栋，华东政法大学刑事法学院副院长、教授，博士生导师）

社区矫正对象程某提请撤销缓刑监督案[*]

【关键词】

撤销缓刑监督　实质化审查　收监必要性评估　公开听证

【办案要旨】

人民检察院办理提请撤销缓刑监督案件，应当准确把握缓刑撤销制度的内涵和意义，对是否符合撤销缓刑条件开展实质化审查。案件办理中可结合社区矫正对象实施违法行为的具体情形，探索开展收监执行必要性的评估，必要时可进行公开听证。对于违法行为尚未达到"情节严重"，不需要收监执行的矫正对象，应关注其实施违法行为的原因，督促司法行政机关优化矫正方案，真正实现缓刑刑罚制度的价值。

【基本案情】

罪犯程某，男，1991年2月14日出生，于2020年8月28日被上海市静安区人民法院（以下简称"静安区法院"）以诈骗罪判处有期徒刑3年，缓刑3年，缓刑考验期自2020年9月10日起至2023年9月9日止。2020年9月22日，静安区法院宣告程某在上海市金山区司法局（以下简称"金山区司法局"）接受社区矫正。2022年2月11日，程某因赌博被上海市公安局金山分局（以下简称"金山公安分局"）处以行政拘留5日，并罚款500元的行政处罚。金山区司法局以程某实施了违法行为且情节严重为由提请撤销缓刑，

---

* 本案例系2023年最高人民检察院刑事执行检察监督优秀案例推荐案例。

并征求上海市金山区人民检察院（以下简称"金山区检察院"）意见。

【检察机关监督情况】

（一）线索发现

罪犯程某在社区矫正期间因赌博于 2022 年 2 月 11 日被金山公安分局处以行政拘留 5 日，并罚款 500 元的行政处罚。金山区司法局认为，罪犯程某在社区矫正期间赌博属于"社区矫正对象违反有关法律、行政法规和监督管理规定，情节严重的情形"，根据《社区矫正法实施办法》第 46 条第 1 款第 5 项的规定，拟向原审静安区法院提出撤销缓刑建议书，同时征求检察机关意见。

（二）调查核实

为精准开展撤销缓刑监督，尤其是针对程某违法违规行为是否属于"情节严重"，金山区检察院开展实质化审查。一是全面开展调查核实。检察人员至负责对程某执行社区矫正的金山区司法局金山卫司法所查阅档案，核实程某接受社区矫正管理的情况及日常表现等。与程某本人谈话，了解其个人生活及工作情况，核实其被行政拘留的具体事实。经调查，程某在本地有固定居住地，能够按时报到，除偶有未按规定参加点名并无其他不良表现，并全面了解了程某此次违法的客观行为、主观动机及悔过反省状况。二是开展收监执行必要性评估。金山区检察院创新制定了《收监执行量化评估表》，聚焦原案社会危害性、社区矫正表现、工作表现三个维度，并细化 60 余项内容，以可量化的方式将社区矫正对象的综合表现、违法情形及社会危险性立体式呈现出来，便于直观判断程某此次赌博违法行为的社会危害程度和对社区的影响。三是举行公开听证会，听取各方意见。为全面、客观考量程某的违法违规行为是否达到收监执行的必要程度，金山区检察院邀请公安机关、社区矫正部门等各方参与检察听证会，就程某违法违规行为的社会危害性、主观恶性、悔过情况及日常表现充分发表意见并出示证明材料，阐述检察机关开展收监执行必要性评估的过程以及理由、依据。最终，听证员、人民监督员以及司法行政机关等有关部门达成一致意见，认定程某赌博违法违规行为尚未达到"情节严重"标准，不符合撤销缓刑的条件，没有必要收监执行。

（三）监督意见

经过全面的实质化审查和公开听证，检察机关认为：社区矫正对象程某虽实施了赌博的违法违规行为，但属偶犯、数额较小，且积极配合调查，社会危害较小，尚不符合《社区矫正法实施办法》第 46 条第 1 款第 5 项"其他违反有关法律、行政法规和监督管理规定，情节严重"的情形。2022 年 3 月 11 日，金山区检察院作出程某不符合撤销缓刑条件的检察意见，并建议金山区司法局对程某加强教育，优化矫正方案，督促其严格遵守法律法规、监管规定。

（四）监督结果

2022 年 3 月 15 日，金山区司法局采纳检察机关意见建议，未向静安区法院提请对程某收监，并针对程某的实际情况制定更为严格、更有针对性的矫正方案，联合派出所民警和家属做好程某的思想工作，杜绝违法违规情况再次发生，促进其早日回归、融入社会。

【典型意义】

（1）人民检察院办理提请撤销缓刑监督案件，应当开展实质化审查。依法对宣告缓刑的罪犯实施社区矫正，对贯彻落实宽严相济刑事政策，实现惩罚与教育的刑罚目的具有重要意义。一旦撤销缓刑，将使刑罚执行由社区矫正变为完全剥夺自由的监禁刑，而撤销不当会严重偏离罪责刑相适应的原则。因此，人民检察院对于社区矫正机构提请撤销缓刑的案件，应当针对社区矫正对象是否符合撤销缓刑条件开展实质化审查。人民检察院应当通过查阅档案、走访调查、询问当事人和知情人等多种方式全方位了解案件情况，既要着重违法行为本身的主客观方面，也要关注社区矫正对象的日常表现，不能仅以行政处罚等单一、机械的标准来判定"情节严重"，而应当以实质化审查来实现罪责刑相适应。

（2）人民检察院可以探索开展收监执行必要性评估机制，准确判断社区矫正对象是否符合撤销缓刑条件，必要时举行公开听证会。人民检察院应当能动履职，主动探索新方式、新方法提升检察监督质效。探索开展收监执行必要性评估，可实现对社区矫正对象多维度、多角度的评价，让社区矫正对象的综合表现、违法违规情形及社会危险性更直观、更立体地呈现出来，从而更全面、更科学地判断社区矫正对象的违法违规行为是否达到收监执行必要。对于案件事实认定、法律适用、处理意见可能有争议的案件，检察机关应主动开展公开听证，充分吸纳各方观点，有效监督制约检察权运行。公开听证不仅有助于形成更客观公正的处理意见，还能更有力地开展释法说理，让被监督机关和案件当事人心悦诚服、消除疑惑，同时积极回应新时代人民群众对民主、法治、公平、正义的更高要求。

（3）人民检察院对于实施了违法行为但没有收监执行必要的社区矫正对象，可以督促社区矫正机构优化矫正方案，避免"一放了之"。缓刑社区矫正对象在考验期内实施了违法违规行为，虽尚未达到撤销缓刑的条件，但也反映出社区矫正对象在遵纪守法等方面并未达到理想的改造效果，需要制定更加有针对性、更有效的矫正方案。人民检察院可以延伸检察监督效果，督促司法行政机关并加强配合，针对社区矫正对象的违法行为特点优化矫正方案，联合派出所民警和家属做好社区矫正对象的思想工作，杜绝违法违规情况再次发生，真正实现刑罚的作用和目的，促进缓刑矫正对象早日回归、融入社会。

【专家点评】

刑事执行检察是刑罚执行领域违法问题的监督纠正利器，无论是"大墙内"的派驻检察和巡回检察，还是"大墙外""社区中"的社区矫正检察，越来越受到社会公众的重点关注。尤其是社区矫正检察，监督履职的阵地在"社区"，在人民群众身边，与人民群众的工作生活密切相关，容易受到人民群众的关注。为满足人民群众对刑事执行检察的新需求新期待，2021 年出台的中共中央《关于加强新时代检察机关法律监督工作的意见》，对新时代检察监督工作包括刑事执行检察工作提出了明确要求，要求检察机关进一步加强对社区矫正的监督，促进严格依法监管，增强罪犯改造成效。依法对判处管制、宣告缓刑、假释和暂予监外执行等四类人员实施社区矫正，对贯彻落实宽严相济刑事政策，实现惩罚与教育的刑罚目的，推进国家治理体系和治理能力现代化具有十分重要的意义。2020 年 7 月 1 日起实施的《社区矫正法》第一次以法律的形式明确了人民检察院依法对社区矫正工作实行法律监督，检察机关社区矫正监督的监督依据、监督定位更加清晰。同时，《社区矫正法》进一步细化了社区矫正监管机制、教育措施、帮扶手段等工作内容和工作程序，更加有利于检察机关依法开展社区矫正监督工作，也给检察机关提出了新的更高的要求。本案中，检察机关针对社区矫正对象提请撤销缓刑展开法律监督，具有以下几方面的借鉴意义与启示：

第一，坚持以人民为中心，依法能动履行法律监督职责。检察机关应当坚持依法能动履行法律监督职责，确保宪法法律的正确实施，切实维护国家安全、社会安定和人民安宁。《社区矫正法》规定，对被判处管制、宣告缓刑、假释和暂予监外执行的罪犯，依法实行社区矫正。人民检察院依法对社区矫正工作实行法律监督。人民检察院应当加强对社区矫正机构监督管理和教育帮扶等工作的法律监督，保障社区矫正工作依法进行，促进社区矫正对象回归社会，预防社区矫正对象再次违法犯罪。在开展社区矫正法律监督工作时，应当通过日常检察和专项检察、全面检察和重点检察、书面审查和实地调查相结合等方式，准确适用法律、精准提出监督意见，保障刑事执行依法进行。在本案中，检察机关能动履行法律监督职责，前往对程某执行社区矫正的金山区司法局金山卫司法所查阅档案，核实程某接受社区矫正管理的情况及日常表现，并与程某本人谈话，了解其个人生活及工作情况，核实其被行政拘留的具体事实，主动、全面开展了调查核实。

第二，坚持以法律为准绳，依法认定撤销缓刑情形。人民检察院办理撤销缓刑监督案件时，应当全面考量行为人的主客观情形，依法认定其行为是否符合"其他违反有关法律、行政法规和监督管理规定，情节严重的"撤销缓刑情形。在认定是否达到"情节严重"时，应当全面考量社区矫正对象违反有关法律、行政法规和监督管理规定行为的性质、次数、频率、手段、事由、后果等客观事实，并在准确把握其主观恶性大小的基础上综合认定。在本案中，金山区检察院创造性地制定了《收监执行量化评估表》，从原案社会危害性、社区矫正表现、工作表现等三个维度和60余项具体内容，以可量化的方式将社区矫正对象的综合表现、违法情形及社会危险性全景式呈现出来，从而更为直观地判断了程某违法行为的社会危害程度和对社区的影响，确保了收监执行必要性评估的可视化、准确性。

第三，延伸检察监督效果，促进社区矫正工作提质增效。对社区矫正工作中存在的普遍性、倾向性问题，人民检察院应当充分运用检察建议等方式提升监督效果。检察建议不仅是检察机关履行法律监督职责的重要方式，也是检察机关积极参与社会治理的有效途径，可以为有关部门建章立制、堵塞漏洞、促进社区矫正工作全面提升发挥重要作用。通过将社区矫正法律监督的效果由一案一事拓展至制度规范，能够促进实现更高层面、更高水平的源头治理。在本案中，金山区检察院在办理撤销缓刑案件的同时，还针对社区矫正对象的违法行为特点，建议社区矫正部门进一步优化矫正方案，最大限度发挥法律监督促进社会治理的效果，实现法律监督工作和社区矫正工作的双向促进与提升。

本案对于准确把握缓刑撤销的实质条件、探索收监执行必要性评估、以法律监督助推社区矫正工作，具有一定的参考价值。

（张栋，华东政法大学刑事法学院副院长、教授，博士生导师）

社区矫正对象李某终止撤销缓刑监督案*

【关键词】

社区矫正监督 撤销缓刑 法律监督应用模型 公开听证

【办案要旨】

人民检察院开展社区矫正法律监督工作，应加大对撤销缓刑、收监执行等终止矫正活动的监督力度。对拟提请撤销缓刑的社区矫正对象的违法违规行为是否达到"情节严重"，要结合多方面因素进行综合审查判断。人民检察院可以通过法律监督应用模型对撤销缓刑的必要性开展辅助量化评估，并结合公开听证对案件进行全面审查，准确提出检察意见，维护刑罚执行的公平公正。

【基本案情】

社区矫正对象李某，男，1986年7月出生，某物流公司实际经营者。2022年9月6日因犯虚开增值税专用发票罪被浙江省海盐县人民法院判处有期徒刑1年4个月，缓刑1年10个月，在上海市金山区社区矫正机构接受社区矫正。2023年2月1日，李某在社区矫正期间因违规使用明火作业被上海市公安局金山分局行政拘留5日。金山区社区矫正机构以李某在缓刑考验期内有违法行为、情节严重为由提出撤销缓刑建议，并于2月16日征求上海市金山区人民检察院意见。金山区人民检察院全面开展调查核实，探索设计运

---

* 本案例入选2024年3月上海检察机关社区矫正法律监督典型案例。

用"撤销缓刑必要性量化评估模型"对李某是否达到撤销缓刑条件进行数据分析，并采用公开听证方式开展实质化审查，最终提出李某不符合撤销缓刑条件的检察意见，同时建议金山区社区矫正机构加强对李某的监管与教育。金山区社区矫正机构采纳检察机关意见和建议，终止对李某提请撤销缓刑程序，并对李某开展针对性的监管教育。

【检察机关履职过程】

（一）线索发现

2023年2月16日，金山区社区矫正机构向金山区人民检察院制发《征询意见函》，认为社区矫正对象李某在缓刑考验期内违规使用明火作业，被上海市公安局金山分局处以行政拘留5日的行政处罚，属于《社区矫正法实施办法》第46条第1款第5项规定的"其他违反有关法律、行政法规和监督管理规定，情节严重的情形"，拟向金山区人民法院提出撤销缓刑建议。

（二）调查核实

针对李某的违法行为是否达到"情节严重"、应当撤销缓刑的程度，金山区人民检察院开展以下调查核实工作：一是调阅李某原判法律文书、社区矫正档案以及《行政处罚决定书》。二是询问李某，与金山区相关司法所社区矫正专职干部、社工及李某居住地派出所社区民警进行访谈，对李某违规使用明火进行电焊作业的现场进行实地走访，了解李某在社区矫正期间的表现，以及此次违法行为产生的原因、主观动机、后果及李某悔过反省等情况。经调查核实，李某在接受社区矫正期间表现良好，无其他违法违规记录；经营的物流公司有员工40余名、车辆20余辆，处于发展上升期；其因企业经营活动需要，申请经常性跨市县活动并获批准，在外出期间能遵守相关规定，定期汇报本人活动情况并接受检查；此次违规使用明火作业系因业务需要紧急出车，但车辆保险杠脱落，李某在情急之下无证焊接，违反了法律规定。三是创新设计"撤销缓刑必要性量化评估模型"，该模型设定"原案社会危险性""缓刑考验期表现""单独考量项目""否决项目"四个评价大项，设置合理的权重赋值；从原案刑事判决书、社区矫正档案、违法违规处罚文书以及其他证据材料中采集60余项信息数据，进行数据转化与处理，作为量化评估要素，在四个评价大项中分别设置对应评价指标和分值；设定基础分100分，通过各项评估要素的加减分值计算，结合评价项目权重，得出撤销缓刑必要性的分值，对总分低于 60 分的社区矫正对象，提示可能符合撤销缓刑、收监执行的条件。通过该模型辅助量化评估，可得出李某的违法行为尚未达到情节严重、应当撤销缓刑的程度。四是举行公开听证，邀请人大代表、政协委员及人民监督员作为听证员，围绕李某违法行为的社会危害性、主观恶性、悔过情况及社区矫正期间日常表现等，充分听取社区矫正专职干部、社工等意见，以及李某的陈述，并审查相关证据材料。经评议，听证员一致认为，李某在社区矫正期间表现良好，本次实施违法行为的主观恶性较小、社会危险性不大，尚未达到"情节严重"标准。此外，李某系物流公司经营者，让其继续接受社区矫正也有利于保障企业发展，维护社会稳定，因此不建议对其撤销缓刑。

（三）监督意见

金山区人民检察院审查认为，社区矫正对象李某在社区矫正期间惯常表现良好，虽然本次因实施违法行为受到行政拘留 5 日的处罚，但其主观恶性、社会危险性不大，不属于"其他违反有关法律、行政法规和监督管理规定，情节严重的情形"。2023 年 2 月 23 日，金山区人民检察院依法向金山区社区矫正机构提出李某不符合撤销缓刑条件的检察意见；同时建议社区矫正机构对李某加强针对性监管与教育。

（四）监督结果

2023 年 3 月 15 日，金山区社区矫正机构书面回复采纳检察机关意见，终止提请撤销缓刑，并优化李某的社区矫正方案，教育其严格遵守法律法规，防止其再次违法违规。后金山区人民检察院会同金山区社区矫正机构回访李某经营的公司，督促李某增强法治意识，珍惜改造机会，认真接受矫正，依法经营企业，努力回归社会。

【典型意义】

（1）人民检察院在开展社区矫正法律监督工作中，对于社区矫正对象的违法行为是否达到"情节严重"应当全面调查核实、综合审查认定。撤销缓刑是终止社区矫正、收监执行原判刑罚的法定程序，人民检察院应通过查阅档案材料、现场走访调查、询问有关人员等多种方式，充分开展调查核实，全面掌握社区矫正对象的原判刑罚、认罪悔罪态度、社区矫正期间惯常表现、违法违规行为的社会危险性等方面情况。对社区矫正对象实施的违法违规行为，不能简单以行政处罚轻重作为判断是否达到"情节严重"的唯一标准，应当综合审查、准确认定该行为是否具有撤销缓刑的必要性，确保刑罚执行的公正性。

（2）人民检察院应充分发挥法律监督应用模型优势，对社区矫正对象撤销缓刑的必要性进行量化辅助评估。司法实践中，对于如何认定社区矫正对象是否存在"其他违反有关法律、行政法规和监督管理规定，情节严重的情形"，各地执法尺度不一，影响刑罚执行的公平性。人民检察院可以创新监督方式方法，探索研发和运用法律监督应用模型，对社区矫正对象的原判刑罚、社区矫正表现、实施违法行为的主观恶性、造成后果、继续接受社区矫正可能产生的风险等因素进行量化评估，辅助判断是否符合撤销缓刑的条件。法律监督应用模型要通过监督办案中的实践运用，不断进行优化完善，确保评估结果更加科学准确。

（3）人民检察院可以采取听证方式开展社区矫正检察案件审查，以公开促公正、树公信。对于事实认定、法律适用、处理意见可能存在争议的社区矫正检察案件，人民检察院可以主动开展公开听证，充分听取各方意见，更全面、客观地进行审查监督。同时，在听证过程中应注重释法说理，积极回应新时代人民群众对民主、法治、公平、正义的更高要求，实现监督办案政治效果、法律效果和社会效果的有机统一。

【专家点评】

《社区矫正法》规定，人民检察院依法对社区矫正工作实行法律监督。自《社区矫正法》实施以来，全国各级检察机关刑事执行检察部门努力践行"讲政治、顾大局、谋发展、重自强"的新时代检察工作总要求，立足法律监督主责主业，在做实做优做强社区矫正检察上下功夫，依法强化了对社区矫正各环节的法律监督。在本案中，检察机关依法对社区矫正对象李某终止撤销缓刑展开法律监督，具有以下几方面的启示：

第一，撤销缓刑审查标准更加实质化、全面化。最高人民检察院印发的第三十三批指导性案例之社区矫正对象孙某某撤销缓刑监督案（检例第131号）所确立的指导意见为"人民检察院办理撤销缓刑监督案件时，应当全面考量行为人主客观情形，依法判断是否符合'其他违反有关法律、行政法规和监督管理规定，情节严重'的撤销缓刑情形"。作为《社区矫正法》的配套性文件，《社区矫正法实施办法》第 46 条第 1 款第 5 项，对社区矫正对象撤销缓刑情形规定了兜底条款。从体系解释的角度来看，在适用兜底条款时，对于相关情形的把握应当参照业已明确规定的其他情形。在认定是否达到"情节严重"时，应当全面考量社区矫正对象违反有关法律、行政法规和监督管理规定行为的性质、次数、频率、手段、事由、后果等客观事实，在准确把握其主观恶性大小的基础上作出综合认定。在本案中，金山区人民检察院研发并运用法律监督应用模型，设定"原案社会危险性""缓刑考验期表现""单独考量项目""否决项目"四个评价大项，采集 60 余项信息数据作为评估要素，对社区矫正对象撤销缓刑的必要性进行量化评估，辅助判断是否符合撤销缓刑的条件，有效增强了撤销缓刑标准审查的可视化、准确度与全面性。

第二，撤销缓刑审查程序更加规范化、透明化。在开展撤销缓刑法律监督的过程中，根据案件情况的不同，可以适用书面审查与言词审查等方式。对于案件事实清楚、社区矫正对象对相关事实没有异议的，在听取社区矫正对象的意见后，检察机关可以书面方式进行审查。而对于事实认定、法律适用、处理意见可能存在争议的社区矫正法律监督案件，检察机关可以采取听证方式展开审查，充分听取各方意见，更为全面、客观地进行审查监督。在本案中，金山区人民检察院通过举行公开听证，邀请人大代表、政协委员及人民监督员作为听证员，围绕李某违法行为的社会危害性、主观恶性、悔过情况及社区矫正期间日常表现等，充分听取了社区矫正专职干部、社工等意见，以及李某的陈述，并审查了相关证据材料。通过公开听证，不仅有利于事实的调查、证据的核实，也有助于保护社区矫正对象的合法权益，并在听证过程中通过释法说理，实现监督办案政治效果、法律效果和社会效果的有机统一。

本案对于如何推进撤销缓刑审查标准实质化、审查程序规范化具有一定的参考价值。

（张栋，华东政法大学刑事法学院副院长、教授，博士生导师）

未成年人检察

筑牢校园安全线 守护成长金港湾*
——刘某某支持起诉综合履职案

【关键词】

支持起诉　行政公益诉讼　体育场所安全　诉源治理

【办案要旨】

检察机关在开展支持起诉、行政公益诉讼等综合履职时，要认真进行调查核实，夯实证据基础，保障履职效果。针对校园内体育场所暴露的管理漏洞等问题，应及时通过向行政机关制发行政公益诉讼诉前检察建议等方式，督促完善监管，切实保护校园内未成年人的生命权、健康权。检察机关还应能动履职，针对校园安全问题联动相关职能部门，强化协作，共同推进诉源治理，实现双赢多赢共赢。

【基本案情】

刘某某系上海市金山区某中学学生，以及该校攀岩队队员。2021年12月9日16点40分左右，刘某某在学校攀岩场地参与日常高空攀爬训练时，因未佩戴安全扣，从4米高处摔落，后立即被送医治疗。经诊断，刘某某左尺骨茎突骨折、桡骨远端骨折、多发性骨盆骨折、左侧耻骨分支骨折、左侧骶骨分支骨折。经鉴定，其伤势构成伤残9级、10级。案发后，学校及其委托的

* 本案例入选2022年度上海检察机关未检部门参与社会治理优秀案（事）例，入选2024年2月上海检察机关"未成年人检察综合履职"典型案例。

第三方培训机构上海某华体育发展有限公司虽为原告支付了全额医药费，但双方对护理费、营养费、伤残等级赔偿费等费用的给付产生分歧，后原告至检察机关申请支持起诉。

【检察机关履职过程】

（一）调查核实

检察机关接收到本案原告的申请支持起诉后，2022年7月15日，承办检察官走访涉案学校与第三方培训机构调查，查明双方攀岩项目培训协议，约定由第三方培训机构在校园内的攀岩场地对学生进行初级攀岩培训和教学。当日，第三方培训机构的攀岩教练在上课时，未严格执行安全检查规定，未履行查看学生安全扣佩戴的规范操作，而是让学生采用自挂自锁、互相监督的方式检查安全扣的佩戴，以致存在管理漏洞和安全隐患，给攀岩人员的人身安全带来极大风险。事发时，刘某某在进行高空攀爬前，因未对自身佩戴的安全扣进行检查，攀岩教练也未履行检查监督职责，导致刘某某爬到4米多高的位置时，按照训练要求直接从岩壁上下跳，落地时才发现自己并没有系上安全扣，后立即被送医治疗。同时，通过查看案发现场，发现涉案攀岩场地缺少清晰、醒目的危险区域警示标识和安全防护措施，涉案场地安全保障不足，不利于保护未成年人安全。

（二）支持起诉

事发后，刘某某及其法定代理人认为学校和第三方培训机构未尽到保障安全防护设施正常运转的义务，且在运动过程中未对现场进行有效管理，在事发当场攀岩教练和学校老师均未在原告身边，造成严重后果。虽然第三方培训机构支付了全额医药费，但双方对护理费、营养费、伤残等级赔偿费等费用的给付仍存在分歧，刘某某及其代理人遂决定提起民事诉讼。刘某某及其法定代理人、诉讼代理人能够收集提供门诊记录、医药费发票等证据材料，但向学校及攀岩公司调取委托培训合同、现场管理人员证人证言等相关重要证据时遇到障碍，对方不予配合，影响到民事诉讼的顺利进行，遂至检察机关申请支持起诉。

检察机关经审查认为，攀岩是一项相对较为高危的运动，刘某某作为未成年人，虽自愿参加攀岩训练，且对攀岩风险有一定认识，但其系学校攀岩队队员，是根据学校及第三方培训机构的安排开展训练，且毕竟为限制民事行为能力人，对攀岩风险在认知水平和判断能力上与成年人存在差距，不应当适用自甘风险原则自行承担后果。事发时，学校及攀岩机构未尽到合理的照顾及安全保障义务，未采取有效措施避免或降低损害发生，致使刘某某从高处跌落。《民法典》第 1201 条规定，无民事行为能力人或者限制民事行为能力人在幼儿园、学校或者其他教育机构学习、生活期间，受到幼儿园、学校或者其他教育机构以外的第三人人身损害的，由第三人承担侵权责任；幼儿园、学校或者其他教育机构未尽到管理职责的，承担相应的补充责任。本案学院及第三方培训机构应当承担相应的民事责任，李某某及其法定代理人作为原告一方，在向学校、攀岩机构调取证据等方面存在困难，依据《民事诉讼法》第 15 条的规定，检察机关依法决定支持起诉。此后，检察机关依法向学校及第三方培训机构调取委托培训合同，并走访事发现场人员，制作证人证言，构建了较为完善的证据链。原告向法院提起民事诉讼后，2022 年 10 月 12 日，检察机关依法向法院发出书面支持起诉书。2023 年 3 月 7 日，法院调解结案，由第三方培训机构和学校赔偿刘某某损失共计人民币 26 万元。

（三）行政公益诉讼

在办理此案过程中，根据涉案攀岩场地情况，检察机关认为，我国《体育场所开放条件与技术要求　第 4 部分：攀岩场所》（GB 19079.4—2014）规定，攀岩场所需要有清晰、醒目的危险区域警示标识和安全防护措施，在醒目位置应有"攀岩人员须知"及安全警示，但该校攀岩场所未设置上述警示标识及安全警示，攀岩场所经营者违反了《上海市高危险性体育项目（攀岩）经营许可实施办法》第 6 条的规定，未切实履行对于攀岩设施、装备、器材的安全检查。检察机关认为，其他攀岩体育运动场所也可能存在缺乏类似安全防护措施，不利于体育运动人员的安全保护。后检察机关主动走访辖区内部分体育场所，通过实地调查，发现其攀岩设施均不同程度存在警示标识缺乏或不清晰、安全操作流程不规范等安全隐患问题。

检察机关在深入调研、走访沟通的基础上，向区体育局制发公益诉讼诉前检察建议，建议开展专项排查，对辖区内的攀岩场所进行全面监督检查，形成常态化监管，重点审查攀岩场所的经营资质、在日常经营活动中的安全操作规范、警示标识和安全防护措施、面对突发事件的应急预案以及攀岩教练的职业资质和安全责任意识，对检查中发现的问题责令责任单位限期整改，切实保障社会公共安全。检察建议发出后，区体育局高度重视，立即制定整改方案，联合检察机关开展全区体育场所安全排查，联合教育部门及相关培训机构开展安全教育活动，通过案例宣讲、突发事件的应急演练等方式，加强从业人员的安全意识和社会责任感，有效保护未成年人的合法权益。

（四）诉源治理

通过个案办理，检察机关发现本区校园安全管理存在诸多问题和管理漏洞，遂申报"多方参与，守护校园安全"项目，该项目后被确立为2022年本区政法系统"我为群众办实事"重点项目。2022年5月，检察机关与公安、教育、文旅、妇联等14家单位联手签订《"多方参与，守护校园安全"项目实施方案》，以此为契机，共同促进校园安全规范管理，织密校园安全防护网。按照该方案，检察机关与各职能部门加强信息沟通和情况通报，利用未成年人保护的联席会议和专题会议平台，配合职能部门对校内招聘、校外辅导、体育训练、艺术培训等领域和行业开展专项检查，对未按照规定进行相关违法犯罪信息查询、未执行从业限制制度的单位进行相应处理和处罚。同时，职能部门加强对学校及周边小卖部、超市、杂货店、文具店、流动摊点、卷烟销售店等零售点的排查力度，重点排查清理校园周边电子烟销售网点，对学校周边违法设置营业性娱乐场所、酒吧、网吧等不适宜未成年人活动的场所，以及此类场所违法接待、招用未成年人等情况进行检查处罚。

【典型意义】

体育运动在中小学阶段是锻炼学生身体、增强学生体质的重要课程。长期以来，党和国家高度重视未成年人体育锻炼。2022年修订的《体育法》明确规定，学校应当保障学生在校期间每天参加不少于1小时的体育锻炼，并鼓励学校开展多种形式的课余体育训练。随着学校愈加重视学生体育锻炼，攀岩等体育运动被引入校园，极大丰富了未成年人体育活动，但攀岩等运动具有较高的危险性，学校等运营方应当针对其制定严格的规范操作流程和安全管理措施，履行好对学生的安全保障责任。针对未成年人在攀岩等体育运动中受到人身损害的情况，检察机关可以发挥自身调查取证等方面的优势，行使支持起诉职能，有效帮助提起诉讼存在困难的受害人维权。同时，检察机关应发挥综合履职优势，坚持诉源治理、综合治理，针对案件暴露的深层次问题，通过发挥公益诉讼职能督促行政机关依法履职等方式，以"我管"促"都管"，会同职能部门，发挥合力，共同加强体育场所及校园安全管理，推动"六大保护"融合发力，实现"办理一案，治理一片"的效果。

【专家点评】

党的十八届四中全会提出探索建立检察机关提起公益诉讼制度，突出强调检察官作为公共利益的代表，肩负着重要责任，要求人民检察院在履行职责中发现存在损害公益情形时，通过提出检察建议提起诉讼和支持起诉等方式保护国家利益和社会公共利益。检察公益诉讼制度已成为全面依法治国的一个重要成果，从顶层设计到实践落地、从局部试点到全面推开、从初创开拓到发展完善，在法治中国建设火热实践中焕发出蓬勃生机，成为习近平法治思想在公益保护领域的原创性成果。

校园内的生产经营活动对学校师生的公共利益构成的威胁不容小觑，检察公益诉讼可以有效发挥安全保障和预防功能。本案中，学校将攀岩等体育运动引入校园，鉴于此种运动具有较高的危险性，学校及运营方应当制定严格的规范操作流程和安全管理措施，且对学生的安全负有不可推卸的保障责任。在发生因学校安全保障不足造成的受伤事件后，检察机关在支持原告起诉的同时，应积极推进公益诉讼，在深入调研、走访沟通的基础上，向区体育局制发公益诉讼诉前检察建议，对辖区内的攀岩场所开展专项排查，加强从业人员的安全意识和社会责任感，有效保护未成年人的合法权益。

本案充分体现了检察公益诉讼在维护公共利益、保护未成年人权益等方面的重要作用。检察机关结合案件具体问题，分类处置、对症下药，充分利用公益诉讼这把利剑，落实整改、跟踪督促、严防回潮。检察公益诉讼诉前检察建议能够有效督促责任主体履行安全职责、促进检察公益诉讼间接安全预防功能的发挥、督促相关行政机关依法全面履行监督管理职责，推动解决攀岩等高风险体育场所存在的缺乏类似安全防护措施的突出问题，切实保障和维护未成年人的健康和安全，用心用情护航未来的花朵。同时，检察机关以本案为契机，开展诉源治理、综合治理，联合公安、教育、文旅、妇联等多家单位开展守护校园安全活动，通过依法能动履职，以"我管"促"都管"，推动全社会形成新时代未成年人保护大格局。

作为贯彻落实习近平法治思想的生动实践，检察公益诉讼始终与新时代人民群众美好生活新需要联系在一起，检察公益诉讼制度呈现出鲜明的具有中国特色的监督和治理特点。一方面，检察公益诉讼维护的公共利益涉及最广大人民的根本利益，充分体现人民在社会主义国家的主体地位；另一方面，检察机关诉前督促行政机关自我纠错，赋予检察机关作为国家法律监督机关的更重责任，展示了中国特色社会主义制度的优越性。本案深刻体现了检察公益诉讼制度对于维护校园安全、织密未成年人保护网的积极作用，通过检察履职切入家庭、学校、社会、网络、政府保护，从而助推校园安全，共建和谐校园。

（蒋莉，同济大学国际知识产权学院副教授、硕士生导师）

督促落实未成年人入住强制报告制度案[*]

【关键词】

未成年人入住登记　检察建议　公检合力　长效机制

【办案要旨】

检察机关办理侵害未成年人利益案件时，应树立"大保护"工作意识，着力开展公益诉讼检察监督、督促完善社会治理等方面工作，切实发挥检察机关法律监督职能作用。同时，检察机关应秉持"多赢双赢共赢"的监督理念，积极与相关行政部门等开展协作，合力建设保护未成年人长效工作机制，共同推进未成年人综合保护工作落地落实。

【基本案情】

2021 年 7 月初，杨某某（男，17 周岁）与马某某（女，13 周岁）建立男女朋友关系。2021 年 7 月 23 日，杨某某指使朋友王某某预订上海市金山区朱泾镇某酒店房间，后王某某将房卡交给杨某某。当日 13 时许，杨某某与马某某以"男女朋友"名义进入该酒店，酒店经营人员未认真查验二人身份证件，未落实实名登记，也未向公安机关报告可疑情况，致使杨某某和马某某入住上述房间，后杨某某在明知马某某未满 14 周岁的情况下，仍与其发生性关系，侵害了马某某的身心健康。

---

 * 本案例系 2022 年上海检察机关未成年人综合保护优秀案例推荐案例。

【检察机关履职情况】

（一）深入开展调查核实

上海市金山区人民检察院（以下简称"金山区检察院"）通过走访涉案酒店、审查公安机关调取的相关材料、询问相关人员等方式收集固定证据，查明涉案酒店明知"五个必须"等相关法律规定，仍未严格遵守查验入住人员身份信息、对未成年人入住办理登记手续等要求，未尽到保护未成年人的责任。另查明，在 2021 年 6 月 24 日，涉案酒店曾因接待未成年人未办理登记手续，被上海市公安局金山分局处以 5000 元的罚款。而本案案发后，对该酒店再次违反法规的行为，公安机关未予及时处理。

（二）督促完善行政监管

经调查核实，金山区检察院认为公安机关未及时处理涉案酒店违规行为，系未严格履行对酒店的监管职责，依据《未成年人保护法》第 57 条和第 122 条的规定，于 2022 年 7 月 5 日向公安机关发出诉前检察建议，建议对涉案酒店依法进行查处并责令整改；开展旅馆住宿登记专项检查活动，建立健全未成年人入住旅馆的监督机制和强制报告制度，优化未成年人成长环境。公安机关收到检察建议后认真落实检察建议内容，对涉案酒店作出罚款 8000 元的处罚决定，并由辖区内派出所以区域交叉、明察暗访、错时检查的方式，对辖区内的酒店开展不定期抽查和专项突击检查。

（三）精准促进社会治理

针对涉案酒店暴露的对未成年人保护意识不强、入住管理制度执行不力等问题，金山区检察院于 2022 年 7 月 7 日向涉案酒店制发社会治理检察建议，建议酒店以本案为鉴，举一反三，开展自查自纠，严格落实旅客入住登记及访客管理制度，杜绝管理漏洞，切实履行保护未成年人的法律义务和主体责任。涉案酒店收到检察建议后，认真及时整改，首先是严格遵守身份登记规定，建立风险事件应急处理机制以供执行，其次是进一步加强法治宣传，增强员工责任意识。

（四）公检合力建立机制

金山区检察院会同区公安分局，研究治理辖区内酒店违反相关登记、强制报告等规定的措施，制作"五必须"及强制报告海报、提示牌，对辖区内旅馆业单位逐家告知，签订责任书，督促管理人员做好日常监督。2022 年 8

月 16 日，金山区检察院进一步延伸工作成果，联合区公安分局、卫健委等 9 部门，会签《关于建立侵害未成年人案件强制报告制度的实施细则》，有力强化了未成年人保护措施执行力度，有效建立了未成年人保护长效机制。为夯实未成年人保护责任，2022 年 8 月 26 日，金山区检察院联合区公安分局召集全区 270 名旅馆、民宿、提供临时性住宿场所服务的负责人，举行"住宿经营者落实强制报告制度"主题培训活动，通过现场发放调查问卷、播放宣传片、案例解读、赠送宣传海报等方式，共同推动落实强制报告制度。

【典型意义】

（1）公益诉讼监督，督促履行监管职责。针对本案中公安机关监管存在疏漏等问题，检察机关及时启动行政公益诉讼检察监督，制发诉前检察建议。检察机关贯彻落实双赢多赢共赢的理念，加强与公安机关沟通，督促公安机关采取有效措施依法履职、加强监管，有力实现以诉前监督维护公益目的的最佳司法状态。

（2）制发检察建议，促进改善社会治理。酒店、宾馆等住宿场所容易成为侵害未成年人的犯罪场所，酒店经营者应树立严格责任意识，认真落实"五必须"要求。本案中，酒店未能严格核实，致使未成年人受到侵害。针对酒店管理等问题，检察机关及时制发检察建议，督促堵漏建制，有效促进完善了社会治理。

（3）推动综合保护，合力开展诉源治理。检察机关与公安机关等部门密切配合，采取联合法治宣讲、会签工作机制等形式，强化强制报告等制度执行力度，有效建立未成年人保护长效机制。这有利于从源头上遏制侵害未成年人犯罪案件的发生，推进诉源治理向深向实发展。

【专家点评】

未成年人是祖国的未来、民族的希望。近些年来，未成年人犯罪存在预防难、发现难、取证难等问题，由于未成年被害人身心处于发育期，心智不成熟，自我保护意识薄弱，自我防卫能力不足，遭受侵害后大多不敢、不愿甚至不知寻求帮助。习近平总书记曾多次强调对损害少年儿童权益、破坏少年儿童身心健康的言行，要坚决防止和依法打击。为了应对这些难题，最高人民检察院会同有关部门印发了《关于建立侵害未成年人案件强制报告制度的意见（试行）》，确立了国家层面的强制报告制度，要求负有报告义务的机构及其工作人员，在工作中发现未成年人遭受或者疑似遭受不法侵害以及面临不法侵害危险的，应当立即向相关部门报案或举报。检察机关作为国家法律监督机关，其履职贯穿未成年人司法保护全过程，在未成年人保护大格局中肩负重要使命。

强制报告制度的推行有利于拓宽案件发现的渠道、尽早发现侵害未成年人合法权益的行为、及时惩治犯罪，有利于强化侵害未成年人犯罪的打击力度和发挥威慑效应，有利于预防和减少类似犯罪的发生。在办理侵害未成年人犯罪案件的过程中，检察机关可以同步开展强制报告制度落实情况倒查，对未履行强制报告义务的，推动相关部门追责。本案中，检察机关发现强制报告义务主体怠于履行强制报告义务，通过向公安机关发出诉前检察建议和向涉案宾馆制发社会治理检察建议的方式，督促强制报告义务主体依法履职，增强监督刚性，从而加大了强制报告等系列未成年人特殊保护制度的落实力度，切实强化了对未成年人权益的保护。

在实行法律监督的同时，检察机关也参与到未成年人保护社会治理中，这有助于推进未成年人事务治理体系和治理能力现代化。本案办理过程中，检察机关及时启动行政公益诉讼检察监督，体现了检察机关参与社会治理方式的创新，由此使未成年人保护工作在许多方面迈出了关键一步。同时，检察机关联合区公安分局举行"住宿经营者落实强制报告制度"主题培训活动，督促旅馆、民宿、提供临时性住宿场所服务的负责人做好日常监督。这些方式超越了传统办案中单纯依靠案件办理的硬性模式，丰富了检察机关参与未成年人保护社会治理的途径。

习近平总书记在2019年3月18日主持召开的学校思想政治理论课教师座谈会上指出，"青少年阶段是人生的'拔节孕穗期'，这一时期心智逐渐健全，思维进入最活跃状态，最需要精心引导和栽培"。本案办理过程中，检察机关将习近平法治思想融入未成年人检察工作各方面、全过程，大力推动落实强制报告制度，在实践中不断探索创新，坚持"预防就是保护，惩治也是挽救"的理念，不断优化保护未成年人检察综合履职机制，积极参与推进未成年人犯罪预防和惩治工作，构筑保护未成年人的"防火墙"。

（蒋莉，同济大学国际知识产权学院副教授，硕士生导师）

沪鄂检察妇联共携手 救助困难妇女暖人心*
——宋某某被害人综合保护救助案

【关键词】

因案致残　困难妇女　跨省联合救助　多元帮扶　结对帮困

【基本案情】

救助申请人宋某某，女，湖北省通城县人，系沈某故意伤害案被害人（宋某某时年 16 周岁）。2004 年 8 月 3 日晚 10 时许，沈某因求爱不成心生怨恨，潜入被害人宋某某住处，趁其熟睡之际，泼洒汽油后点燃，致宋某某全身约 25% 面积 Ⅱ 度烧伤，经鉴定构成重伤。作案后，沈某连夜外逃。2022 年 4 月，沈某在湖北省被公安机关抓获。2022 年 5 月，经上海市金山区人民检察院（以下简称"金山区检察院"）批准，同日由上海市公安局金山分局执行逮捕。2022 年 7 月，上海市公安局金山分局侦查终结，以沈某涉嫌故意伤害罪移送金山区检察院审查起诉。2022 年 7 月，上海市人民检察院第一分院提前介入。2022 年 8 月，金山区检察院将案件报送上海市人民检察院第一分院审查办理。经提起公诉，2023 年 5 月，被告人沈某被依法判处无期徒刑，剥夺政治权利终身。

【救助过程】

2022 年 5 月，金山区检察院刑事检察部门在审查办理沈某故意伤害案的

过程中，发现被害人宋某某遭受犯罪侵害后，容貌损毁，并落下残疾，至今未获任何赔偿，遂将线索移送本院控告申诉检察部门。经初核，案发时宋某某年仅16岁，被烧伤毁容后，其生活受到极其严重的影响，18年来没有一家单位录用她。正义已然"迟到"，司法关爱更应及时送达。检察官第一时间电话联系宋某某，但因其常年居家，对陌生人和陌生电话过于戒备，无法有效沟通。后检察官通过村委会与宋某某的姐姐取得联系，向宋某某转告了国家司法救助的相关政策，由其帮助宋某某准备申请材料。2022年5月7日，宋某某的姐姐以代理人身份口头提出了国家司法救助申请，金山区检察院当日受理。

第一，克服疫情阻隔，检察、妇联联合救助。2022年5月，金山区检察院受理宋某某救助申请后，第一时间将案件信息报送至金山区妇联，双方克服疫情阻碍，先后召开三次视频会议，研究多元化救助帮扶措施。同时，双方向各自上级单位汇报了工作情况，并分别与通城县对口单位取得联系。上海市人民检察院第一分院提前介入本案办理。上海市妇联联系湖北省妇联，同步开展关心慰问。为持续深入推进"关注困难妇女群体，加强专项司法救助"专项工作，金山区检察院与金山区妇联以联合办案为契机，会签《关于加强协作共同做好司法救助保护困难妇女合法权益工作的实施意见》，建立专职联络员、绿色通道、定期会商、同堂培训等一系列工作机制，尤其是针对近年来跨省救助不断增多的实际情形，就救助过程中加强上下级单位之间纵向和非本区同级单位之间横向的联动，合力共同推动困难妇女群体司法救助工作提质增效达成共识。

第二，克服空间阻隔，两地检察机关携手办案。2022年5月，上海市正处于疫情期间，为快速核实宋某某的家庭经济状况，办案组制定详实的调查方案后，发函委托湖北省咸宁市通城县人民检察院开展协查，经查：宋某某被烧伤后，没钱治病回到湖北老家，父母只能借钱在当地医院为其进行简单治疗，导致宋某某全身多处留下永久性疤痕。2006年，宋某某嫁给了同乡吴某。吴某一家是低保户，其年幼时遭遇意外烧伤，面部毁容，左手截肢，也是残疾人。婚后，宋某某负责在家照顾公婆，生活开销则全靠吴某每月打零工挣的2000多元维持。2006年至2008年，宋某某夫妇的女儿、儿子先后出生，现在女儿就读当地重点高中，儿子在读初中，两个孩子的学习教育费用超出了其家庭的承受能力。

第三，发挥一体化优势，落实多元化救助措施。核实申请人的具体家庭情况后，上海、湖北两地检察机关、妇联组织通力协作，共同努力将各项措施推动落实：一是由上海市人民检察院第一分院和金山区检察院启动联合救助，综合考虑宋某某夫妇维系家庭、赡养老人、养育子女以及进行必要治疗等所需的合理费用，发放国家司法救助金人民币 8 万元；二是委托司法鉴定机构对宋某某作伤残鉴定，并协调当地民政部门根据宋某某的伤残等级落实低保等相应补助政策；三是协调当地教育部门，为宋某某的女儿申请助学金，为其儿子减免学杂费和餐费，减轻学业负担；四是协调当地人力资源和社会保障部门，为宋某某夫妇提供优先推荐就业服务，保障其基本收入；五是由通城县妇联为宋某某提供长期心理疏导，帮助其治愈心理创伤。

第四，党建业务融合，实现长效救助帮扶。金山区检察院切实发挥党建对办案的引领作用，努力让司法救助成为人民群众救急解困的"钥匙"和困难妇女通向幸福生活的"钥匙"。针对宋某某家庭的特殊困难，金山区检察院第四党支部发起结对帮困倡议，支部党员自发捐款 5000 余元助力宋某某的子女教育，案件承办检察官分别对口联系两名未成年子女，定期通过视频连线的方式开展"我与检察官心连心"谈心谈话活动，持续关注其家庭、生活、学习状况，直至成年。

【典型意义】

本案系检察机关、妇联组织联合其他职能部门，通过跨地区协作、上下级联动，对因案致残的困难妇女给予救助的典型案例。一是加强协作，建立长效机制。金山区检察院、金山区妇联以会签《关于加强协作共同做好司法救助保护困难妇女合法权益工作的实施意见》为契机，加强协作配合，建立长效机制，结合办案深入推进"关注困难妇女群体，加强专项司法救助"活动，为维护妇女合法权益提供了更多保障。二是跨省联动，实现多元救助。上海、湖北两地检察机关和妇联组织充分发挥各自职能优势，协调相关职能部门，借助专业力量，分类施策，综合帮扶，精准解决救助申请人再就业和未成年子女教育问题，为家庭注入希望，为困境妇女提供长远生活保障。三是结合党建，厚植执政根基。将党建与检察业务深度融合，面对人民群众的特殊困难，党员干警发挥表率作用，带头贯彻落实党的方针政策，与因案致残的困难妇女家庭结对帮困，持续关注、扶贫济困，既彰显了司法力度又传

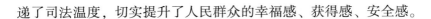

递了司法温度，切实提升了人民群众的幸福感、获得感、安全感。

【专家点评】

推进强国建设、民族复兴伟业，妇女是重要力量，儿童是未来生力军。习近平总书记高度重视妇女儿童工作，要求严厉打击侵害妇女权益的违法犯罪行为，依法维护妇女权益，各级政府部门和公安司法机关高度重视和严厉打击针对妇女儿童的犯罪行为。最高人民检察院下发《关于贯彻实施新修订〈中华人民共和国妇女权益保障法〉切实保障妇女权益的通知》，针对检察机关依法做好支持起诉、行政检察、公益诉讼检察、惩治犯罪、司法救助、诉源治理等方面作出明确规定，并对检察机关全面保障妇女权益提出具体要求。

本案充分落实了《妇女权益保障法》规定的检察机关结合检察职能，依法从严惩处侵犯妇女生命健康、人身自由、人格尊严等犯罪的要求。本案涉及恋爱不成导致的故意伤害罪，前后历时20余年，时间跨度大，在检察机关的努力下，抓获犯罪嫌疑人使其受到应有的惩罚，体现了检察机关坚决打击，绝不姑息性侵、家庭暴力等侵害妇女儿童犯罪的态度，展示了检察机关严厉打击侵害妇女人格权益违法犯罪行为的坚定立场。为快速核实受害妇女的家庭经济状况，办案组克服空间阻隔，发函委托湖北省咸宁市通城县人民检察院开展协查，紧扣办案协作、检务协同，强化跨区域协作，提升区域一体化办案水平。

同时本案办理过程中，检察机关还积极与妇联组织加强司法救助协作，以"妇联+检察"的法治之力，共同守护妇女儿童合法权益。检察机关克服疫情阻隔，在认真贯彻落实中央统筹疫情防控决策部署的同时，做到"防疫、办案两不误"，考虑到受害妇女烧伤毁容后，生活受到极其严重的影响，与妇联联合开展多元化救助帮扶措施。检察机关积极协调有关部门共同落实心理疏导、伤残鉴定、赡养老人、养育子女、推荐就业等综合帮扶措施，做实做优多元化救助措施，有力促进解决被救助家庭的急难愁盼问题，并持续关注其家庭、生活状况，有效提升了司法救助效果，让困难妇女更好地感受到了检察温暖。

习近平总书记曾多次指示"妇女儿童事业是党和国家事业的重要组成部分"，要努力让妇女儿童有更多获得感、幸福感、安全感。本案检察机关深入贯彻《妇女权益保障法》，全面履行法律监督职责，加强与其他有关机关和组织的联动协作，协同发力，共同推进落实政府主导、各方协同、社会参与的保障妇女权益工作机制。另外，检察机关推动建立完善保护妇女儿童权益工作合作机制，尤其在建立妇女权益保障检察公益诉讼制度、开展困难妇女群体司法救助等方面，开展了富有成效的合作。检察机关用心用情用力强化司法保障，促进全社会进一步弘扬尊重女性、关爱女性的良好风尚，携手各界为妇女儿童撑起法治"蓝天"。

（蒋莉，同济大学国际知识产权学院副教授，硕士生导师）

未成年工吴某某被强制猥亵案[*]
——综合履职推动未成年工权益保护

【关键词】

强制猥亵罪　未成年人保护　未成年工权益

【办案要旨】

检察机关在办理未成年工受侵害刑事案件时，应及时关注未成年工的身心特点，发挥综合履职优势，在强化刑事办案质量的同时，一体推进对未成年工的特殊保护。对涉未成年工劳动争议、损害未成年工劳动权益的情形，检察机关应积极调查核实，发现确实存在维权能力不足、取证困难等情况的，检察机关可以从最有利于未成年人原则出发，探索支持未成年工的劳动仲裁，以更优的检察产品，及时保障未成年工的劳动权益，维护社会公平正义。检察机关还应切实履行行政公益诉讼职能，对在办案中发现的违规使用未成年工等问题，督促监管部门完善管理，同时积极能动履职，注重源头治理，推动用工企业改善管理，促进相关部门联动协作，助力形成未成年工"大保护"格局，以未成年工综合保护工作作为牵引，助力构建良好法治化营商环境。

【基本案情】

吴某某（女，16 周岁）系上海某劳务派遣公司员工，2022 年 11 月被派遣至上海某汽车电子公司务工。2022 年 11 月 22 日 21 时许，吴某某在上班期

---

　*　本案例入选 2024 年 2 月上海检察机关"未成年人检察综合履职"典型案例。

间，被上司李某以工作谈心为由单独带至厂区单身宿舍内，后被李某在交谈时趁机压制在床上实施了猥亵。2023 年 2 月，上海市金山区人民检察院（以下简称"金山区检察院"）以李某涉嫌强制猥亵罪提起公诉，同年 4 月，李某被判处有期徒刑 1 年 2 个月。

【检察机关履职情况】

（一）自行补充侦查保障指控质量，严厉打击侵害未成年工犯罪

李某到案后拒不认罪，提出涉案宿舍没有窗帘且距离作业车间较近、其不具备隐秘作案条件等诸多辩解。鉴于本案涉及未成年工遭受侵害，为切实保障指控质量，及时维护未成年工权益，金山区检察院决定行使自行补充侦查权，开展现场勘查。检察人员至案发现场实地查看，发现宿舍窗户虽无窗帘但贴有窗纸，宿舍对面车间并不能窥见宿舍内部，有力驳斥了李某声称该宿舍不具有隐蔽性的谎言。同时，检察人员进一步补充证人证言，通过询问吴某某同事等人，获取到有关证言，证实其案发时均无法在作业车间了解到案发现场情况，证明了李某的辩解无法成立，最终以扎实的证据为刑事指控打下了基础，有力惩治了犯罪。

（二）同步审查侵害民事权益事实，探索支持劳动仲裁维护合法利益

检察机关在办案中敏锐发现，被害人吴某某案发后被公司辞退，但公司仅支付了薪资，未支付经济补偿金，其劳动权益可能受损，后便同步开展深入调查。经询问被害人、证人，走访相关部门、涉案企业，调取合同、离职申请书、劳务派遣协议等资料，并专门委托鉴定机构对离职申请书笔迹进行鉴定，查明吴某某系由劳务派遣单位派遣至用工单位工作，案发后吴某某精神受到重创，用工单位让其在家休养，后未经通知将其退回劳务派遣单位。且劳务派遣公司伪造笔迹，倒签离职日期，谎称吴某某离职系个人原因，仅支付其打工薪资，未支付解除劳动关系所应给予的经济补偿金。检察机关鼓励吴某某拿起法律武器维权，但吴某某文化水平不高，在劳动关系中比较弱势，无法顺利主张权益，并向检察机关寻求帮助。由于涉及劳动争议，检察机关介入是新领域新课题，金山区检察院专门组织研讨会论证。经论证，专家学者、人民监督员等与会人员普遍认为，检察机关法律监督的宪法定位，为其维护弱势群体的合法权益和社会公平正义提供了根本依据；《未成年人保护法》确立的"最有利于未成年人原则"，为检察机关支持仲裁提供了法律空

间；支持劳动仲裁契合能动司法、延伸检察职能作用的现实需要，且吴某某系未成年工，维权能力、取证能力较弱，存在检察机关支持仲裁的基础条件，通过支持仲裁能够更及时维护未成年工权益。后金山区检察院支持吴某某申请劳动仲裁，并派员参与仲裁调解。经调解，双方达成协议，涉案单位向吴某某支付经济补偿金等共计1万元。

（三）履行行政公益诉讼职能，维护未成年工公共利益

金山区检察院积极开展融合履职、综合审查，认为本案暴露出不特定未成年劳动者公共利益监管保护不力的问题。经调查核实，涉案劳务派遣公司等违规派遣吴某某务工，用人单位未对使用的未成年工进行体检、培训，亦未向相关部门进行登记，不符合法律规定；涉案单位未依法制定禁止性骚扰的规章制度、开展预防和制止性骚扰的教育培训等活动，且存在违反规定解除双方劳动关系的行为等。检察机关认为，人社部门对用工单位遵守劳动法律、法规以及侵害妇女劳动和社会保障权益等情况具有监督管理职责，应当督促其依法履职。金山区检察院以行政公益诉讼立案，后向区人社局制发诉前检察建议。区人社局全面落实，对涉案企业作出13万元的行政处罚，并对辖区内未成年工相对集中的劳动密集型企业进行专项检查，及时纠正企业用工问题。同时进一步完善监督管理机制，对未成年用工行为采取准入登记制度，要求使用未成年工的用工单位及时主动办理登记，规范使用未成年工，以及对未成年工进行定期健康检查，并将对未成年工的特殊保护规定纳入对辖区"和谐劳动关系企业"创建考评机制中，以考核量化的方式督促企业树立自觉意识，后辖区有关企业代表均签署未成年工权益保护承诺书，将对未成年工的特殊保护作为企业守法管理的必备内容。

（四）推动源头治理，构建未成年工群体"大保护"格局

金山区检察院以本案为契机，以司法保护积极推动社会综合"大保护"。金山区检察院深入开展调查核实，发现涉案的劳务派遣公司以及辖区内其他劳务派遣单位、用工单位存在不向相关部门进行登记违规派遣未成年工、未定期对未成年工体检等问题。经公开听证，金山区检察院向涉案劳务派遣公司制发检察建议，督促企业进行整改，后联合区人社局、未保办、人民监督员等组成第三方监管团队，对落实整改情况进行跟踪回访监督，保障整改效果。金山区检察院与区人社局、区司法局签订《关于检察机关开展支持未成年工劳动仲裁的协作意见》，共同开展未成年工保护探索创新；与区总工会、

市场监管局、卫健委等单位建立维护未成年工权益联席会商机制，并于2023年9月会签《关于加强未成年工劳动权益保护的协作意见》，后各职能部门联合启动"2023未成年工保护专项行动"。文旅局、市场监管局、人社局对营业性娱乐场所、酒吧、网吧等是否招用未成年人、是否组织未成年人从事陪侍活动等行为开展执法检查。卫健委对违法安排未成年工从事接触职业病危害作业的行为进行查处。教育局指导辖区内的职业技术学校健全学生实习管理制度与运行机制，防止学生被充当廉价劳动力，侵害学生实习权益。总工会督促用人单位建立由工会负责人担任组长的监督检查小组，定期对单位未成年工的使用情况开展检查。金山区检察院还联合其他职能部门对辖区内的50余家较大规模的公司的人事、工会主席开展专项培训，以案说法，提醒企业依法依规使用未成年工，并督促发现未成年人权益受到侵害情形的，及时履行强制报告义务。

【典型意义】

未成年工虽已参加工作，但仍属于未成年人，身体尚未发育成熟，知识水平有限，属于相对弱势群体，合法权益容易遭受各种侵害。由于未成年工群体身体、心理等方面的特殊性，我国制定了《未成年工特殊保护规定》等进行特别保护。但随着经济社会的快速发展，违规使用未成年工现象时有发生，给未成年工的健康成长产生了不良影响，也给社会带来了不稳定因素，应当强化监督规范。

（1）检察机关办理涉未成年工刑事案件时，应强化综合履职、一体履职，发挥未成年工保护的检察职能合力。习近平总书记在2020年召开的中央全面依法治国工作会议上强调："法治建设既要抓末端、治已病，更要抓前端、治未病。"修改后的未成年人保护"两法"，赋予检察机关未成年人保护更重的法律监督职责。检察机关办理涉未成年人案件，绝不能止步于办好个案，更要通过履行法律监督职责，促进解决未成年人保护领域的突出问题，实现"治罪"与"治理"的有机统一。实践中，未成年人案件往往涉及多个法律关系，一些未成年人违法犯罪或受到侵害，同时暴露出民事权益保障、行政监管以及公益保护等各领域问题，迫切需要加强综合保护、系统保护，需要检察机关以"四大检察"统筹履职，推动解决刑事、民事、行政、公益保护相互交织的问题，全方位保障未成年人的合法权益。检察机关在办理本案中，注重未成年工的特点，确保刑事办案质量，及时惩治犯罪，同时具有系统审查意识，认真审查合法劳动权益等民事利益以及公共利益是否受到损害。对发现的相关线索，加强调查核实，通过多维度、集成式、系统性履职方式，综合运用监督手段，达到了全面综合司法保护的效果。

（2）检察机关要深入落实最有利于未成年人原则，积极探索维护未成年工利益的新方式新手段。最有利于未成年人原则是检察机关必须遵循落实的重大理念和工作准则。对于涉未成年工劳动争议纠纷，应遵循"最有利于未成年人原则"，及时研究应对未成年人保护的实际需求，以检察之为进行理念、手段和方法的创新。对于法律没有明确规定的，检察机关可以依据案件条件，积极探索实践支持劳动仲裁，填补检察空白，推动社会发展更新和制度建构。本案中，未成年工因知识、经验等方面的不足，在劳动关系中处于弱势地位，无法主张自身合法权益。检察机关从最有利于未成年人原则出发，积极探索支持未成年工劳动仲裁机制，填补未成年工劳动保护领域空白，有力维护了未成年工在劳动争议案件中的合法权益。

（3）检察机关应主动推动、融入源头治理，实现未成年工特殊保护的"大保护"格局。未成年人保护工作是一项系统工作、综合工程，需要相关职能部门协力共进，齐抓共管，持续加强资源统筹整合，加强协调联动，增强工作合力，形成未成年工权益保护工作"一盘棋"的工作格局。未成年工权益保护监管困难、专业性强。对于违反未成年工就业岗位、健康体检、备案登记等方面特殊规定的问题，检察机关要有以"我管"促"都管"的担当，积极融入社会治理、诉源治理，督促企业规范用工，凝聚职能部门合力，实现工作有效衔接、精准用力，以全局性、系统性思维，通过高质量检察监督，推动"大保护"建设，形成未成年工更优特殊保护局面。

（4）检察机关应充分发挥职能作用，主动延伸检察触角，以能动检察助力法治化营商环境建设。检察机关作为国家的法律监督机关，肩负着积极服务大局、推动法治建设的重任。党的二十大报告指出，要加强检察机关法律监督工作。在党和国家全面建设法治社会、法治国家的当下，检察机关要积极作为，践行司法担当。本案中，对涉及的未成年工权益保护问题，检察机关有力地发挥了自身职能作用，积极全面推动社会各方面对未成年工开展保护，促进了未成年工保护法治化运行，有力保障了未成年工权益，有力督促了企业的规范化成长，为构建良好的法治化营商环境作出了检察贡献。

【专家点评】

本案是一起检察机关综合履职，能动行使检察职能，积极推动未成年工特殊保护的典型案例，体现了检察机关对未成年人的特殊关爱以及对法治化营商环境的积极贡献，具有重要的参考价值和示范意义。

检察机关对未成年人的特殊关爱是新时期检察工作的应有之义。党的二十大报告明确要求，加强和改进未成年人思想道德建设，以及保障妇女儿童合法权益。未成年人是国家的未来和民族的希望，以习近平同志为核心的党中央从中华民族的永续发展和中国特色社会主义事业的长远战略出发，对未成年人的工作进行了全面的规划和部署，出台了一系列重要的决策和措施，并着力构建"家庭、学校、社会、网络、政府、司法"六大保护体系，对侵犯未成年人权益的违法犯罪行为依法进行严厉打击。本案中，检察机关针对未成年工群体的特点，重点关注被害人受害后的心理创伤、后续的维权能力，以及未成年工群体的成长环境，采取了自行补充侦查、主动介入支持仲裁等积极主动的履职方式，"治罪"与"治理"并重，体现了对未成年人的特殊关爱，并且在事后，通过推动源头治理，联合多部门开展专项行动，督促企业守法经营，为未成年工营造良好的成长环境，切实回应了党、国家、全国人民对未成年人保护的重视与期待。

在积极回应社会对未成年人保护的期待的同时，检察机关一方面办理了刑事案件，一方面关注了被害人的民事权益和公共利益，并通过行政公益诉讼督促相关部门履职实现了对未成年工的全方位保护。针对未成年工在劳动争议中处于弱势地位，难以维权的问题，检察机关积极探索支持劳动仲裁机制，为维护未成年工的合法权益提供了新的途径，并与人社、司法、工会、市场监管、卫健委、教育等部门协作配合，形成"大保护"格局，达到了良好的社会效果。此举让广大人民群众在案件中充分感受到公平正义，体现了检察机关全力践行"以人民为中心"这一习近平法治思想下社会治理理论的核心要义。而在第十三届全国人民代表大会第五次会议上，最高人民检察院工作报告以"依法能动履职"为主线，强调充分发挥法治的引领、规范和保障作用，依法保障人权。倡导能动检察，是人民检察院适应社会变化现实，回应当今社会发展与进步的需求，并基于对司法本质和检察活动特征的深刻认知所作出的积极反应，亦是对新时代检察机关自身使命的自觉体认。

从另一方面来看，自党的十八大以来，习近平总书记围绕"法治化营商环境"发表了一系列重要论述，党的二十大报告再次强调"营造市场化、法治化、国际化一流营商环境"。习近平总书记在 2020 年召开的企业家座谈会上强调："法治意识、契约精神、守约观念是现代经济活动的重要意识规范，也是信用经济、法治经济的重要要求。企业家要做诚信守法的表率，带动全社会道德素质和文明程度提升。"检察机关通过支持劳动仲裁、发出检察建议等方式，督促涉案企业依法依规使用未成年工，促进企业守法经营；并积极履行法律监督职责，推动社会各方面对未成年工开展保护，在涉案企业内部树立法治意识，加强守法能力，并通过会签协作意见、专项整治行动等方式，力求及时发现和解决企业在法律方面存在的普遍问题，以减少企业的法律风险和经济损失，为构建良好的法治化营商环境作出了贡献。

（虞浔，华东政法大学社会协同处处长、教授，硕士生导师）

控告申诉检察

徐某杰等国家司法救助案[*]

【关键词】

农村地区刑事被害人近亲属　跨地区跨部门开展司法救助协作　脱贫不稳定户　多元化救助

【基本案情】

救助申请人徐某杰，女，1955 年 9 月 3 日生，系吴某故意杀人案被害人徐某明之母；救助申请人徐某清，男，2006 年 3 月 14 日生，初中在读，系吴某故意杀人案被害人徐某明之子。

2021 年 2 月 9 日晚，被告人吴某在其住处与周某、徐某明因琐事发生争执，被周某拳击面部。后吴某持刀追至周、徐二人住处实施报复，用刀将周某砍成重伤，将徐某明砍死。2021 年 5 月 26 日，上海市公安局金山分局以吴某涉嫌故意杀人罪移送上海市金山区人民检察院审查起诉。同年 6 月 3 日，上海市金山区人民检察院将案件报送上海市人民检察院第一分院审查，同年 7 月 2 日，上海市人民检察院第一分院以被告人吴某构成故意杀人罪向上海市第一中级人民法院提起公诉。2021 年 8 月 3 日，上海市第一中级人民法院对该案依法开庭审理，后被告人吴某被依法判刑。

【救助过程】

2021 年 5 月，上海市金山区人民检察院刑事执行检察部门在审查吴某故

* 本案例入选 2022 年 2 月最高人民检察院、国家乡村振兴局"加强司法救助协作典型案例"。

意杀人案过程中，发现被害人徐某明遇害后，依靠其经济收入为主要生活来源的家庭成员有司法救助需要，遂将线索移送本院控告申诉检察部门。控告申诉检察官初步核实查明，死者徐某明来自黑龙江省宁安市的一个农村家庭，其打工收入要供养在老家生活的寡母徐某杰和独子徐某清。被告人吴某系来沪务工人员，本人及近亲属均无经济赔偿能力。控告申诉检察官经多方联系，获得徐某杰的联系方式，并通过电话、微信等方式分别与其本人、其居住地村民委员会负责人建立联系，主动告知国家司法救助的相关政策，并简化申请手续。上海市金山区人民检察院将本案作为"司法救助助力巩固拓展脱贫攻坚成果助推乡村振兴"专项活动的重点案件，由分管检察长担任办案组长，制定详细的司法救助调查方案。通过发函和远程视频等方式，专门委托黑龙江省宁安市乡村振兴局对救助申请人徐某杰的家庭经济情况进行核实：徐某杰现年65岁，患有心脏病，本人无劳动能力和经济收入，丧偶多年，儿子徐某明早年离异现又被人杀害，留下未成年的孙子徐某清由其抚养，家庭生活困难。黑龙江省宁安市乡村振兴局根据上海市金山区人民检察院移送的案件信息，将徐某杰一家列为脱贫不稳定监测对象。上海市金山区人民检察院经审查，认为本案符合司法救助条件，决定一次性发放国家司法救助金人民币10万元，先行解决徐某杰、徐某清面临的生活、医疗和教育方面的急迫困难。同时，上海市金山区人民检察院针对异地救助，认真研究司法救助与社会救助衔接的多元化救助方案，提交院党组审议后指派办案组赴2500公里外的宁安市，"面对面"寻求属地党委、政府的支持，聚力开展综合救助。办案组到达宁安市后，第一时间到徐某杰家开展入户调查，发现徐某清还有九天即将中考，其今后生活和就业问题是徐某杰的"心病"，受命案影响，徐某杰的病情有所加重。在宁安市人民检察院的积极协调下，宁安市乡村振兴局、医保局、教体局以及申请人所属镇政府等职能部门负责人围绕徐某杰家庭状况，协商确定助力巩固脱贫成果的方案和措施，形成会议备忘录。宁安市乡村振兴局协同镇政府、村委会帮扶责任人持续关注和跟进徐某杰、徐某清的生活状况，落实日常关爱措施，帮助其家庭恢复"造血"功能。宁安市人民检察院和学校配合落实心理疏导，帮助徐某清尽早走出阴影；医保局提供家庭医生签约服务，为徐某杰量身定制医疗方案；教体局结合徐某清的学习成绩，为其提供市属某中等职业学校作为中考保底志愿，并协商学校减免学费，保证其习得一技之长。上海市金山区人民检察院还多方联系并找到徐某清的生母，促使其与徐某杰就徐某清的监护、抚养等问题达成协议，既保证司法救助资金安全和定向使用，又确保其生母履行抚养义务。

司法救助案件办结后，上海市金山区人民检察院及时总结经验，结合区域特点，与金山区农村综合帮扶领导小组共同出台《关于建立国家司法救助与农村综合帮扶工作衔接机制的协作意见》，切实加强检察机关与乡村振兴部门的司法救助协作，搭建检察机关司法救助助力巩固拓展脱贫攻坚成果、助推乡村振兴机制平台。

【典型意义】

本案系人民检察院对农村地区脱贫不稳定户跨地区开展司法救助，加强与乡村振兴部门协作，助力巩固脱贫攻坚成果助推乡村振兴的典型案例。本案中，上海市金山区人民检察院强化政治担当，针对案发地与救助申请人户籍地相分离等情况，主动联系告知救助申请人国家司法救助政策，加强与属地乡村振兴部门的司法救助协作，委托黑龙江省宁安市乡村振兴局对救助申请人的家庭经济情况进行核实，快速查明了异地申请救助人的家庭经济状况，准确评估了司法救助标准，并及时发放救助金解决了救助申请人的急迫困难。在救助申请人户籍地检察机关的支持下，与属地乡村振兴职能部门研商形成工作备忘录，将徐某杰一家列为脱贫不稳定监测对象，与有关部门共同落实未成年人就学、老年人就医等帮扶措施，实现司法救助与社会救助"无缝衔接"，有效防止重点救助对象因案返贫，巩固拓展脱贫攻坚成果助推乡村振兴。上海市金山区人民检察院还积极延伸个案办理成效，办结本案后主动对接辖区农村综合帮扶部门，推动构建检察机关与乡村振兴部门司法救助协作工作机制，为有效发挥司法救助，助力巩固拓展脱贫攻坚成果，助推乡村振兴职能作用搭建了坚实的工作平台，实现了"办理一案、保障一片"的良好效果。

【专家点评】

党的二十大报告明确提出了"健全分层分类的社会救助体系"的重要目标。司法救助是我国社会救助体系中的重要一环，是司法部门贯彻以人民为中心发展理念、完善人权保障、促进社会和谐稳定的一项重要制度。近年来，各地检察机关积极开展国家司法救助工作，对遭受犯罪侵害或者民事侵权、无法通过诉讼获得赔偿、生活面临急迫困难的当事人，采取了一系列辅助性救济措施并取得了一定的成效，在解决社会矛盾、促进社会和谐等方面发挥了积极作用。然而，我国司法救助制度并不完善，在当前实践中仍面临着一些困难，如相关立法不足、救助方式单一、帮扶力度不够等。

本案系对农村地区生活困难的当事人开展司法救助的典型案例，上海市金山区人民检察院立足检察职能，坚持能动履职，强化主动救助意识，积极克服司法救助工作的各种困难，在办案全过程各环节全面落实救助责任，促进司法救助政策有效落地，巩固拓展脱贫攻坚成果同乡村振兴有效衔接，充分发挥了引领示范作用。一方面，主动联络协调，凝聚多方救助合力。为了确保司法救助政策落到实处，上海市金山区人民检察院与当地乡村振兴局、医保局、教体局以及镇政府等职能部门积极协作，协商确定救助方案，形成了"司法救助+社会化救助"的合力，有效提升了救助执行力和综合救助效果，让人民群众在司法救助案件中深刻感受到了检察温度。另一方面，坚持"量体裁衣"，进一步延续救助效果。司法救助应当立足被救助人的实际需要，持续关注并改善被救助人的生活状况，因而被救助人是否恢复了正常生活状态是衡量司法救助工作实效的关键。上海市金山区人民检察院针对本案中被救助人的实际情况，协同相关部门提供了有针对性的帮扶举措，重点解决了未成年人就学、老年人就医等问题，帮助被救助人摆脱了生活困境，确保司法救助政策取得了实效。为了保障司法救助的可持续性，上海市金山区人民检察院还采取了跟踪回访、签署工作备忘录等多项举措，以便对被救助人的生活状况进行持续监测，充分彰显了检察为民的积极效果。

司法救助作为社会救助体系的组成部分，是国家给处于困难境地的人们提供的一种救济和帮助，充分体现了以人民为中心的发展思想，具有特殊的公益性质与民生保障意义。民生即人民最关心最直接最现实的问题，习近平总书记高度重视民生保障工作并强调，"要始终把人民利益摆在至高无上的地位，加快推进民生领域体制机制改革，尽力而为、量力而行，着力提高保障和改善民生水平，不断完善公共服务体系，不断促进社会公平正义，推动公共资源向基层延伸、向农村覆盖、向困难群体倾斜，着力解决人民群众关心的现实利益问题"。[1]司法救助是履行民生保障职责的重要内容，通过让生活

---

[1] 习近平：《让人民群众有更多获得感、幸福感、安全感》（2017年12月—2019年11月3日），载《习近平谈治国理政》（第3卷），外文出版社2020年版，第343页。

困顿者得周济之助、陷入困境者无生存之虞，充分发挥其"雪中送炭""救急解困"的功能，有效促进社会和谐稳定，不断增强人民群众的获得感、幸福感、安全感。本案中，上海市金山区人民检察院自觉践行"为大局服务、为人民司法"，积极助推乡村全面振兴，通过司法救助工作充分彰显了中国特色社会主义司法制度的优越性。

（吴思远，华东政法大学刑事法学院副教授，硕士生导师）

许某某刑事申诉公开听证案*

【关键词】

被告人近亲属申诉　检察长包案　视频听证　法治课堂　当场息诉

【办案要旨】

对首次申诉信访，不仅要落实院领导包案责任，更要发挥检察长示范引领作用。对异地刑事申诉案件，可以发挥检察一体化优势加强异地协作，既方便群众，又能有效开展释法说理。此外，还应避免机械听证，可结合案情适时开展教育引导，将公开听证演绎成"法治课堂"，化解申诉人心结，实现案结事了人和。

【基本案情】

申诉人许某某，系原案被告人许某之子。2011年7月9日17时许，许某（黑车司机）在上海市金山区吕巷镇新东街路口等生意时，恰逢张某等五人因琐事与陈某等二人发生争执。许某因与张某认识，遂帮助张某等人共同对陈某等二人拳打脚踢。后经鉴定，二名被害人均受轻微伤。2011年10月21日，上海市金山区人民法院以寻衅滋事罪对许某等六人作出判决，其中，许某被判处拘役6个月，缓刑6个月。宣判后，六人均未上诉。2021年8月9日，许某某以原审人民法院判决认定事实错误，证据不足为由，向上海市金山区人民检察院提出申诉。

＊ 本案例系2021年上海检察机关控告申诉检察优秀案例推荐案例。

【检察机关履职过程】

（一）检察长包案，严查细审十年旧案

2021年7月23日，内蒙古自治区某大学法学硕士研究生许某某通过"12309中国检察网"给千里之外的上海市金山区人民检察院留言，称其父亲许某十年前曾在金山区务工，在一次劝架中，被公安机关误当作犯罪嫌疑人抓捕，后被诱供，蒙冤入狱。当时其尚未成年，不懂维权，如今已是法学硕士研究生，理当学以致用，代父申诉。收到留言后，上海市金山区人民检察院迅速回应，开辟绿色通道，通过网络、快递等方式远程受理申诉，并根据院领导包案工作机制，将该案分给检察长包案。检察长第一时间调阅了原案卷宗，找到原案承办民警，询问破案经过和细节，并召开案情研判会，确认原案在事实认定、法律适用以及程序等方面均无错误。考虑到申诉人可能偏信父亲一面之词，简单告知审查结果，未必能令其信服，检察长决定以听证方式审查案件，在"第三方"见证下，结合证据开展释法说理，兼顾息诉息访和普法效果，提升司法公信力。

（二）聚焦申诉焦点，量身定制听证方案

针对劝架还是打架问题，听证方案安排了示证环节，现场播放案发现场的三段街面监控视频，再现犯罪经过，揭示事实真相；针对监控视频画质较差，申诉人可能无法直接辨认的问题，听证方案安排了证据梳理环节，由原案公诉人系统梳理言词证据，从五名同案犯和两名目击证人的笔录中，摘出案发时许某的衣着、体态、动作、站位特征，通过印证、比对锁定目标；针对诱供问题，因当时记录审讯过程的录音录像资料未保存，听证方案安排了现场问答环节，由原案承办民警现场回答申诉人提问，介绍办案经过，结合许某历次稳定供述和庭审记录中的质证意见，分析排除非法取证的可能；针对申诉人可能偏信父亲的问题，听证会邀请了两名市级人民监督员和一名资深刑案律师担任听证员，以"第三方"的中立性、权威性，提升司法公信力。听证方案的整体思路，就是围绕焦点问题，结合示证和说理，完整再现十年前的犯罪现场和十年后的审查过程，引导申诉人自行运用法学知识和基本逻辑推导得出结论，实现以理服人，做到让人心服口服。

（三）开展异地协作，搭建便民听证平台

由于申诉人正在内蒙古上学，当地又有疫情，来沪既不方便也无必要，上海市金山区人民检察院主动向申诉人所在地的内蒙古自治区呼和浩特市玉泉区人民检察院发函请求协助，玉泉区人民检察院积极响应，双方控告申诉检察部门和检务保障部门实现了充分对接，有利于通力协作。2021 年 9 月 27 日下午，公开听证会通过远程视频方式在上海和内蒙古两地同步举行，上海市金山区人民检察院检察长谈倩和呼和浩特市玉泉区人民检察院副检察长武强分别担任主、分会场主持人，听证员、检察官及其他参与人员出席主会场，申诉人就近出席分会场。听证会上，需要展示证据时，由分会场现场播放事先准备好的图文、视频资料，需要交流互动时，则借助实时通信软件进行"空中对话"，示证和说理交错进行。三名听证员在提前阅卷的基础上，针对申诉动机、共同犯罪等问题分别向申诉人和检察官进行了提问，在全面了解了案情和双方意见后，两名人民监督员从社会经验视角发表了对案件的看法，律师则发挥职业优势，围绕寻衅滋事罪的犯罪构成、非法证据排除规则等问题发表了专业意见。经评议，三名听证员一致同意检察机关审查结案的决定。申诉人全程神情凝重，仔细观看了视频，又分别与听证员和检察官进行了交流，最终表示对审查结论无异议，随后如释重负。

（四）演绎"法治课堂"，点燃法治梦想

深入分析本案申诉动机后不难发现，本案的根源可能来自申诉人父亲难以言明的苦衷：父亲的犯罪记录可能影响在读法学硕士研究生儿子的前途。时隔十年提出的申诉，不是简单的往事回首，更多的是一位父亲对过往的愧疚和儿子对未来的担忧。为维护法律尊严，同时促进家庭与社会和谐，实现三个效果的统一，在听证会结束前，主、分会场主持人结合申诉人的特点和听证情况，联手为申诉人上了一堂"法治课"，两位主持人以知法、守法、尊法为切入点，围绕习近平法治思想展开论述，重点强调了建设法治国家的重要意义，同时肯定了申诉人作为一名法律专业学生努力追求真相的做法，建议其回家后运用所学做好家人的释法说理工作，并激励其刻苦学习为国效力。生动的"法治课堂"不仅让申诉人彻底解开了"心结"，还点燃了其法治梦想。远程连线刚刚关闭，申诉人就向检察官发来微信："感谢检察院的各位领导以及今天出席的各位听证员，给你们添麻烦了。今天我清楚看见了案发现场的视频录像，证实了我父亲在案发现场实施了踢人行为。在整个视频听证会过程中我清楚地感受到了金山区公检法工作人员实事求是、坚守公平正义的工作作风，很感激你们能让我亲眼看见事实真相，回去以后我一定给我父亲好好普法，让他以后也能做到知法守法，做一个有益于社会的人。我也会继续努力学习法律知识，希望以后能从事法律工作，用自己的法律知识帮助更多的人。"

【典型意义】

（1）对信访人首次提出的刑事申诉，基层检察机关应当严格落实100%院领导包案要求，压紧压实首办责任和属地责任，并由检察长带头办理疑难复杂案件，充分发挥示范引领作用。针对申诉人的疑虑，可以通过公开听证的方式，邀请"第三方"参与辨析事理，展现检察机关的办案过程，彰显司法的公开、公平、公正。听证内容应当结合案件特点，紧扣申诉理由展开，做到民有所呼，检有所应。

（2）人民检察院在办理异地刑事申诉案件过程中，可以及时开展异地检察协作，充分发挥检察一体化优势，通过远程视频等方式，搭建便民利民工作平台，让人民群众感受到司法温度。申诉人居住地检察机关应当充分发挥熟悉当地情况、就近开展工作的优势，积极配合做好协查、息诉息访等工作，促进信访矛盾就地化解。

（3）人民检察院在开展刑事申诉案件听证活动中，可以视情况开展教育引导，注重发挥"法治课堂"作用。检察人员可以根据案件特点和申诉人的心结，用心用情做好沟通教育，增强申诉人对案件审查结果的认同感，提升申诉人对司法的满意度，真正化解申诉缘由，消除诉源。

【专家点评】

刑事申诉是指申诉人对人民法院或检察院作出的终局性决定不服，依法提出重新审理请求的行为。申诉检察是人民信访工作的重要组成部分，也是检察机关联系人民群众的桥梁和纽带。但在实践中，检察机关办理刑事申诉案件的程序相对封闭，缺乏当事人参与，导致说服力不足，难以平息当事人的申诉情绪，由此可能引发涉诉信访的情况。近年来，全国各地检察机关积极推进检察听证制度，在办理较有争议或社会影响较大的刑事申诉案件时，通过公开听证会的方式，充分听取当事人、听证员和其他参与人的意见并最终作出决定，有效保障了群众的知情权、参与权、监督权，提升了司法公信力，促进了社会和谐稳定。党的十八届四中全会明确提出，要保障人民群众参与司法听证，这既赋予了司法听证新的时代意义，又为申诉案件检察听证的进一步发展提供了动力。

本案中，上海市金山区人民检察院深入践行以人民为中心的发展思想、坚持和发展全过程人民民主，通过开展刑事申诉案件听证活动，为申诉检察工作的高质量发展注入了新动能。其一，坚持与践行以人民为中心，延伸与完善检察听证职能。随着检察职能朝着"四大检察"协同发力发展，上海市金山区人民检察院及时转变检察履职观念，提高检察听证站位，做到领导干部带头听证，在服务大局中主动谋划推进检察听证工作，充分保障了人民群众的知情权、参与权、表达权、监督权。通过依法履职，彰显公平正义、化解社会矛盾，更好地为人民司法、让人民评判、受人民监督。其二，借助群众智慧与力量，推动矛盾实质性化解。申诉检察工作，成效如何，根本在人。在本案中，上海市金山区人民检察院充分考虑到当事人的实际情况，不仅采取了远程视频等便利方式，更邀请了"第三方"听证员的参与，在提升法律监督专业化水平的同时，及时转换工作方法，充分发挥人民群众的作用，消弭积怨、化解矛盾，促进息诉罢访，实现了"案结事了人和""矛盾不上交"，确保了最终的处理结果兼顾天理、国法、人情。

申诉案件检察听证将"法、理、情"有机融合于一体，以人民群众可感、可触、可信的方式化解矛盾纠纷，正是落实了习近平总书记"法律不应该是冷冰冰的，司法工作也是做群众工作"[1]的重要实践。检察机关通过人民群众看得见、感受得到的方式办理申诉案件，不仅能够提升办案的质效，更能真正解开当事人的"心结"，让每一起案件中蕴含的公平正义被人民群众看得见、感受到、能接受。本案中，上海市金山区人民检察院自觉提高政治站位，主动服务基层社会治理，积极促进诉源治理，不断满足人民群众对司法公正的新要求新期待，为申诉案件检察听证的纵深发展起到了示范引领作用。

（吴思远，华东政法大学刑事法学院副教授，硕士生导师）

---

[1] 习近平：《在十八届中央政治局第四次集体学习时的讲话》（2013 年 2 月 23 日），载中共中央文献研究室编：《习近平关于全面依法治国论述摘编》，中央文献出版社 2015 年版，第 69 页。

积极把司法救助融入国家乡村振兴战略[*]

【关键词】

司法救助　因案致贫返贫　乡村振兴　系统思维　融合建设

【办案要旨】

司法救助是党和国家社会救助体系的重要一环，是做好"弱有所扶"工作的重要力量。检察机关开展司法救助工作，要坚持从政治上看，结合区域实际，主动融入国家乡村振兴战略，助力巩固脱贫攻坚成果。要始终坚持以人民为中心，坚持"应救尽救"，不断推动形成司法救助与各类社会救助帮扶贯通合力，强化救助效果，努力从"解一时之困"变为"消除后顾之忧"。

【基本情况】

上海市金山区人民检察院（以下简称"金山区检察院"）始终聚焦"金山区作为上海市实施乡村振兴战略的主战场"这一定位，坚持将司法救助作为改善民生、健全社会保障体系的重要组成部分，作为防范因案致贫返贫、服务保障乡村振兴的重要抓手，用灼灼不息的司法温情推动权利救济法治化，点亮困难群众新生活，让人民群众切实感受到公平正义就在身边。2021年以来，金山区检察院共救助因案致贫、因案返贫、因案增贫的困难群众101人，发放司法救助金160万元，救助人数、救助金额、救助率均在全市前列。办

＊ 本案例入选2023年1月上海检察机关服务保障城市"高质量发展、高品质生活、高效能治理"典型事例。

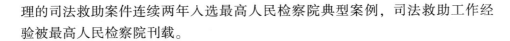

理的司法救助案件连续两年入选最高人民检察院典型案例，司法救助工作经验被最高人民检察院刊载。

【基本做法】

（一）政治统领，打开更大工作格局

坚持党的领导，主动向区委汇报，接受指导部署，积极将司法救助融入党领导下的乡村振兴、脱贫攻坚战略布局，深入开展"司法救助助推乡村振兴""救助困难妇女群体"等专项工作。坚持融入救助体系，领会党的二十大"健全分层分类的社会救助体系"精神，积极将司法救助融入社会救助体系，先后与区农委、区妇联、区残联、区退役军人事务局等单位会签文件，建立协作机制，推动全面依法保障困难群众的合法权益。坚持多元化救助方针，对农村返贫监测户、残疾人、妇女儿童等重点救助对象，充分发挥救助政策的集合效应，推动长效长治巩固救助成效。

（二）升级扩容，惠及更多困难群众

加大经费保障力度，主动与财政管理部门沟通，凝聚共识，逐年提升司法救助金预算额度，有效破解司法救助资金不足的瓶颈，为实现"在检察环节百分百开展救助工作""应救尽救"的目标提供强有力的资金保障。扩大救助覆盖面，通过院党组带头研究重大案件救助方案，每周调度会汇报线索移送数据等举措，切实把司法救助作为"一把手"工程推进，压实各条线线索排查责任，并为移送成案的办案人员考评加分，提升其积极性。探索一体化救助，打破地域藩篱，对外地因案致残、长期失业、生活陷入困境的涉案困难群众开展救助，提升司法救助工作整体效果。

（三）融合建设，发挥更强连带效应

与党建赋能融合，坚持党建与业务深度融合，在双周学习、主题党日活动中加入司法救助文件解读、典型案例学习等内容，自觉将司法救助放在检察工作大局中谋划和推进。与文化品牌战略融合，深耕"金色阳光"司法救助品牌。由五名资深检察官组成专业化办案团队，用心用情办理司法救助案件，积极宣传检察机关司法救助工作，不断提高司法救助工作的影响力和知晓度。与化解矛盾融合，坚持依法能动履职，充分发挥司法救助修复受损社会关系、消除矛盾风险隐患的作用。动态开展缠访、闹访、扬言访案件重点排查，发现符合条件的积极开展救助，推动矛盾纠纷化解，确保不发生涉检信访风险。

【典型意义】

金山区检察院坚持以政治统领打开司法救助工作格局，将司法救助融入乡村振兴战略，不断优化工作机制，以司法救助品牌建设为抓手，以党建赋能为动能，以化解矛盾、预防因案致贫返贫为目标，通过积极开展融合建设，增强司法救助的责任感、使命感，构建内部一体推进、外部多方协作的救助机制，实现救助效果的大力提升，切实提升人民群众在司法中的获得感、幸福感，让人民群众时刻感受公平正义就在身边，对厚植党的执政基础，提升法治影响，助力乡村振兴发挥重要的实践价值。

【专家点评】

司法救助，一头连着困难群众，一头系着司法关怀，不仅是一项司法制度，更是为民解急难、为党守民心的民生工程。随着全面推进乡村振兴战略的深入实施，农村地区生活困难的当事人、军人军属、残疾人、未成年人和困难妇女等特殊群体，成了近年来司法救助的重点对象。各地检察机关积极履行司法救助检察职能，突出司法救助重点，不断推进司法救助规范化、专业化，取得了积极的社会效果。本案中，金山区检察院以司法救助品牌建设为抓手，提升了司法救助工作的办理质量，体现了以人民为中心的司法理念，彰显了检察机关"应救尽救""主动救助""多元救助"的鲜明底色，让人民群众切实感受到司法温暖在身边。

金山区检察院的司法救助品牌建设具有典型示范意义：其一，以党建促进司法救助工作发展。金山区检察院通过党建与检察业务的深度融合，充分发挥党小组作用，为开展救助工作提供了正确方向，助力司法救助工作更加规范化、专业化。其二，自觉依法能动履职，创新工作举措。金山区检察院利用扎根基层、服务群众优势，通过主动摸排案件线索等方式，全面依法保障了困难群众的合法权益。此外，金山区检察院通过各种新媒体方式积极宣传检察机关司法救助工作，提高了司法救助工作的影响力和知晓度。其三，主动出击"向外借力"，着力打造"1+N"多元司法救助模式。金山区检察院积极将司法救助融入社会救助体系，先后与区农委、区妇联、区残联、区退役军人事务局等单位建立协作，完善救助信息互通、问题研讨和联合宣传工作机制，有效凝聚了救助合力，实现了救助效果最大化。

习近平总书记深刻地指出，"民心是最大的政治。我们党是全心全意为人民服务的党，坚持立党为公、执政为民，把人民对美好生活的向往作为始终不渝的奋斗目标"。[1]一直以来，习近平总书记都高度重视民生保障工作，将民生视为中国共产党的执政之本，强调要"始终把人民安居乐业、安危冷暖放在心上，时刻把群众的困难和诉求记在心里，努力办好各项民生事业"。[2]司法救助正是一项顺应民心、保障民生、解决人民群众困难的重要工作。新时代新征程，党和人民赋予检察机关更高期待、提出更高要求，为了做好司法救助工作，让人民满意应当成为检察机关开展司法救助工作的出发点和落脚点。金山区检察院积极推进司法救助品牌建设，始终坚持人民至上，主动融入群众、服务群众、解决群众"急难愁盼"问题，用心用情办好每一起涉民生案件，将体现人民利益、反映人民愿望、维护人民权益、增进人民福祉落实到司法救助工作的方方面面，促进了司法救助工作的规范化、专业化，充分发挥了司法救助"救急解困"的民生保障作用，切实以检察工作现代化支撑和服务着社会治理现代化。

（吴思远，华东政法大学刑事法学院副教授，硕士生导师）

---

〔1〕 习近平：《在基层代表座谈会上的讲话》（2020 年 9 月 17 日），载习近平：《论坚持人民当家作主》，中央文献出版社 2021 年版，第 314 页。

〔2〕 习近平：《人民是我们党执政的最大底气》（2018 年 3 月 1 日—2019 年 12 月 27 日），载《习近平谈治国理政》（第 3 卷），外文出版社 2020 年版，第 137 页。

张某突出信访处置案*

【关键词】

突出信访　首办责任　公开听证　精准施策　实质化解

【办案要旨】

对首次提出刑事申诉的案件，检察机关要落实院领导包案要求；对重大敏感、可能引发负面炒作或者有重大社会影响的案件，要因案制宜进行检察听证，充分发挥听证员"第三方"作用，促进情理法交融，就地化解矛盾，实现控告申诉案件办理"三个效果"的有机统一。

【基本案情】

2018 年 9 月某日凌晨，被告人李某驾驶小型轿车闯红灯超速通过上海市金山区一路口时，撞倒了骑电动车经过该路口的张某某，并致其死亡。因事故现场处于监控盲区，公安机关首次处理时未认定双方责任。被害人家属强烈不满，申请复议、复核。其间，被害人的哥哥张某多次向市、区公安机关、信访部门提出控告，并写信给市领导反映情况。2019 年 12 月，公安机关重新委托鉴定机构对事故相关情况进行鉴定，并依据鉴定意见认定原案被告人李某承担全部责任。

2020 年 5 月 28 日，公安机关侦查终结，以李某涉嫌交通肇事罪移送上海市金山区人民检察院（以下简称"金山区检察院"）审查起诉。次日，金山

---

* 本案入选 2023 年 12 月上海检察机关"坚持和发展新时代'枫桥经验'"典型案例。

区检察院收到张某的来信，要求严惩李某，同时反映公安机关"包庇"李某等问题，表示如果区司法机关不公正，将向市司法机关寻求公正，如果市司法机关不公正，将继续越级上访。审查起诉期间，张某坚持要求承办检察官顶格判处李某实刑，否则将向上级反映，并将案件上传至网络由社会公众予以评判。

审判阶段，张某以诉讼代理人身份参加庭审，当庭提出对李某判处3年有期徒刑的意见，并表示如果轻判将一告到底。2020年9月9日，法院以李某犯交通肇事罪，判处其有期徒刑1年，缓刑1年6个月。

2022年3月11日，张某以法院判决认定自首情节错误，对被告人量刑过轻为由，向上级检察机关提出申诉。在31页的申诉状中，张某对申诉理由和依据进行了严密的论证，表示"敬请作出富有说服力的批评和解释"，否则，"作为被害人的长兄，本申诉人决心为胞弟讨回公道！作为政治学研究者，本申诉人决心为社会呼唤正义！作为共和国的公民，本申诉人决心为法治贡献绵力！"按照管辖规定，上级检察机关将案件转至金山区检察院。

【检察机关履职过程】

(一) 严格落实责任，穷尽化解措施

针对突出信访风险，金山区检察院收到移送审查起诉案件材料后，立即根据涉检信访同步化解机制，指派控告申诉检察部门协助刑事执行检察部门办理案件，落实化解稳控措施。审查起诉期间，承办检察官主动听取被害人家属和张某意见，并保持沟通联系，与被害人的儿子和张某累计通话时间分别达30余小时和20余小时。检察官考虑到对方白天需要工作等原因，通话时间全部安排在晚上。检察官认真的工作态度赢得了张某等人的认可，虽然双方意见不一致，但沟通交流十分通畅。其间，控告申诉检察部门依职权启动司法救助程序，帮助被害人家属解决了律师费问题，一定程度上缓和了当事人双方的矛盾。在收到张某的刑事申诉材料后，金山区检察院第一时间明确了包案领导，组建了检察官办案组，调阅了原案卷宗，并召集原案公诉人、侦查人员召开案情分析会，赴案发现场进行实地勘查。同时，金山区检察院及时向区委政法委、区信访工作联席办汇报了案情，争取支持和指导。并且，办案组收集了大量论文、调研文章和真实判例，供张某参考。为化解矛盾，包案领导及办案组上门走访了张某，面对面阐明观点、释法说理。在此基础

上，金山区检察院决定组织召开公开听证会，通过公开示证、公开论证等方式答复申诉人，争取以法以理服人。

（二）抽选听证专家，做好听证准备

办案组经审查认为，案件争议焦点明确，即是否应当认定原案被告人具有自首情节。张某的学术功底深厚，做事严谨，其之所以在原案判决生效1年5个月后才提出申诉，是为了系统学习相关法律、司法解释以及研究判例，简单释法说理难以对其进行说服，且有信访上行和舆情风险。针对上述情况，金山区检察院决定从听证员库、人民监督员中抽选具有法学理论研究、司法实务背景或者系统分析能力较强的专家担任听证员，提升释法说理效果。名单确定后，办案组提前将案件资料和相关法律规定分送各位听证员，并根据听证员的要求进行了补充说明，确保听证员全面了解案情，准确把握重点。正式听证前一周，组织召开听证预备会议，就听证步骤等程序性问题征求听证员意见建议。根据听证员建议，分别在正式听证前增加了介绍听证员履历、宣读人民监督员职责等内容，在集中评议前增设了听证员与申诉人单独沟通的环节，进一步优化听证程序。

（三）演绎法治课堂，实质化解矛盾

2022年7月25日下午，在包案领导主持下，公开听证会正式召开。会上，主持人将大部分时间交给了听证员。刑法学专家、某法学研究所教授尹某发挥专业优势，从立法背景、目的和意义等角度全面介绍了自首情节的相关法律规定，在立法层面和申诉人交换了各自的理解和看法，以深厚的学术功底赢得了申诉人的尊重。资深律师刘某分享了自己在校期间拜读申诉人著作的经历，向申诉人致以敬意，再结合自己丰富的执业经验，分析梳理了本市各区法院对交通肇事罪的审判实务，列举了多个相似案例的具体判罚情况，通过比较证明了本案裁判尺度符合同类案件标准。资深人民监督员徐某从原案被告人视角回顾了全案始末，着重讲述该案对其家庭生活的巨大影响，指出其确有悔罪表现。在谈及申诉人的感受时，徐某以自身经历为例，介绍了父亲因遭遇车祸去世后，其从痛恨肇事司机，到了解对方生活、家庭、工作情况，最后放弃所有赔偿原谅对方，走出阴影的心路历程，引起了申诉人的共情。之后，听证员和申诉人进行了一个多小时的单独沟通。听证会结束时，申诉人虽未改变立场，但情绪明显转变。在作出不予支持监督申请决定并书面通知申诉人时，检察官又收集了数篇论文和判例，一并邮寄给申诉人，继续开展书面释法说理。截至目前，申诉人未再继续申诉或者信访，案件获得实质性化解。

【典型意义】

（1）压紧压实信访工作首办责任。本案是检察机关坚持和发展新时代"枫桥经验"，将信访风险消除在首办环节的典型案例。首办责任制要求检察官在办理案件的同时，落实信访工作责任，同步开展信访矛盾化解工作。院领导包案办理首次信访机制进一步要求基层院领导发挥示范引领作用，加大对重大、突出信访的统筹协调力度，为化解工作提供有力保障。本案中，金山区检察院针对本刑事申诉案件从审查起诉阶段起就具有突出信访风险的特点，及时启动突出信访处置程序，压紧压实院领导和承办检察官责任，明确控告申诉检察部门与刑事执行检察部门职责分工，有效防止了涉检信访风险加大和舆情发酵，为全案的实质性化解奠定了基础。

（2）注重听证员选取的针对性。检察机关在选取听证员时既要体现广泛性，也要凸显专业性，要因案制宜、有针对性地选取。本案是刑事申诉案件，申诉人文化层次高、案件焦点明、信访压力大，检察机关在听证员选取上精心安排，结合申诉人的身份和申诉理由邀请不同领域、不同专长的人员担任听证员，将专业判断、法律适用和社会公众的朴素认知相结合，可以从不同角度为申诉人答疑解惑。同时，听证员充分了解案情是保证听证效果的基础。本案中办案组提前向听证员寄送案件相关材料，并参照庭前预备会议形式召开听证预备会议，确保与会人员准确把握听证重点，找准案件症结，并根据申诉人的具体诉求合理调整听证程序，有效帮助听证员做好准备工作。

（3）发挥听证员的核心作用。公开听证的作用不仅在于帮助申诉人理解法律规定和司法规律，更在于促使申诉人认同检察官、法官依法作出的司法决定，因此，申诉人对听证员的信任对听证效果起着至关重要的作用。本案中，检察机关在听证前详细介绍了听证员资历，宣读了人民监督员职责，积极推动听证员与申诉人建立信任关系。听证中，安排听证员和申诉人单独沟通，既保障了听证员的独立性，又给予了听证员自由发挥的空间，多角度尝试打开申诉人"心结"，最大限度地发挥了听证员的作用。

【专家点评】

党的十八大以来，以习近平同志为核心的党中央高度重视推进国家治理体系和治理能力现代化，强调从源头上化解基层矛盾纠纷。习近平总书记在2020年召开的中央全面依法治国工作会议上深刻地指出："法治建设既要抓末端、治已病，更要抓前端、治未病……要推动更多法治力量向引导和疏导端用力，完善预防性法律制度，坚持和发展新时代'枫桥经验'，完善社会矛盾纠纷多元预防调处化解综合机制，更加重视基层基础工作，充分发挥共建共治共享在基层的作用，推进市域社会治理现代化，促进社会和谐稳定。"[1] 2023年是习近平总书记指示坚持和发展"枫桥经验"20周年。在习近平法治思想的引领下，"枫桥经验"与时俱进，创造性地解决了新时代的系列治理问题，成为党领导基层治理的重要经验。近年来，各地检察机关积极将"枫桥经验"融入检察履职办案全过程，不断推进检察机关信访工作法治化，构建诉源治理的新模式新格局。

本案系检察机关坚持和发展新时代"枫桥经验"的典型案例。本案中，金山区检察院坚持和发展新时代"枫桥经验"，将"枫桥经验"充分融入申诉控告与涉检信访案件的办理过程中，最大限度将矛盾纠纷预防在先、化解在早、化解在小，有效化解了社会矛盾，维护了公民的合法权益。其一，注重依靠群众化解纠纷，积极发挥听证员的作用。"枫桥经验"的实质就是发动群众，依靠群众的力量与智慧，根本上体现了党的领导与群众智慧相结合，以人为本与民主法治相结合，群众自治与政府管理相结合的基层治理经验。金山区检察院结合案件当事人的具体情况，找准案件症结，精心选取和安排听证员，从专业角度进行释法说理，说服当事人息诉服判，最终引导申诉案件实质化解。其二，注重运用系统思维与法治方法化解矛盾，提升社会治理实效。有效地化解基层矛盾是"枫桥经验"的精髓，这就要求检察机关在履职过程中综合运用多种方式，既要注重法律又要考虑情与理的有机结合。金山区检察院摒弃"就案办案、机械办案"的传统思维，坚持信访工作首办责任，一案一策制定矛盾化解方案，不仅做到了程序合法、适用法律正确、实体处置无误，更实现了涉案矛盾纠纷一次性实质化解，显著提升了人民群众

---

[1] 习近平：《习近平著作选读》（第2卷），人民出版社2023年版，第384页。

的认可度与接受度。

　　检察机关作为党领导下的政法机关，必须以扎根中国文化、立足中国国情、解决中国问题为使命。在推进国家治理体系和治理能力现代化，以及全面依法治国的时代背景之下，检察机关是诉源治理的实践主体，理应肩负起化解社会矛盾纠纷的重要职责。从源头上做好申诉控告检察工作，预防和减少信访，亦是推动信访法治化的优化路径。本案中，金山区检察院在深化诉源治理中践行"人民至上"，进一步贯彻和发扬了"枫桥经验"，提升了司法公信力，取得了积极的社会效果。

　　　　　　　　　（吴思远，华东政法大学刑事法学院副教授，硕士生导师）

检察综合工作

上海市金山区工商业联合会、上海市金山区人民检察院共建沟通联系机制[*]

【关键词】

营商环境　健全沟通联系机制　检企沟通渠道

【基本做法】

（一）构建有效协作制度保障

上海市金山区工商业联合会（以下简称"金山区工商联"）与上海市金山区人民检察院（以下简称"金山区检察院"）于 2019 年签订《服务保障民营经济营商环境建设合作协议》，且近年来持续加强双方协作，共同推动服务保障民营经济发展工作。双方完善沟通协调和信息共享机制，不定期召开工作例会通报情况，研究加强和改进工作措施；建立涉民企案件联系机制，金山区检察院对涉民企重大案件，适时向金山区工商联通报办案进度，金山区工商联对侵犯民营企业或民营企业家合法权益的检察监督线索，及时向检察机关移送，并及时收集企业的司法诉求及意见建议向检察机关反映；联合开展专业咨询和理论调研，金山区工商联协助金山区检察院聘请专家开展专业知识咨询，共同就热点案件等组织学者、民营企业家等进行研讨和调研；联合开展法治服务和法治宣传活动，组织检察官进企业普法，组织民营企业旁听庭审等，通过双方协作，为构建"亲清"检企关系，护航民企健康发展

---

* 本案例入选 2022 年 8 月中华全国工商业联合会办公厅、最高人民检察院办公厅"工商联与检察机关沟通联系机制典型事例（2019—2022）"。

提供制度保障。

（二）联合编发案例宣传集册

该集册主要收录检察机关经办的涉及非公有制经济的典型案例，包括查办挪用资金、职务侵占等刑事案例，以及民事检察监督中危害企业合法权益的案例，配有检察官对案例的点评，以及致力于案例意义剖析，进行法治宣传教育。近年来，这一集册通过金山区工商联，向该区相关企业和社会组织等发放 500 余册，受到普遍好评。

（三）共同制发法律风险提示函

双方依据检察机关在办案中发现的企业经营中出现的安全生产、财物保管、人员管理等方面的隐患，以提示法律风险的方式，及时通过金山区工商联向下属 12 个基层商会、150 余名区工商联执委企业家及全区民营企业转发，并向企业发出警示，金山区商会报刊等媒体予以公开报道。该工作被评为金山区区级工作"金点子"奖项。截至目前，针对企业职员职务侵占犯罪等常见多发的企业生产经营刑事法律风险问题，已制发法律风险提示函 14 份，获得社会充分认可。

（四）协作开展检察建议工作

金山区检察院负责对在办案中发现的有关企业经营不规范等问题，向企业制发改进工作检察建议，金山区工商联发挥自身作用，积极参加检察建议公开宣告等活动，并通过制发检察建议后走访企业、提示整改等督促工作，促进有关企业认真研究和落实整改措施，共同帮助企业健全管理制度，推动企业健康发展。

【典型意义】

习近平总书记多次指出，要支持民营经济，营造稳定公平透明的营商环境，推动我国经济持续健康发展。营商环境是一个国家和地区的重要软实力和核心竞争力，优化营商环境事关发展全局。

工商联组织是连接民营企业的纽带和桥梁，对检察机关有效服务民营企业起到重要作用。检察机关应切实增强责任感、使命感和紧迫感，立足职能，主动作为，加强与工商联组织的合作，为民营经济发展提供优质的检察产品和法治保障。工商联组织与检察机关要立足于保护促进民营经济发展这一职责担当，不断加强双方联系沟通，建立健全沟通联系机制，有效开展联合法治宣传、向企业提示经营风险等协作工作，有序推进协作常态化健康发展，更好贯彻和落实服务保障民营经济工作。

【专家点评】

2019 年 2 月，最高人民检察院与中华全国工商业联合会联合印发《关于建立健全检察机关与工商联沟通联系机制的意见》（高检发〔2019〕5 号），金山区工商联与金山区检察院据此在同年签订了《服务保障民营经济营商环境建设合作协议》，通过建立检察机关与工商联的沟通联系机制，共同推动服务保障民营经济发展工作，更好地保障了民营企业的合法权益。

第一，金山区工商联、金山区检察院共建沟通联系机制的亮点。金山区工商联与金山区检察院共建沟通联系机制是深入贯彻习近平总书记关于促进民营企业健康发展的重要指示精神，在深化常态沟通、搭建服务平台、聚合资源力量、创新工作模式等方面的积极探索和大胆创新，充分反映了工商联和人民检察院协力服务保障民营经济健康发展的工作成效。金山区检察院基于这个工作联系机制，充分发挥检察职能作用，推动服务保障民营经济发展工作，聚焦服务民营企业健康发展，主动作为、靠前服务，常态化开展沟通交流，及时掌握涉民营企业案件线索，为企业提供了更优的法治服务，为优化金山区的营商环境作出了检察贡献。

第二，金山区检察院在具体做法方面具有自身特点。一是建立了有效的制度保障，通过加强日常联络，开展联合调研、提供法治服务等活动，以组织检察官进企业普法、推动案件联动调解、加强法治宣传教育等方式，提升法律服务的实效性。二是联合编发案例宣传集册，加大以案释法的力度，强化对企业及其员工的法治教育，精准提供指引，提升企业的风险防范能力。三是与工商联共同制发法律风险提示函，向企业发出法律风险提示，为民营企业防范职务犯罪提供有针对性的法治宣传和教育，为护航企业创新发展提供坚强有力的司法保障。金山区检察院与金山区工商联共建沟通联系机制的具体做法是，针对企业发展面临的法律问题，多措并举，协力服务保障民营经济健康发展，助推行业治理、系统治理，为营造稳定、透明、规范、可预期的法治化营商环境贡献检察力量，合力推进各项法律服务工作有序开展。

第三，金山区工商联、金山区检察院共建沟通联系机制具有的价值和意义。习近平总书记多次指出，要支持民营经济，营造稳定公平透明的营商环境，推动我国经济持续健康发展。金山区工商联和金山区检察院共建沟通联系机制充分发挥了以司法办案、法律监督服务民营经济高质量健康发展的重要作用，通过共同构建好检企关系，强力保障民营经济健康发展，扎实推进检察工作走深走实，畅通检企沟通渠道，积极回应民营企业法律服务需求。这是坚持以习近平新时代中国特色社会主义思想为指导，贯彻落实习近平法治思想的典型做法，是在深入学习领会习近平总书记关于"法治是最好的营商环境"重要论断深刻内涵的基础上，以涉民营企业重大案件为契机，不断深化沟通联系机制，积极反映民营企业的意见和建议，服务保障民营经济健康发展的检察实践。

（王海军，华东政法大学法律学院教授，硕士生导师）

与党同心，伴企同行 携手画好法治化营商环境 "同鑫圆"*

【关键词】

法治化营商环境　经济金融犯罪检察业务"党建+检察工作"

【背景情况】

党的二十大报告指出，"加快构建新发展格局，着力推动高质量发展""完善产权保护、市场准入、公平竞争、社会信用等市场经济基础制度，优化营商环境""营造市场化、法治化、国际化一流营商环境"。上海市金山区人民检察院第五党支部深入贯彻新发展理念，牢固树立"法治是最好的营商环境"理念，充分发挥负责经济金融犯罪检察业务优势，聚焦服务保障企业创新发展这一重点任务，深化打造"同鑫（心）圆"党建业务深度融合品牌，探索构建"一手牵两家"工作格局，携手职能部门、民营企业，共同画好法治化营商环境最大"同心圆"，着力为辖区全面建设"三个金山"、打响"上海湾区"城市品牌，实现经济社会高质量发展保驾护航。

【检察机关做法成效】

（一）党建凝聚强大合力，发动各方资源，当好营商环境"护航员"

营造良好的法治化营商环境是一项复杂的系统工程，需要凝聚多方合力。上海市金山区人民检察院第五党支部坚持以党建联建为抓手，壮大"朋友

＊　本案例系 2023 年上海检察机关"党建业务融合典型案例"推荐案例。

圈"，拓展"业务圈"，携手相关职能部门，建立"资源共享、优势互补、互相促进、共同提高"的党建业务融合新格局，凝聚安商宜商工作合力。例如，加强与工商联深度协作，与区工商联青创联签订"青检拾梦"结对共建协议，以"青检联鑫促党建，坚定初心共发展"为主题，常态化开展微党课、法律课程服务等主题活动，切实以党建促业务，以业务促发展，该做法获评"全国工商联与检察机关沟通联系机制典型事例"。大上海保卫战期间，联合区工商联、区国资委召开"法治保障复工复产'云上'企业家座谈会"，及时了解企业复工复产中的困难诉求，帮助企业解决问题。再如，聚焦创新驱动发展战略，携手公安、法院、司法局、宣传部、文旅局、农委及市场监管局等七大执法司法机关，建立"知识产权一站式保护平台"，形成"线索收集一站式""问题解决一站式""法律服务一站式"知识产权保护模式，凝聚知识产权"全链条"保护合力。近年来，上海市金山区人民检察院第五党支部共依法打击侵犯"国民品牌"权益犯罪案件40余件，推动"金山蟠桃""亭林雪瓜"等农产品地理标志稳定发展，为辖区打响"上海制造"品牌的重要承载区贡献检察力量。

（二）党建筑牢红色初心，发挥两个作用，当好法治服务"先锋队"

上海市金山区人民检察院第五党支部充分发挥党支部的战斗堡垒作用，依托"检察长讲党史、谈办案"平台，院党组书记、检察长带头讲、指导学，与党员干警畅谈新时代、研学新思想、谋划新党建，以生动鲜活的办案故事贯彻落实执法司法新理念。开设"星火相传"讲史堂等栏目，推动支部党员开展交流研讨，深入学习习近平法治思想，深刻认识到"每一起涉企案件都是营商环境"，从而用心办事，为发展保驾护航。近年来，上海市金山区人民检察院第五党支部坚持忠诚履职、创新履职、能动履职，打击经济金融类犯罪案件近3000件，帮助60余家企业、2500余名被害人追赃挽损1.5亿余元，7起案件获评最高人民检察院、上海市人民检察院典型案例、优秀案例。充分发挥党员先锋模范作用，以"亲"不逾矩、"清"不疏远的检企关系为原则，打造"1+3+N"普法机制，即组建一支以党员为主体的"湾区有我，金检先锋"法律服务队，聚焦"专班""专业""专项"三个维度，设置知识产权类、职务犯罪类及涉税类等N类"点单式"法律课程，常态化深入企业开展普法宣传活动，并探索在上海湾区高新技术产业开发区、上海碳谷绿湾产业园等地组建"法治化营商环境"党建联盟式检企联络站，让党员干警担任

"法律服务快递员"。目前，已为企业提供"点单式""精准式""全景式"法律服务150余次，覆盖园区90%以上企业，做到"无事不扰、有求必应、精准服务"。对办案中发现的类案问题，创新建立法律风险提示函，就知识产权综合保护、复工复产用工风险、企业职务犯罪预防等问题，向辖区企业制发5份法律风险提示函，推动源头治理，助力行业健康发展。在党旗引领下，支部当先锋、做表率蔚然成风，上海市金山区人民检察院第五党支部被评为"金山区先进基层党组织"，其中4名党员先后荣获上海检察机关优秀公诉人、个人三等功、金山区十佳人民满意的政法干警、金山区政法系统先进政法干警。

【典型意义】

（1）推动党建业务深度融合，必须首先"从政治方向上看底色"。该支部时刻牢记检察工作是政治性极强的业务工作，也是业务性极强的政治工作，自觉将检察工作置于"国之大者"的政治高度和上海"四个放在"的政治要求下谋划落实，聚焦高质量发展这一党的二十大明确的首要任务，依法为企业发展保驾护航。实践证明，只有始终做到以党的旗帜为旗帜，以党的方向为方向，以党的意志为意志，才能把牢新时代检察工作正确方向，才能让党建的"源头活水"激起检察业务的"一池春水"。

（2）推动党建业务深度融合，必须坚持"从业务品质上看成色"。该支部始终坚持把业务质效作为检验党建成效的重要标准，善于运用区域化党建联建的方式方法，立足检察职能最大限度整合资源、聚合力量，以"一手牵两家"的方式，携手职能部门、民营企业共谋发展，形成了一批护企安商的特色成果、典型案例。实践证明，没有脱离业务的党建，只有在党建引领下把业务工作做深做强，以一流业绩提交党和人民满意的答卷，才能让党建优势转化为助推检察业务的不竭动力。

（3）推动党建业务深度融合，必须注重"从队伍精气神上看亮色"。该支部注重发挥党支部战斗堡垒和党员先锋模范两个作用，通过引导党员干部深刻认识和把握党百年奋斗的初心使命，激发干事创业、争先创优内生动力，以敢为人先的首创精神推动形成了一系列有借鉴意义的护企安商特色机制。实践证明，只有充分认识"每一个党组织都是一座团结奋斗的坚强堡垒，每一个党员都是一面奋勇争先的鲜艳旗帜"，才能为推动检察工作高质量发展、

实现检察工作现代化提供有力的组织保证和力量源泉。

【专家点评】

上海市金山区人民检察院第五党支部牢牢把握党建工作，牢固树立"法治是最好的营商环境"理念，借助党建引领功能，充分发挥负责经济金融犯罪检察业务优势，聚焦服务保障企业创新发展这一重点任务，打造了"同鑫（心）圆"党建业务深度融合品牌，大力推动党建和检察业务工作深度融合，推动本区法治化营商环境不断优化。

第一，上海市金山区人民检察院以党建引领法治化营商环境的建设极具亮点。上海市金山区人民检察院在法治化营商环境建设中，充分发挥党支部的战斗堡垒作用，依托院党组书记、检察长的支部党员身份，以专题党课、专题研讨、专题调研等方式，引导检察工作人员深刻认识到法治化营商环境建设是落实党中央关于依法平等保护民营企业发展要求的重要举措。同时，立足检察职能，积极履职担当，结合深化政治与业务融合要求，着力把握"党建+检察工作"为企业提供护航服务的内涵，注重人民群众的满意度和企业的感受，对标企业的司法需求，深入开展送法进企业活动，持续优化服务企业各项措施，成了检察改革的"拓荒者"、营商环境的"护航员"、法治服务的"先锋队"，为企业健康发展、持续优化营商环境提供了有力的法治保障。

第二，上海市金山区人民检察院以党建引领法治化营商环境的建设具有重要意义。上海市金山区人民检察院第五党支部打造"同鑫（心）圆"党建业务深度融合品牌，是基层党组织建设和党员队伍管理的方式，是深入学习贯彻习近平法治思想，深刻认识"每一起涉企案件都是营商环境"的最佳实践。基于党建的功能，上海市金山区人民检察院深入学习贯彻习近平法治思想，以强大的政治定力为案件办理、营商环境优化提供思想动力，突出的业务能力为提升案件办理质效提供了专业保障，用心办好每一个案件，也为金山区的经济发展起到了保驾护航的功能，为党建与检察业务的融合模式提供了"金山样本"。

（王海军，华东政法大学法律学院教授，硕士生导师）

丁某等 9 人检察听证案*

【关键词】

司法救助与社会救助相结合的多元化救助　检察听证工作　司法救助听证

【基本案情】

2019 年至 2020 年，季某在担任上海市金山区某镇某村村委会残疾人工作助理员（以下简称"助残员"）期间，编造买房装修等虚假事由骗取其辖区内残疾人钱款。丁某、陆某、沈某、黎某、朱甲、朱乙 6 名残疾人和俞某、胡某、杨某 3 名残疾人家属，共 9 名被害人遭受经济损失约 16.6 万元。由于季某不具有赔偿能力，上海市金山区人民检察院（以下简称"金山区检察院"）告知上述被害人可以申请国家司法救助。2021 年 1 月 5 日，被害人向金山区检察院提出国家司法救助申请。2021 年 1 月 8 日，金山区检察院以季某涉嫌诈骗罪向上海市金山区人民法院提起公诉。2021 年 2 月 3 日，季某被上海市金山区人民法院以诈骗罪判处有期徒刑 4 年 6 个月，并处罚金人民币 2 万元。

【检察机关履职情况】

丁某等 9 名被害人属于残疾人弱势群体，引起社会关注，为缓解其生活困难，传递检察温暖，做到公正救助，金山区检察院在 2021 年 1 月 19 日召开

---

* 本案例入选 2021 年 6 月最高人民检察院"检察听证典型案例（第二批）"。

了国家司法救助公开听证会。

（一）扎实做好听证会预案

检察机关围绕涉案被害人经济困难状况开展调查核实，通过询问村委会干部、知情村民等方式，全面了解他们的身体状况和遭受犯罪侵害的财产损失情况，并联合村委会工作人员释法说理，告知其司法救助听证的依据和程序。金山区检察院邀请人民监督员、区人大代表、区政协委员、案发村村委会干部和律师代表等担任听证员，向听证员提前介绍了案情和国家司法救助有关规定，组织召开了听证前预备会议，确定了听证议题，制定了有针对性的听证会预案。

（二）采纳听证员多元化救助意见

听证会上，听证员对司法救助的性质及救助金标准提出了疑问，承办检察官作出了详细说明。经评议后，听证员一致同意检察机关司法救助的决定，并建议对本案被害人开展法律援助、司法救助与社会救助相结合的多元化救助。从保护弱势群体权益角度出发，检察机关当场采纳了听证员意见。

（三）督促有关工作建议落实

听证会后，金山区检察院主动为申请人联系该区民政局、残联等部门，搭建司法救助和社会救济有效衔接机制。在多方共同努力下，丁某等9名申请人成为专门备案的经济帮扶对象。2021年春节前夕，金山区检察院向丁某等9名申请人发放了8.1万元的救助金，案发镇的残联向申请人发放了经济困难补助款。另外，金山区检察院还向区残联制发检察建议，建议加强对助残员的管理教育，杜绝类似案件发生。金山区残联依照检察建议，明确了责任主体，强化了对助残员的监督管理。

【典型意义】

扶持、救助社会弱势群体，是中国特色社会主义司法制度的内在要求，也是改善民生、健全社会保障体系的重要组成部分。检察机关依法打击侵害残疾人权益的刑事犯罪，通过听证会的方式，释法说理，切实维护残疾人合法权益，以高质量的检察履职实现对弱势群体的公正及时救助，落实法律援助、司法救助与社会救助相结合的多元化救助，解决好人民群众的操心事、烦心事、揪心事，让人民群众切实感受到检察温暖。

【专家点评】

检察听证工作是检察机关坚持走群众路线，听民意、解民忧，充分保障人民群众权益的一项积极探索，而对司法救助案件进行检察听证更是具有人民性、司法性和政治性。金山区检察院针对被骗取钱财的丁某等 9 名残疾人提出的国家司法救助申请举行了公开听证会，以检察履职实现对残疾人合法权益的保护，缓解了被害人作为残疾人所遭受的生活困难，传递了检察温情，以公开促公正，做到公正救助，展现了检察机关在案件办理中贯彻以人民为中心的发展理念。

第一，本案涉及的对残疾人群体司法救助的检察听证具有的亮点。金山区检察院依法规范办理的该项司法救助听证案件，是通过积极履职关注社会弱势群体，保障生活困难的被害人及时获得救助的重要表现。金山区检察院通过"检察听证+司法救助+多元化救助"途径，不仅充分保障弱势群体当事人的权益，解决当事人的困难，体现了司法为民的宗旨和民主关怀，让人民群众感受到了司法温度，而且实现了政治效果、社会效果、法律效果的有机统一。

第二，金山区检察院积极履职，体现了对残疾人特殊群体司法救助案件的工作特点。一是积极做好听证预案，充分调查核实情况，广泛听取意见，深入释法说理，助推解决特殊群体权益保护问题，把以人民为中心的发展理念切实落到实处。二是听取听证员独立发表的客观、中立的意见，客观准确地认定事实、适用法律，对本案被害人残疾人群体开展法律援助、司法救助与社会救助相结合的多元化救助，有效整合救助资源、提升救助质效，发挥各单位的职能，共同帮助被救助人走出困境，最大限度地发挥救助合力，充分发挥司法救助救急解困的民生保障作用。三是能动履职，在办案中依法保护残疾人的合法权益，主动为申请人联系该区民政局、残联等部门，搭建司法救助和社会救济有效衔接机制，做好涉案残疾人及其家庭的后续帮扶救助工作，体现了对残疾人的权益保障，以及对其日常生活中的关爱和保护。此外，金山区检察院还向区残联制发检察建议，体现了法律监督的重要功能。

第三，检察机关针对残疾人特殊群体司法救助进行的听证案体现出的价值和意义。金山区检察院在办理残疾人作为被害人的司法救助听证案件过程中，深刻把握和领会习近平总书记重要指示精神，落实"让人民群众在每一个司法案件中感受到公平正义"要求的积极实践，凸显了以人民为中心的发展思想。金山区检察院开展公开听证工作，充分保障了丁某等 9 名残疾人的权益，坚持以民为本、司法为民，既增强了检察办案的透明度，保证了办案质量，提高了执法公信力，体现了以公开促公正、用听证赢公信的理念，又积极宣传了国家司法救助制度和检察工作，让困难群众感受到司法人文关怀，增强了人民群众的法治意识，服务和保障了民生，切实履行了检察机关维护社会大局稳定、促进社会公平正义、保障人民安居乐业的职责使命。

（王海军，华东政法大学法律学院教授，硕士生导师）

对边某等 22 人掩饰、隐瞒犯罪所得案的流程监控案*

【关键词】

掩饰、隐瞒犯罪所得案　案件流程监控　类案及时治理

【基本案情】

被告人边某等 22 人掩饰、隐瞒犯罪所得案，由上海市公安局金山分局侦查终结，于 2021 年 2 月 23 日向上海市金山区人民检察院移送审查起诉，上海市金山区人民检察院于同年 3 月 19 日向上海市金山区人民法院提起公诉，随案移送 3 部手机、2 本笔记本、53 张银行卡。2021 年 4 月 9 日上海市金山区人民法院开庭审理本案并于同日作出一审判决。

经流程监控发现，截至 2021 年 6 月 22 日，本案在检察业务应用系统中仍处于"办理"状态，属于案件审结后流程长期未结束问题。通过核查，边某等 22 人掩饰、隐瞒犯罪所得案的一审判决书未对涉案财物作出处理，《退还扣押赃物清单》上仅注明：退检。因无明确判决结果作为依据，检察机关承办人未对涉案财物作出处理，故长期未结束办案流程。

【监管意见】

根据《人民检察院刑事诉讼涉案财物管理规定》第 23 条第 1 款的规定，人民检察院作出撤销案件决定、不起诉决定或者收到人民法院作出的生效判

---

* 本案例系 2021 年上海检察机关案件管理优秀案例推荐案例。

决、裁定后，应当在 30 日以内对涉案财物作出处理。情况特殊的，经检察长批准，可以延长 30 日。

案管部门认为，法院于 2021 年 4 月 9 日作出一审判决，截至同年 6 月 22 日，承办人仍未对涉案财物作出处理，属于程序不合法，依据《人民检察院刑事诉讼规则》第 669 条，案管部门对违反规定的查封、扣押、冻结、处理涉案财物行为有提出纠正意见的职责，故向办案部门制发了《流程监控通知书》。

【监管过程及结果】

（一）立足个案，找准症结，做实流程监控

经比对台账和检察业务应用系统后，案管部门确认办案部门存在违规情形，遂制发了《流程监控通知书》，案件承办人收到案管部门的监管意见后反馈，由于法院一审判决书上未对涉案财物性质加以区分，也未作出最终处理决定，因此无论是没收、发还还是销毁，均无执行依据。

为切实解决本案的财物遗留问题，避免《流程监控通知书》一发了之，案管部门切实承担起在涉案财物衔接机制上的监管责任，主动牵头联系本案的承办检察官和承办法官共同研商，协助双方厘清涉案财物性质。最终，于 2021 年 6 月 25 日将 53 张银行卡及 2 本笔记本认定为作案工具并作出予以没收的决定，与原案无关的 3 部手机要求公安机关予以发还。

（二）依托平台，排查类案，清理历史遗留

为对本院在库财物的现状做到心中有数，手中有账，案管部门采取"数据排查找案件+流程监控查病源"的工作方式，依托区涉案财物共管平台，对 2021 年 6 月前涉案财物未依法处理的 139 件案件进行全面排查。摸清应当清理处置的涉案财物底数后，逐案查清在库财物的性质、权属，提出处置意见。

经反复多次会商研判，区公检法三家协商达成共识，利用共管平台"移单不移物"的优势，尽快区分在库财物性质并依法从速处置，在市专项清查活动中走在前列。截至 2021 年 6 月底，金山区人民检察院在库涉案物品 486 件，款项 51 万余元全数清理完毕，率先做到清理率 100%，位居全市首位。

（三）走访调研，建章立制，细化流转程序

经调查核实，涉案财物流转不畅的矛盾点在于检公两家认为根据最高人民法院《关于适用〈中华人民共和国刑事诉讼法〉的解释》，经法院一审判决的案件，应当对涉案财物作出明确处理意见，涉及的相关证据及作案工具应由法院依法处理。而金山区人民法院则认为公安机关、检察机关在《随案移送赃证款物品清单》上应当标注查封、扣押、冻结财物的到期时间、权属情况及处理建议或意见。

为实现源头治理，建立涉案财物处置长效机制，2021 年 11 月，上海市公安局金山分局、金山区人民检察院、金山区人民法院召开了公检法联席会议，在金山区人民检察院梳理的问题清单、对策清单基础上形成《涉案财物处置专题会议纪要》，明确了公安机关、检察机关、审判机关查封、扣押、冻结财物的处置要求和流程，进一步完善了《随案移送赃证款物品清单》《冻结、查封财产清单》等文书模板，并对"涉众型""上下游犯罪"等特殊类型案件的在案证据制表形式作了明确规定。

【典型意义】

（1）做细"点"监管，着眼细节，发现漏洞精准施控。流程监控以确保程序公正为履职核心，应将对细节的敏锐洞察渗透于每一个办案环节。本案中，金山区人民检察院从"在办"这一案卡中的微小点，及时发现并纠正衔接节点存在的瑕疵情形，推动在库财物清查"清仓见底"，筑牢涉案财物监管网。同时，打好"监管+服务"的组合拳，对于制发的《流程监控通知书》以全程参与的方式跟进融入，督促落实，主动作为，搭建沟通桥梁，补足刑事诉讼办案环节衔接的短板。

（2）做优"面"监管，搭建平台，推动类案及时治理。以案管部门为责任主体，金山区人民检察院不断优化涉案财物共管立体模式，形成共建共治格局。完善"共管平台"，严格执行"一案一账、一物一卡"的保管制度，利用单据流转，对涉案款物进行实时、动态、信息化管理。建立"流转指南"，率先探索区级层面公检法涉案财物共同管理工作机制。发挥检察业务中枢职能，通过流程监控发现个案特性，与数据统计形成合力，通过检索归类，精准施策，对标最高人民检察院"确保案结事了、财清、款清"的指示，实现对同一类问题的类型化治理，彻底解决历史遗留难题。

（3）做实"长"监管，源头治理，提升法律监督效能。针对涉案财物在办案机关之间流转不畅的问题，金山区人民检察院对其中的原因充分调查核实，将"治标"和"治本"相结合，找准矛盾源头，了解到各方对相关司法解释理解的分歧意见，并梳理了涉案财物流转的问题清单和对策清单，牵头召开公检法联席会议，形成《涉案财物处置专题会议纪要》，细化流转衔接，完善文书模板，建立了涉案财物处置的长效治理机制，扩大了监管效果。同时引入人民监督员制度，对涉案财物共管平台建设及区内涉案财物流转模式提出监督管理意见，拓宽群众有序参与司法的渠道，为促进检察工作高质量发展提供坚强管理保障。

【专家点评】

案件流程监控是检察机关加强内部管理、规范司法办案、提升办案质效的重要方式，是以过程控制提升工作效益的必然要求，是落实"高质效办好每一个案件"基本价值追求的重要举措。上海市金山区人民检察院办理"对边某等22人掩饰、隐瞒犯罪所得案的流程监控案"，是落实最高人民检察院的《人民检察院案件流程监控工作规定（试行）》《人民检察院刑事案件办理流程监控要点》《人民检察院民事诉讼监督案件办理流程监控要点》的重要表现。

第一，上海市金山区人民检察院对案件流程监管凸显其工作成效。上海市金山区人民检察院案管部门立足检察"中枢"职能定位，高度重视案件流程监控细节，在强化案件流程监控规范化上积极开展工作，认真负责，发现"边某等22人掩饰、隐瞒犯罪所得案"的线索和情况，提升流程监控的规范性、精准性，加强了司法办案的内部监督和制约，强化了对案件的有效监管，进一步促进了司法的高效与公正。不断提升流程监控能力，强化内部监督，是上海市金山区人民检察院深入学习贯彻习近平法治思想，高质效办好每一个案件的重要表现，并在这个基础上凸显了让人民群众在每一个司法案件中感受到公平正义的精神内涵。

第二，上海市金山区人民检察院通过积极履职对案件流程进行监控，凸显其工作特点。一是立足个案，积极履职，发现漏洞进行精准施控，切实承担起在涉案财物衔接机制上的监管责任，主动牵头，确保了程序公正，将对细节的敏锐洞察渗透办案环节，补足"边某等22人掩饰、隐瞒犯罪所得案"办案环节衔接的短板。二是有效运用大数据平台，对涉案财物进行实时、动态、信息化管理；立足本案工作，全面排查类案线索，推动类案及时治理；建立"流转指南"，率先探索区级层面公检法涉案财物共同管理工作机制，清理了诸多历史遗留问题。三是细化财物流转程序，实现源头治理，建立涉案财物处置长效机制，畅通了涉案财物在办案机关之间顺利流转的通道。

第三，加强案件流程监控工作对于保障办案质量、落实司法责任制具有重要意义。案件流程监管充分发挥了案管部门对案件从入口到出口的集中统一监管作用，是健全人民检察院内部制约监督制度机制、推进执法司法制约监督体系改革的重要举措。上海市金山区人民检察院坚持以习近平法治思想为指导，加强检察案件管理职能建设，通过做深做实流程监控工作对司法办案进行全程、同步、动态监督，切实解决当前流程监控工作存在的形式化、表面化，系统提示预警多，人工审核处理少、监控效果不明显等突出问题，既充分发挥了案件流程监控工作对规范司法办案、提升办案质效的重要作用，又增强了严格规范司法的刚性约束，这些对于强化内部监督制约，有针对性地防范和纠正司法办案中存在的突出问题具有重要作用。同时，推动了案件管理职能的立体化、系统性重构，为推动检察工作现代化提供了坚强管理保障。

大数据检察监督打击犯罪链*

【关键词】

涉卡犯罪产业链　个人信息泄露　大数据分析　刑事附带民事公益诉讼
检察建议

【办案要旨】

检察机关在办理涉手机卡犯罪案件中，应注重对涉案手机卡附属相关数
据的分析研判，并通过及时调取开卡信息等关联数据，进行不同数据间的整
合、碰撞、比对、印证，确定案件查办突破口，夯实电子证据证明效力，以
有效开展诉讼、检察建议等职能工作。

【线索发现】

2021 年初，上海市金山公安分局锁定电信诈骗犯罪嫌疑人王某某，但至
其暂住地调查时，王某某已逃离，现场查获了 6263 张手机卡。后侦查人员对
上述手机卡中的数据进行初步读取，发现上述手机卡均经过实名制认证，且
部分开卡人是未成年人。上海市金山区人民检察院（以下简称"金山区检察
院"）金山区检察院提前介入引导侦查时，认为该案可能涉及"黑卡"产业
链犯罪，应当及时将犯罪链条"一网打尽"，维护包括未成年人在内的被害人
合法权益。为深挖犯罪分子及查证侵害公民个人信息情况，有必要从手机卡
的开卡信息数据入手，查找非法获取实名手机卡的"幕后黑手"，由于读取手

＊　本案例系 2022 年上海检察机关数字检察优秀案例推荐案例。

机卡获取的信息数据不足，因此需要结合其他数据进行数据碰撞、对比，以查清手机卡来源。

【数据赋能】

（一）数据收集

金山区检察院引导公安机关开展以下工作：①采取技术侦查手段读取扣押手机卡中储存的手机号码及实名公民身份信息；②依据手机号码，向相关通信公司调取开卡渠道、开卡工号等开卡信息；③向金山区相关通信公司调取近三年在本区开卡的未成年人数量和身份信息。

（二）数据分析步骤

（1）开展数据比对。将读取手机卡获取的数据，与通信公司提供的信息数据进行比对，剔除无效手机卡，最终确定有效手机卡5700余张。

（2）合并数据同类项。对有效手机卡开卡信息数据包进行分析，把其中的"开卡渠道"作为筛查要素，对同类项进行合并，分类列明手机卡的所有开卡渠道。

（3）发现数据异常。经分析开卡渠道信息，发现约75%的手机卡在开卡时间、开卡工号上异常集中，都是在2020年由金山某通信公司一名叫"李某"的代理商使用其工号开办的。

（4）分析数据确定损害。金山区检察院将涉案手机卡中的未成年开卡人信息，与金山区相关通信公司提供的近三年在本区开卡的未成年人数量和身份信息进行碰撞，发现有103名未成年人的信息存在重合，这说明本区众多未成年人的个人信息因该手机卡犯罪产业链的活动而遭到泄露，损害了未成年人的利益。

【典型意义】

（1）严厉打击涉手机卡犯罪链。依据数据分析结果，涉案手机卡代理商李某有重大犯罪嫌疑。经侦查，其通过担任金山某通信公司的代理商，招募多人担任"地推"，在上海市金山、奉贤、浦东等区的多个大型超市门口向群众推销申请注册移动手机卡，利用一张身份证可以开办多张手机卡的漏洞，非法多开、截留他人手机卡，并将这些手机卡转卖获利。为打击犯罪链条，金山区检察院建议公安机关通过追踪手机卡流向查明下游犯罪。后公安机关又追查出十余名从事手机卡买卖非法获利活动的"卡商"团伙。通过"卡商"顺藤摸瓜，金山区检察院充分履行法律监督职责，进行追捕、追诉，引导公安机关抓获了王某某等七人"码商"犯罪团伙，查明王某某等人利用非法获取的 7 万余张手机卡，冒用卡主身份，通过"猫池"设备帮助他人批量申请各种网络平台的注册账号，供他人从事电信诈骗等违法犯罪活动，从中牟利。最终，依法惩治了从手机卡收卡的"卡头"团伙、卖卡的"卡商"团伙到用卡的"码商"团伙这一犯罪产业链，有效维护了未成年人等的个人信息合法权益。

（2）依法提起刑事附带民事公益诉讼。针对该手机卡犯罪产业链侵犯不特定多数人的公民个人信息权，损害社会公共利益的情况，金山区检察院依法对被告人提起刑事附带民事公益诉讼，被告人在法庭上认罪认罚的同时，通过庭审直播向被害人公开赔礼道歉，并进行损害赔偿，促使受到侵害的公民利益得到及时救济。

（3）开展普法宣传，提升权益保护意识。据犯罪嫌疑人供述，在地推手机卡过程中，他们会跟客户说一些话术，比如"要拿礼品还是拍照认证"等，在客户不知情的情况下拍摄他们的身份证套图从而获取公民个人身份信息。由此，可以推断本次涉卡犯罪中的受害人在面对犯罪分子的话术或者小礼品时放松了警惕，并未意识到随意向他人提供自己的身份信息会给自己带来的现实危险，缺乏自我保护意识。为此，金山区检察院针对群体特点，以线上播放方言版普法宣传片和普法动漫、线下开展法治进村居及进校园活动等方式，普及近年来"两卡"犯罪活动的常见骗局及应对方式，提升个人信息安全保护意识。

（4）制发检察建议，推动社会治理。针对涉手机卡犯罪链条中电信行业监管缺位的问题，金山区检察院向金山区相关通信公司制发检察建议，从严格落实监管责任、加强从业人员法治教育、健全违规惩戒机制等方面提出整改建议。该公司积极回应，制定提高代理商准入门槛、强化地推业务现场督查、开展违规案例警示教育等有效举措，加强自身堵漏建制，净化行业环境，有效实现"办理一案、治理一片"的效果。

【专家点评】

在国家大数据战略的统筹实施下，最高人民检察院主动顺应时代发展的现实需要，部署深化检察大数据战略，成立最高人民检察院数字检察工作领导小组办公室，大力推进数字检察建设，推动检察工作走向现代化。近年来，全国各级检察机关不断增强运用大数据的自觉性和主动性，积极寻找大数据赋能检察工作的切入点、结合点，促进法律监督提质增效。数字检察建设的本质，就是充分利用好各种数据资源进行关联分析和深度挖掘，为强化法律监督、深化能动履职、做实诉源治理提供前所未有的线索、依据，[1]并从整体上实现法律监督体系与监督能力的变革。

本案系金山区检察院积极推进"数字+检察"的实践样本。本案中，金山区检察院在提前介入引导侦查时，发现案件可能涉及"黑卡"产业链犯罪，遂引导公安机关获取不同数据，通过数据碰撞、对比，查清了涉案线索并有效打击了犯罪链条。在此基础上，金山区检察院充分发挥大数据思维，获取批量监督线索并依法开展类案监督，有效强化了电信行业监管，实现了"办理一案、治理一片"的效果。作为一起典型的涉及"黑卡"产业链犯罪，本案的隐蔽性强、涉案人员多、社会危害大，金山区检察院注重对关联线索的甄别审查和深挖，积极开展类案监督为主的新型办案模式，为检察工作提质增效注入了强劲动力。一方面，金山区检察院通过数据挖掘、比对以及数据办案模型的搭建，将个案办理转化为类案监督，以"小"案见"大"案，实现了从孤立个案到一体打击，提升了检察职能履行质效；另一方面，金山区检察院通过发出检察建议、开展普法宣传、提起刑事附带民事公益诉讼等方式，依法能动履职，深化诉源治理，从"治已病"转为"治未病"，有效填补了行业监管漏洞，促进了行业良性的发展。

习近平总书记在二十届中央政治局第四次集体学习时指出，"要善于运用新时代中国特色社会主义思想观察时代、把握时代、引领时代，更好统筹中华民族伟大复兴战略全局和世界百年未有之大变局，深刻洞察时与势、危与机，积极识变应变求变"。[2]深入推进数字检察改革，是检察机关坚持运用习近平新时代中国特色社会主义思想武装头脑、指导实践、推动工作的重要体现，是检察机关主动适应数字时代发展要求的重要举措。党的二十大报告提

---

〔1〕《深入贯彻习近平法治思想 以"数字革命"驱动新时代检察工作高质量发展》，载《人民检察》2022年第13期。

〔2〕习近平：《在二十届中央政治局第四次集体学习时的讲话》，载《求是》2023年第10期。

出"数字化"构想，面对建设"数字中国"的重要目标，人民群众对检察工作提出了新的要求、抱有新的期待。检察机关作为宪法规定的国家法律监督机关，有责任通过数字检察改革推进检察工作的现代化，服务于中国式现代化建设的大局。本案中，金山区检察院积极推进大数据赋能法律监督，充分融入社会治理，有力推动了检察工作走向现代化。

（吴思远，华东政法大学刑事法学院，硕士生导师）

对改变起诉类案的质量评查案
（检察长专项评查）[*]

【关键词】

改变起诉　检察业务数据分析研判　检察长专项评查

【基本情况】

2021年，上海市金山区人民检察院（以下简称"金山区检察院"）案管部门在数据分析中发现，2020年以来，已办结的改变起诉案件共有14件，环比增加150%。其中，变更起诉10件，追加起诉2件，补充起诉1件，变更起诉并追加起诉1件，改变起诉类型多样；涉及盗窃罪等10个罪名，案由较多；案件散见于各时段，非偶发现象。

案管部门分析认为，改变起诉案件数量上升趋势明显，类型多样化、罪名覆盖广，长期不间断发生，可能存在案件质量苗头性、普遍性问题，应引起重视，随即组织评查。2021年9月6日至9月30日，金山区检察院案管部门邀请该院4位正副检察长组成评查专场，对上述14件案件进行了专项评查。经评查，发现存在一般瑕疵情形以上的案件共12件，瑕疵情形14处，针对以上评查情形，最终综合评定5件案件为瑕疵案件。

【监管意见】

改变起诉是重大诉讼事项的变更，体现了检察机关的起诉裁量权，通过

---

* 本案例系2022年上海检察机关案件质量监督优秀案例推荐案例。

校正指控中存在的问题，最终客观指控犯罪和维护司法公正，因而不仅要求实体上符合法定情形，程序上也应当严格规范。评查发现，14 件改变起诉案件中，不仅普遍存在改变起诉过程中未制作补充审查报告，未对改变起诉的缘由、理由作任何说明以及文书适用错误等情况，还存在检察人员用改变起诉方式来修正办案中的疏忽、瑕疵的情况。上述情况反映出此类案件质量和程序规范性的不足，应被评定为瑕疵案件，还应当从源头上解决检察人员对改变起诉重要性的重视不足、对程序不熟悉等问题，引导检察人员更高质量履职办案。

【监管过程及结果】

（一）开展动态分析，发现监管线索

2021 年 6 月，金山区检察院案管部门在对案件质量相关数据进行统计分析中发现，2020 年以来，金山区检察院改变起诉案件环比增长较多，数量明显上升。经进一步分析得知，除数量增长外，案件改变起诉类型、案件罪名、发生时段等呈多样或散发特征，且已长时期存在，并呈扩大趋势。案管部门认为，该情况可能存在较大的案件质量隐患，为有效发挥监管作用，遂决定对 2020 年以来已办结的 14 件改变起诉案件组织开展评查。

（二）检察长专项评查，形成评定结果

考虑到本次评查涉及的办案部门较多，且改变起诉的适用有一定争议，监管存在一定难度，因此案管部门通过举行检察长专场的方式开展评查，即评查的全部工作都由 4 位正副检察长分步完成。第一步，在分配案件后，4 位正副检察长对个案分别阅卷评查；第二步，4 位正副检察长集中对评查情况进行集体评议，统一对疑难问题的把握和认识；第三步，各自在评查系统上逐案撰写个案评查报告，对评查认为存在瑕疵情形的反馈承办人并听取意见，并正式评定结果等次，最终评定 5 件案件为瑕疵案件，瑕疵案件率为 35.7%；第四步，由 1 位副检察长执笔撰写专项评查报告，针对改变起诉中存在的趋势性、苗头性问题提出案管建议，在检察院工作网站上发布。

（三）延伸评查效果，完善工作机制

改变起诉是检察职能中不可或缺的重要组成部分，有助于维护司法公正、提高刑事诉讼效率，但也容易产生不当使用和程序随意等问题，目前尚未有较完整的规范性文件对其予以规制。通过此次评查，案管部门牵头办案部门共同制定了金山区检察院《关于改变起诉案件的程序规定》，该程序规定对改变起诉的审批流程、审查报告的核心内容、文书使用、变更起诉、追加起诉和补充起诉后的判决采纳情况等进行了规范，旨在及时解决改变起诉案件程序问题并判定统一标准，保证司法程序规范性。

【典型意义】

（1）检察长专项评查，提升监管能级，引领检察人员更高质量履职办案。专项评查涉及特定类型案件或者案件的特定环节、特定问题，由正副检察长针对疑难、有争议问题开展专项评查，不仅是落实检察长带头办理疑难复杂案件的具体体现，在一定程度上提升监管能级，增强监管效果，还能有效引领检察人员进一步强化案件质量意识和程序规范意识，促进其办案水平提高，从而以高质量的司法方法满足人民群众对司法公正更高水平的新要求。

（2）发挥案件管理的业务中枢职能，能动管理，及时发现解决趋势性、苗头性业务问题。案件数据态势分析在案件监管中具有重要作用。本案中，案管部门通过态势分析发现改变起诉案件数量上升明显，遂主动监管深挖此类案件存在的倾向性、普遍性问题，后通过专项评查全面梳理改变起诉案件的办案现状，及时解决了改变起诉使用不当、程序不规范等问题。案管部门作为行使监督和管理权的重要部门，要进一步密切内部的配合协作，促进流程监控、质量评查及数据分析相互联系、相互融合，适时开展动态分析，进行能动管理，并进一步转化监管成果，推动类案监督，输出优质检察产品。

（3）以监管促规范，建立长效机制，促进检察权规范运行。案例中，专项评查结束后，案管部门针对评查中发现的对改变起诉不够重视，规范意识、程序意识不强等倾向性、普遍性问题，研究制定了相关规定，从文书制作、审批程序、判决审查、案件评查等方面对改变起诉案件的办理流程予以明确，通过构建完善、长效的工作机制，达到评查以点带面、治理一片的效果，有效扩大了监管效果，规范了检察权的运行，提升了整体的办案质量。

【专家点评】

以习近平同志为核心的党中央高度重视检察工作，指出检察机关是国家的法律监督机关，承担惩治和预防犯罪、对诉讼活动进行监督等职责，是保护国家利益和社会公共利益的一支重要力量。为了追求实体真实、惩罚犯罪和维护司法公正，检察机关在发现起诉指控有错误或失误的情形下，可以主动行使变更其指控的权力。改变起诉一项纠错程序，检察机关在提起公诉后发现指控存有错误或者遗漏，在必要的情况下对公诉予以更正，能够促使犯罪嫌疑人的罪责刑相适应。但是检察机关改变起诉应受到严格限制，一方面，改变起诉会打破基于原诉行为而产生的合理预期，无法保障被告人防御权的行使；另一方面，改变起诉如不加以限制，允许检察官任意施以变更起诉，会使检察机关支配整个诉讼过程，有违权力制衡与人权保障目的。

因此，通过改变起诉校正指控中存在的问题，最终客观指控犯罪和维护司法公正，不仅要求实体上符合法定情形，程序上也应当严格规范。实践中，由于适用变更起诉的条件规定过于笼统，容易造成尺度把握不一，进而对检察机关指控职能的履行、被告人及其辩护人诉讼权利的行使以及审判机关对审理进程的把握产生消极影响。在本案中，检察机关案管部门通过数据统计、分析研判、质量评查等工作，发现改变起诉类案件呈现起诉类型、案件罪名、发生时段多样性特征、案件数量呈现扩大趋势，判定存在较大案件质量隐患。

检察业务数据分析研判工作，是检察机关的重要工作。本案检察机关通过业务数据分析研判，掌握检察业务运行情况后，发现问题并采用检察长专项评查指导解决，通过让多名检察长评查系统上逐案撰写个案评查报告，对评查认为存在瑕疵的情形反馈承办人员等方式来正式评定结果等次，分析检察业务工作情况及业务运行特点和趋势，预判改变起诉数量上升明显的趋势和苗头，形成专题分析报告、服务决策，及时纠正改变起诉使用不当、程序不规范等问题，在一定程度上提升了监管能级和监管效果。

习近平总书记多次强调要努力让人民群众在每一个司法案件中都感受到公平正义，所有司法机关都要紧紧围绕这个目标来改进工作。高质效办好每一个案件，是新时代检察履职办案的基本价值追求，也是持续推进习近平法治思想的检察实践。本案以改变起诉类案专项评查为抓手，构建完善、长效的工作机制，对履职办案质效设定更高标准、更高要求，达到了通过专项评查以点带面、治理一片的效果，有效扩大了监管效果，切实保障了国家法律统一正确实施，维护了社会公平正义，以及国家法制尊严和权威。

（蒋莉，同济大学国际知识产权学院副教授，硕士生导师）

邀请人民监督员监督制发检察建议案[*]

【关键词】

重大责任事故　安全生产管理漏洞　检察建议　人民监督员　专业领域公开听证

【办案要旨】

上海市金山区人民检察院办理重大责任事故案件时，发现涉案人员所在公司对事故的发生负有监管责任、存在安全生产管理漏洞的，可以依法制发社会治理检察建议，助推安全生产溯源治理，筑牢生产安全防护墙。对于涉及相关专业领域的社会治理检察建议，检察机关可以邀请具有相关专业知识背景的人民监督员全过程参与检察建议的研究制发、宣告、督促落实等环节，通过人民监督员工作与安全生产领域检察建议的深度融合，推动人民群众参与国家治理取得成效。

【基本案情】

上海某友设备工程技术有限公司（以下简称"某友公司"）受上海某储能源集团有限公司委托，在中国石化上海石油化工股份有限公司（以下简称"上海石化"）厂区内进行丙烯腈及氯化钠装置（以下简称"丙烯腈装置"）设备拆除作业。某友公司聘用龙某某、胡某某、杨某某等人从事现场拆除工作。2021年10月9日上午，龙某某在胡某某、杨某某未取得在高处进行安

---

* 本案例系2023年上海检察机关人民监督员工作优秀案例推荐案例。

装、维护、拆除作业的《特种作业操作证》的情况下，安排两人在丙烯腈装置项目工地进行高处拆除作业。当日上午 8 时 30 分许，胡某某从高处坠亡。事故调查组认定本起高处坠落事故是一起生产安全责任事故。2022 年 12 月 15 日，公安机关以龙某某涉嫌重大责任事故罪移送上海市金山区人民检察院（以下简称"金山区检察院"）审查起诉。

【接受人民监督员监督情况】

金山区检察院在办理龙某某重大责任事故案时发现，龙某某所在的某友公司未能督促从业人员严格执行本单位的安全生产规章制度和安全操作规程，未能监督、教育从业人员按照使用规则佩戴、使用劳动防护用品，对事故的发生亦负有一定的责任。鉴于该公司存在的管理漏洞，金山区检察院决定主动延伸监督触角，向该公司制发社会治理检察建议。

由于上海市金山区是化工企业聚集地区，安全生产事故时有发生，人民群众对其安全生产关注度很高。本案涉案单位某友公司是一家员工超过 1000 人（在岗正式员工 932 人，外聘短期用工多达数百至上千人）的（专业石油化工检维修企业）设备安装检修企业，案发地上海石化是一家大型央企。同时，考虑到安全生产领域法律法规标准繁多、工艺及作业流程复杂、化工行业专业性强，为确保检察建议的科学性、有效性，2023 年 4 月 21 日，金山区检察院召开公开听证会，邀请 2 名具备化工行业专业知识的人民监督员参与，听取其意见建议。办案检察官介绍了基本案情、事故发生的原因、责任认定、制发检察建议的必要性及检察建议的初步内容。人民监督员围绕某友公司的内部管理制度、事故成因等方面进行提问了解后，结合自身专业知识，认为事故发生的根源在于企业内部项目管理制度不严及用工制度存在问题。此外，还要求某友公司制定安全生产考核制度，并缴纳安全生产保证金；建议及时梳理并更新公司的安全生产制度，使之符合现有法律规定；建议对特种作业者的年龄作出限制；强调制度的执行落实保障措施等方面共十余项内容。

针对 2 名人民监督员提出的意见，金山区检察院通过进一步向某友公司了解内部规章制度、查阅相关法律法规等方式逐一修改、不断完善，其间还就修改的检察建议听取了人民监督员的意见，人民监督员针对检察建议中不规范的专用术语表述进行了修改。2023 年 5 月 11 日，金山区检察院针对某友公司内部管理制度不健全、安全培训教育流于形式、现场监护责任落实不到位等问题制发检察建议。同时，金山区检察院在向涉案公司送达宣告时，第二次邀请 2 名人民监督员到场见证，人民监督员对检察建议中的内容和需要达到的要求向某友公司做了阐释。

某友公司在检察机关与人民监督员的指导和督促下，重新编制修订公司内部各岗位工种的全员安全生产责任制度，及时补充更新直接作业环节特种作业安全管理制度（即 7+1 作业 HSE 管理制度）；通过钉钉打卡电子考勤、电子施工日志、项目管理平台等形式加强对施工项目四大员履职情况的动态监管，通过实施施工人员信息一卡通、电子开票、现场视频监控等手段强化对现场作业的安全监管；加大高处作业专项检查力度，对各类在岗特种作业人员的持证情况进行审查、梳理，申购配置登高防坠器、生命绳、五点式安全带等高处作业劳动安全防护用品；明确监护人的监护职责，购置专用监护包等推动监护人专用设备规范化建设，同时确保各项安全措施费用足额投入，以工程造价 2% 作为提取标准；加强安全专题培训，安排 7+1 作业安全管理制度和安全操作规程等现场安全管理制度专题培训，组织参加多批次上海石化及二级单位 HSE 监护人上岗证培训等；明确考核标准，将特种作业人员及监护人培训考核情况作为全员履行岗位 HSE 责任制的业绩考核依据之一；强化对公司劳务分包、派遣等合作资质、专业能力的审查，推动标准化工地和 5S 管理建设，实施不合格合作商退出机制等。2023 年 5 月 30 日，某友公司完成了整改，并向金山区检察院作出回复。

2023 年 6 月 7 日，为确保安全生产整改措施落到实处，金山区检察院第三次邀请人民监督员同办案检察官一同至某友公司进行回访评估。通过现场听取公司负责人对事故发生的反思及后续整改措施的汇报、询问公司用工情况及制度建设、查阅公司各项规章制度等方式，全面了解该公司的整改情况。经了解，某友公司自事故发生后已有 360 余人取得高处作业操作证，96 名化工仪表维修人员取得危险化学品安全作业（类别）的上岗操作证，每年组织特种作业人员参加各类工种上岗操作证取证及复训 300 余人次，各类安全生产措施费用投入达 700 余万元等。人民监督员认为，检察建议内容专业性强，问题分析到位，建议措施可操作性强。该公司整改措施实际执行较为到位，与检察建议内容契合度较高。同时，还进一步提出建立与公司用工模式相匹配的管理制度、将外来务工人员作为公司重点监管对象等方面的建议。

【典型意义】

（1）贯彻落实"八号检察建议"，织密安全生产防护网。安全生产重于泰山，检察机关以个案办理为切入点，找准源头性、普遍性问题，准确把握"发检察建议是为了解决问题"的根本目标，提出问题明确、建议可行的社会治理检察建议。金山区检察院牢固树立"司法办案既要抓末端、治已病，更要抓前端、治未病"的理念，以更高质量的检察履职，不断深化"八号检察建议"的落实，通过提出实质性、可操作性的建议，从源头上防范化解重大安全隐患，筑牢安全生产生命线，全面提升企业本质安全水平。

（2）践行全过程人民民主，创新诉源治理新模式。检察机关在依法能动履职中践行全过程人民民主监督，主动邀请具备化工领域专业知识的人民监督员参与到社会治理工作，能够有效解决溯源问题不精准、检察建议内容缺乏针对性、社会支持程度不够等问题。通过打造"检察听证+人民监督员+行业专家"的监督模式，形成检察建议制发、企业整改落实、回访评估的有效闭环，推动形成检察机关、人民监督员、被建议单位参与社会治理的共同体。

（3）加强安全生产监督深度融合，强化检察建议刚性。安全生产关乎社会和谐稳定和人民群众人身财产安全，人民群众对安全生产的关注度也越来越高。为进一步解决纸面建议的问题，金山区检察院在制发检察建议前，引入具有化工背景的人民监督员作为智囊，提供金点子，听取其专业意见建议；在公开宣告送达检察建议时，邀请人民监督员现场见证；在回访评估时，再次邀请具备化工背景的人民监督员到现场回访调查，提出专业意见。一方面，通过人民监督员的"沉浸式"参与，凝聚各方共识，提升被建议单位的重视程度，让企业对安全生产工作内化于心、外化于行，确保整改措施执行到位；另一方面，检察机关邀请具有相关领域专业知识的人民监督员多样化参与各环节，保证了检察建议的有效性、科学性、准确性，使柔性的社会治理检察建议达到了刚性的监督效果。

【专家点评】

2019年2月，最高人民检察院发布了《人民检察院检察建议工作规定》（以下简称《检察建议规定》），相较于2009年出台的《人民检察院检察建议工作规定（试行）》，《检察建议规定》将检察建议划分为五种不同类型，包括再审检察建议、纠正违法检察建议、公益诉讼检察建议、社会治理检察建议和其他检察建议。制发社会治理检察建议作为检察机关深度参与社会治理、充分履行法律监督职能的重要方式，近年来越来越受到各级检察机关的重视。自 2019 年以来，最高人民检察院相继发布了"一至八号"社会治理检察建议，范围涉及未成年人保护、金融安全、寄递物品实名制、安全生产、窨井盖管理等众多领域。以此为背景，全国各级检察机关制发社会治理检察建议的数量、质量也全面提升。本案便是地方检察机关落实最高人民检察院"八号检察建议"的生动实践，对于如何准确制发和落实社会治理检察建议，具有一定的借鉴意义。

第一，抓前端、治未病是社会治理检察建议的出发点和落脚点。《检察建议规定》第 11 条规定："人民检察院在办理案件中发现社会治理工作存在下列情形之一的，可以向有关单位和部门提出改进工作、完善治理的检察建议：（一）涉案单位在预防违法犯罪方面制度不健全、不落实，管理不完善，存在违法犯罪隐患，需要及时消除的；……"从社会治理检察建议的制发对象来看，此类检察建议主要针对违法犯罪隐患、管理监督漏洞、风险预警防范等问题，向有关单位和部门提出建议。换言之，此类检察建议更加强调"未雨绸缪"，即协助指导有关单位及时改进内部风险防控机制，回归源头治理思维。习近平总书记在 2020 年召开的中央全面依法治国工作会议上也指出，法治建设既要抓末端、治已病，更要抓前端、治未病。以本案中提及的"八号检察建议"为例，最高人民检察院于 2022 年 2 月向应急管理部制发有关安全生产领域溯源治理的"八号检察建议"，同时抄送中央纪委国家监委、国务院安全生产委员会、公安部、交通运输部等 11 个有关部门，以推动强化安全生产监管，堵塞管理漏洞，助推安全生产治理体系和治理能力现代化。安全生产关乎社会和谐安定和人民群众人身财产安全，党中央历来高度重视安全生产工作。党的十八大以来，习近平总书记对安全生产工作作出一系列重要指示批示，强调"发展决不能以牺牲人的生命为代价，这必须作为一条不可逾越的红线"。2016 年中共中央、国务院《关于推进安全生产领域改革发展的意见》明确提出了"建立行政执法和刑事司法衔接制度""完善司法机关参与事故调查机制""研究建立安全生产民事和行政公益诉讼制度"等与检察职能密切相关的要求。最高人民检察院强调依法能动履职，加强诉源治理，就是要求在司法办案中既要抓末端、治已病，更要抓前端、治未病。在本案中，金山区检察院在办理龙某某重大责任事故案时发现，相关公司存在明显的生产安全漏洞，对事故的发生亦负有一定的责任，因此主动制发社会治理检察建议，延伸法律监督触角，从源头上防范化解重大安全隐患，全面提升企业本质安全水平。

第二，质量是社会治理检察建议的生命线。在司法实践中，由于被建议单位所面临的问题不尽相同，部分检察官囿于专业能力和实践经验的限制，导致所作的检察建议或因专业壁垒、信息阙如而缺乏针对性，或因问题分析的浅显而缺乏操作性，最终沦为"纸面建议"。对此，需要从两方面着手，提升社会治理检察建议的质量，促使被建议单位重视并落实检察建议。一方面，制发检察建议要准确甄别问题。检察建议的重点，应当是分析论证导致被建议单位存在涉嫌违法犯罪隐患的内部治理根源，提出有针对性的专业建议。检察机关应当深入被建议单位调研，掌握第一手信息，力求触及被建议单位违法犯罪问题的本源，确保检察建议能够落到实处。另一方面，检察机关要学会借助外力，引入专家"外脑"，增强检察建议的专业性与可行性。社会治理检察建议通常专业性强，检察官在制发检察建议过程中，必然会遇到诸多知识盲区与技术壁垒，故引入专家"外脑"势在必行。检察机关应当充分听取相关领域专家的意见，采取专家论证、听证等方式，合力研判违法犯罪的"病灶"，开出一剂"良药"。在本案中，金山区检察院依托人民监督员制度，邀请具备化工行业专业知识的人民监督员参与公开听证会，听取其意见建议，不仅提升了检察建议的有效性、科学性、准确性，也增强了社会治理检察建议的监督效果。

本案对于进一步明确社会治理检察建议的目标定位、提升社会治理检察建议的制发质量具有借鉴意义。

（张栋，华东政法大学刑事法学院副院长、教授，博士生导师）

检察"汇客听"汇聚民意民声发扬人民民主[*]

2021年以来，上海市金山区人民检察院坚持以人民为中心的发展思想，以建设"汇客听"听证平台为抓手，持续深化公开听证工作，自觉接受社会监督，拓宽人民群众监督渠道，用心用情办好群众身边的"小案"，为人民群众办实事，深化落实全过程人民民主，努力让人民群众切实感受到公平正义就在身边。在该检察院办理的有关听证的案件中，1件入选最高人民检察院指导性案例，3件入选最高人民检察院典型案例，相关工作经验被上海市检察院《上海检察改革动态》等刊发推广，并在最高人民检察院举办的"新时代检察工作"全国论坛上交流。

【基本情况】

2019年11月，习近平总书记考察上海市长宁区虹桥街道基层立法联系点时，第一次提出"人民民主是一种全过程的民主"。在新时代，面对新形势新变化，检察机关积极作为，2020年9月，最高人民检察院印发《人民检察院审查案件听证工作规定》，积极开展听证工作，以实际行动践行全过程人民民主。为发扬司法民主，拓宽公众参与监督检察工作渠道，2021年，上海市金山区人民检察院探索创设"汇客听"听证平台，以"汇客听"品牌为统领，全力推进检察听证工作，深化落实全过程人民民主，有力提升了法治影响，厚植了党的执政基础。

2021年以来，上海市金山区人民检察院通过"汇客听"听证平台，不断强化社会监督，深化执法司法权力制约，构建阳光执法司法机制，主动接受

---

* 本案例入选2024年4月上海人大"全过程人民民主十佳案例"。

人民群众意见建议。2021 年以来，该检察院共开展公开听证 120 余次，邀请 300 余名包括人民监督员在内的各界社会人士参与听证，有力地践行了司法公开，产生了较好的社会反响。同时，积极助力社会治理，不断推进全过程人民民主，切实保障人民群众的知情权、参与权、表达权，发扬全过程人民民主，寻求最大公约数，画出最大"同心圆"，共同推进国家治理建设。截至目前，上海市金山区人民检察院通过"汇客听"听证平台，吸纳听证员意见，做好听证"后半篇"文章，用好听证成果，相继推动了乡村治安、残疾人救助、未成年人保护等 10 余项社会管理机制的完善，有力实现了办案政治效果、法律效果和社会效果的统一。上海市金山区人民检察院还以"汇客听"听证活动为主题，相继举行检察开放日观摩活动 10 余次，实施"进村居""进社区"宣传 30 余次，发放宣传资料 1500 余份，切实让人民群众感受到了司法温度，感受到了公平正义，取得了较好的社会影响。

【主要做法】

（一）完善"汇客听"机制，确保工作规范

第一，听证流程精细化。上海市金山区人民检察院制定《人民检察院审查案件听证工作规定》，根据案情复杂程度、审查重点、办案期限等，对公开听证案件进行繁简分流，明确不同情形下的部门职责分工、案件范围、听证程序等，并制作听证"流程图"下发各业务部门参照执行。

第二，听证人员专业化。上海市金山区人民检察院联合行政机关、科研机构组建专家型听证员名录库，目前已纳入 32 名医疗、环保、民商事法律领域专家，为审查特殊疑难复杂案件提供专业意见，有效增强了听证的公信力。如在一起羁押审查案件听证中，邀请一名三甲医院心血管科专家担任听证员，对被告人的心脏病情发表专业意见，为是否变更强制措施提供了参考。

第三，听证类型全面化。上海市金山区人民检察院坚持能公开尽公开、应听证尽听证，在重点听证拟不起诉案件基础上，将不批准逮捕、羁押审查、行政申诉、司法救助等案件纳入听证范围，不断拓展听证领域。

（二）推动"汇客听"民主，保障公众参与

第一，聚焦公开，实施听证会事先公告。决定召开听证会的，需提前 5 日将《检察听证申请表》交至负责部门审核；决定启动公开听证程序的，于当日在单位大门电子屏或门户网站发布公开听证公告，第一时间面向社会公布听证时间、地点等相关事宜。

第二，聚焦高效，设计听证预备会。听证会召开当日，承办检察官、听证员等人员，提前召开听证预备会议，确定听证重点，引导听证员围绕争议焦点发表意见。如针对一起羁押审查案件公开听证，通过听证预备会议向3名听证员说明被告人的病情状况、变更强制措施可能带来的风险等情况，帮助听证员明确重点，保证听证效果。

第三，聚焦公信，完善意见建议收集。严格落实听证员提问、讨论、发表意见等环节要求，认真收集听证员等第三方意见建议，结合听证员评议意见，及时作出处理决定并告知双方当事人及听证员，同时，将意见建议表和相关记录收入案卷备查。

（三）发挥"汇客听"效能，做好检察服务

第一，化解矛盾纠纷。将公开听证作为释法说理、息诉罢访的有力举措。如对一起反映金山区公证员非法公证、参与"套路贷"犯罪的重复信访案件，通过公开听证，对信访人反映的案件公开示证，联合人民监督员进行释法说理，有效化解了持续5年的矛盾纠纷。

第二，参与社会治理。通过公开听证收集社情民意，就其中涉及人民群众切身利益的问题，及时向相关行政机关制发检察建议，推动社会治理纠偏补弊。如在丁某等9名残疾被害人司法救助听证会上，采纳听证员意见建议，向本区残联制发检察建议以督促监管，该案例入选最高人民检察院听证典型案例。

第三，服务大局发展。主动落实"六稳""六保"、促进民营企业发展等党和国家重大决策部署，对涉案民营企业开展不起诉听证，帮助企业纾困解难，激发企业活力，推动法治营商环境建设。如针对某电子科技有限公司虚开增值税专用发票案，听证后依法对公司不起诉，有力指导了实践，该案例入选最高人民检察院"行政刑事衔接"典型案例。

【典型意义】

上海市金山区人民检察院以"汇客听"为品牌，依法积极组织开展听证活动，让人民群众有序参与司法，做到和人民保持密切联系，接受人民监督，倾听人民意见建议，对人民负责，让权力在阳光下运行，让人民群众时刻感受公平正义就在身边。举行"汇客听"听证活动，不仅切实提升了人民群众的参与感、获得感、幸福感，是全过程人民民主的生动诠释，还有力提升了法治影响，厚植了党的执政基础，发挥了重要的实践价值。

【专家点评】

习近平总书记在党的二十大报告中指出："全过程人民民主是社会主义民主政治的本质属性，是最广泛、最真实、最管用的民主。"就检察机关而言，要自觉接受人大监督、民主监督，充分保障人民群众对检察工作的知情权、参与权、表达权，拓宽人民群众参与监督检察工作的渠道，让检察权在阳光下运行，践行全过程人民民主。检察听证制度是人民监督的重要体现，是中国司法民主的新篇章，是落实发展全过程人民民主要求的新举措。通过公开听证和人民监督员制度，打破检察办案环节相对封闭的运行状态，让广大人民群众深入参与到检察工作中来。

在本案的具体实践中，检察机关建立了"汇客听"听证平台，明确听证流程、拓展听证领域、公开听证内容，主动接受人民群众意见建议，实现了与群众面对面说话、心贴心交流。在听证过程设置上，建立听证预备会环节，帮助听证员明确重点、保证听证效果；在听证人员选择上，丰富听证员数据库，吸纳医疗、环保、民商事法律领域专家，为审查特殊疑难复杂案件提供专家专业意见，增强听证公信力；在听证内容上，坚持"应听证尽听证"，涵盖检察机关"四大检察""十大业务"，在重点听证拟不起诉案件基础上，将不批准逮捕、羁押审查、行政申诉、司法救助等案件纳入听证范围。

同时，在"汇客听"听证活动中，检察机关切实做好意见建议的采纳与回复，吸纳听证员意见，用好听证成果，相继推动乡村治安、残疾人救助、未成年人保护等10余项社会管理机制的完善，将人民群众的共同价值观念融入法律监督，让人民群众切实感受到公平正义就在身边，从而真正赢得人民群众对检察工作的理解和支持。检察机关还通过公开听证收集社情民意，注重促进矛盾化解、诉源治理，就其中涉及侵犯人民群众合法权益的问题及时向相关行政机关制发检察建议，提升基层组织化解矛盾纠纷的能力，起到了"办理一案、警示一片、教育影响社会面"的良好办案效果，为社会治理注入了纠偏补弊的活力。

面对新形势新变化，习近平总书记多次强调要"坚持以法为据、以理服人、以情感人"，检察听证就是以人民群众看得见听得懂的方式实现公平正义。本案例中的"汇客听"听证机制，坚持全链条、全方位、全覆盖的持续民主，体现事前、事中、事后的全过程要素，切实提升了人民群众的参与感、获得感、幸福感，在全过程人民民主的实践中淬炼了知行合一的品格。同时，"汇客听"听证机制关注基层需求，感受群众冷暖，倾听群众呼声，实现从"检察视角"向"群众视角"的转变，不断增强检察工作的传播力、引导力、影响力、公信力，是践行习近平法治思想的制度创新和实践创新。

（蒋莉，同济大学国际知识产权学院副教授、硕士生导师）